U0840536

太原市统计局编

太原统计年鉴

TAIYUAN STATISTICAL YEARBOOK

2010

（京） 新登字 041 号

图书在版编目（CIP）数据

太原统计年鉴. 2010/ 太原市统计局编. ——北京：中国统计出版社, 2010.7
ISBN 978-7-5037-5966-6

Ⅰ. ①太… ①Ⅱ. 太… Ⅲ. ①统计资料— 太原市—2010—年鉴
Ⅳ. ①C832.251-54
中国版本图书馆 CIP 数据核字（2010）第 120182 号

太原统计年鉴 -2010

作　者 /	太原市统计局
责任编辑 /	佘竞雄
E-mail /	yearbook@stats.gov.cn
责任校对 /	马亚晓　王翠莲　崔　晰
封面设计 /	山西省劳动印刷厂
出版发行 /	中国统计出版社
通信地址 /	北京市西城区三里河月坛南街 57 号 中国统计出版社
邮　编 /	100826
电　话 /	（010）63376907
印　刷 /	山西省劳动印刷厂
经　销 /	新华书店
开　本 /	890 × 1240 毫米　1/16
字　数 /	1084 千字
印　张 /	35.5 印张
印　数 /	1-350 册
版　别 /	2010 年 7 月第 1 版
版　次 /	2010 年 7 月第 1 次印刷
书　号 /	ISBN 978-7-5037-5966-6/C·2341
定　价 /	350.00 元

太原统计年鉴 - 2010
TAIYUAN STATISTICAL YEARBOOK

编辑说明

一、《太原统计年鉴—2010》收录了全市和各县(市、区)2009年经济、社会、科技等方面的统计数据,是一部统计信息密集、综合性强、全面反映太原市国民经济和社会发展情况的资料性年刊。

二、全书内容共分16个篇章,即:1.综合;2.人口、计划生育和社会治安;3.从业人员和劳动报酬;4.固定资产、建筑业;5.能源消费与库存;6.物价指数;7.城市居民住户调查;8.农村住户调查;9.公用事业;10.农业;11.工业、交通运输和邮电;12.企业调查;13.国内外贸易和旅游;14.财政、金融、税务和保险;15.科教、文卫、体育和民政;16.县(市、区)经济概况。

三、本年鉴总量指标计算所采用的价格,除注明外均为当年价格。

四、本年鉴资料主要来自年度统计报表、抽样调查和业务部门统计年报。

五、本年鉴表中符号使用说明:

"空格"表示该项统计数据不详、不足计量单位或无。

"#"表示其中主要项

六、读者在使用历史资料时,凡与本年鉴有出入的,均以本年鉴为准。

七、本年鉴中部分数据合计数由于单位取舍不同而产生的计算误差,均未作机械调整。

八、本年鉴出版发行,受到社会各界的关心和支持,对此深表谢意。欢迎读者对年鉴的内容、编排等方面提出宝贵意见,以进一步改进编辑工作,更好地为读者服务。

太原概况

太原史称晋阳，简称并，山西省省会，是一个具有2500年历史的古城，始建于公元前497年的春秋时期，称为晋阳邑，战国初期为赵国都城。秦代，太原郡为全国36郡之一，西汉又称并州，为全国13州之一，也是太原又称并州的渊源。南北朝以前的前赵、后燕、前燕、前秦及北齐，都以太原为国都。隋朝时，晋阳在全国是仅次于长安、洛阳的第三大城市。唐王朝发祥于晋阳，封晋阳为北都，与京都长安、东都洛阳并称“三都”。五代时期，后唐、后晋、后汉、北汉亦以太原为国都。在两千五百多年的历史中，太原一直是中国北方的军事重镇，史载有“控山带河，踞天下之肩背”的盛誉，郭沫若先生也有“远望太原气势雄”的诗句。到清代，太原已发展成为我国北方重要的商业、手工业城市。民国时期，太原即为省辖市。

太原位于华北地区黄河流域中部，西、北、东三面环山，黄河的重要支流汾河，横贯全市，流经境内约100公里。市区东有太行山阻隔，西有吕梁山屏障，座落在两山间的河谷平原上。属北温带大陆性气候，冬无严寒，夏无酷暑，昼夜温差较大，无霜期较长，日照充足。

太原地处内陆，民风朴实、人杰地灵。历代名人辈出，如：战国名将廉颇，唐代宰相狄仁杰，文学家白行简和他的哥哥大诗人白居易，诗人王翰、王昌龄、王之涣，宋代名将呼延赞、杨延昭，书画家米芾，《三国演义》作者罗贯中等均籍贯并州。市区名胜古迹有晋祠圣母殿、天龙山石窟、龙山道教道场、崇善寺、纯阳宫、白云寺及唐太宗李世民手撰“贞观宝翰”《晋祠铭并序》碑文等。

太原市现辖6区1市3县，共有52个街道办事处，521个社区居委会，52个乡（镇），957个村民委员会，1558个自然村。截止2009年末，全市户籍人口365.12万人，其中，市辖区人口为285.16万人，县(市)人口为79.96万人；农业人口为101.42万人，非农业人口为263.70万人。

太原地形以山地、丘陵为主，中南部为汾河冲积扇平原，汾河自北向南纵贯全境。总面积为6988平方公里，其中：山地约占52%，丘陵约占30.3%，平原约占17.7%。在总面积中，耕地面积1273平方公里，占18.2%；园地225平方公里，占3.2%；林地2202平方公里，占31.5%；牧草地397平方公里，占5.7%。

太原年降水量为525~613毫米，夏秋两季集中了全年降水量的80%左右，冬春两季降水稀少，仅占年降水量的20%左右。水资源短缺，是我国缺水城市之一。水资源采用总量为5.72亿立方米。

太原矿产资源丰富，品种繁多。金属矿藏主要有铁、锰、铜、铅、铝等，非金属矿藏主要有煤、石膏、硫磺、钒、硝石、粘土、石英、石灰石、白云石等。在诸多矿藏中，以煤、铁、石膏为最。煤不仅储量丰富，而且煤种齐全，铁矿储量较为丰富，分布较广，太原石膏以质地优良而享有盛誉。

太原是新中国成立初期国家重点投资建设的工业基地，经过58年的发展，已形成了以能源、冶金、机械、化工为支柱，纺织、轻工、医药、电子、食品、建材、精密仪器等门类较齐全的工业体系，同时具备科研机构和大专院校集中及商业物资流通中心的优势。改革开放后、特别是2000年以来，国民经济实现了快速、协调、健康发展，经济实力明显增强，社会事业全面进步。

太原市2009年国民经济和社会发展统计公报

太原市统计局
国家统计局太原调查队

2010年3月18日

2009年是太原经济社会发展经受严峻考验并取得来之不易成绩的一年。面对国际金融危机的冲击，市委、市政府团结带领全市人民以科学发展观为指导，紧紧围绕"保增长、保民生、保稳定、促转型"目标，以坚定的信心积极应对，努力推动转型发展、和谐发展。经过一年的奋力拼搏，经济下行的趋势得到有效遏止，经济发展总体回升向好，经济结构进一步优化，民生得到较好保障，城市建设取得新成绩，各项社会事业全面发展。

一、综　合

经济增长：初步统计，2009年全市实现地区生产总值（GDP）1545.24亿元，比上年增长2.6%。其中：第一产业增加值31.10亿元，增长4.1%；第二产业增加值675.54亿元，下降6.2%；第三产业增加值838.60亿元，增长10.2%。第三产业中，金融保险业增加值152.30亿元，增长33.6%；交通运输、仓储和邮政业增加值134.70亿元，增长0.4%；批发零售及住宿餐饮业增加值256.10亿元，增长15.0%；房地产业增加值42.50亿元，增长4.1%。

全市人均生产总值达到44319元，比上年增长1.9%，按2009年平均汇率计算达到6488美元。

产业结构：2009年三次产业比重依次为2.0%、43.7%、54.3%，分别拉动经济增长0.1、-2.9和5.4个百分点。与上年相比，第一产业比重提高0.5个百分点，第二产业比重下降4.6个百分点，第三产业比重提高4.1个百分点。

图1　2008年、2009年三次产业比重图

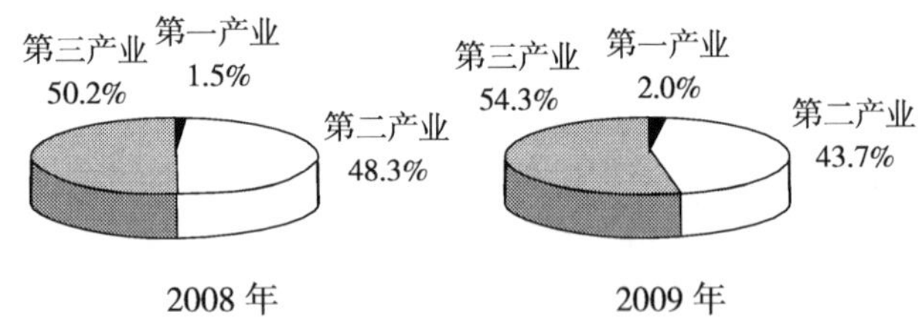

价格：全年居民消费价格（CPI）比上年下降0.1%，其中食品价格上涨2.6%，非食品价格下降1.3%。服务项目价格下降0.6%。商品零售价格下降0.9%。工业品出厂价格（PPI）下降10.9%。原材料、燃料、动力购进价格下降4.8%。

表1　2009年居民消费价格涨幅

指　标	比2008年上涨(+)下降(-)(%)
居民消费价格总指数	-0.1
食　品	2.6
其中:粮食	6.6
肉禽及其制品	-11.3
蛋	1.3
水产品	-2.5
鲜菜	16.9
鲜瓜果	16.6
烟酒及用品	4.4
衣　着	-4.2
家庭设备用品及维修服务	-0.8
医疗保健和个人用品	1.0
其中:西药	1.3
中药材及中成药	5.2
医疗保健服务	0.0
交通和通信	-2.9
娱乐教育文化用品及服务	-0.4
居　住	-2.0
其中:水、电及燃料	0.9
建房及装修材料	-1.2
租房	0.0

就业：年末全市从业人员167.33万人，其中：城镇从业人员118.06万人，农村从业人员49.27万人。城镇新增就业11.80万人。4.44万名下岗失业人员实现再就业，其中就业困难人员再就业1.26万人。年末城镇登记失业率为3.4%。

二、农　业

农业产值：2009年全市农林牧渔业总产值50.30亿元，比上年增长3.1%。其中：农业产值30.20亿元，增长0.3%；林业产值4.37亿元，增长30.6%；牧业产值13.93亿元，增长1.7%；渔业产值0.30亿元，下降0.6%；农林牧渔服务业产值1.50亿元，增长6.6%。

种植面积：全年农作物总播种面积11.52万公顷，粮食播种面积8.55万公顷，比上年增加0.04万公顷。其中：夏粮播种面积0.29万公顷，秋粮播种面积8.26万公顷。蔬菜种植面积2.36万公顷，药材种植面积0.12万公顷。

表2　2009年主要农产品产量

产品名称	产量(吨)	比2008年增长(%)
粮　食	318536	4.1
其中:夏　粮	14312	-7.8
秋　粮	304224	4.7
油　料	2753	-2.2
棉　花	133	-8.3
蔬　菜	1277971	-2.7
水　果	65860	6.0

畜禽及水产品产量：年末大牲畜存栏6.40万头，猪出栏46.75万头。肉类产量4.64万吨，增长5.8%。禽蛋产量3.86万吨，增长0.8%。牛奶产量9.75万吨，增长1.1%。水产品养殖面积0.24万公顷，水产品产量2410吨，与上年持平。

造林：全年造林面积1.95万公顷。零星植树952.95万株。新增育苗面积0.08万公顷。

农机及化肥施用：2009年末全市拥有农业机械总动力119.41万千瓦。全年农用化肥施用量（折纯）27274吨。新发展沼气用户5768户。

三、工业和建筑业

工业：2009年全部工业增加值501.04亿元，比上年下降11.6%。规模以上工业增加值470.14亿元，下降9.9%。

在规模以上工业中：中央企业增加值74.13亿元，下降4.2%；省属企业增加值263.64亿元，下降2.3%；市属企业增加值19.30亿元，增长1.5%；县属及以下企业（含无主管企业）增加值113.07亿元，下降27.6%。

表3　2009年规模以上工业增加值分类情况

指　标	增加值(亿元)	比2008年增长(%)
规模以上工业企业	470.14	-9.9
其中:国有控股企业	352.10	-2.8
其中:国有企业	26.40	-5.0
集体企业	3.54	-27.9
股份合作企业	6.26	-55.9
股份制企业	390.22	-8.7
外商及港澳台商投资企业	40.63	-4.8
其他经济类型企业	3.09	-31.4
其中:轻工业	40.42	5.9
重工业	429.72	-11.1
其中:私营企业	111.04	-26.7

全市10个主要工业行业中，增加值比上年增长的有4个。

表4　2009年规模以上工业主要行业增加值

行　业	增加值(亿元)	比2008年增长(%)
黑色金属冶炼及压延加工业	146.16	1.1
煤炭开采和洗选业	77.28	-37.5
石油加工、炼焦业	53.18	-20.3
通信设备、计算机及其他电子设备制造业	25.39	-8.1

行　业	增加值(亿元)	比2008年增长(%)
电力、热力生产和供应业	21.07	-7.9
通用设备制造业	19.58	-11.4
专用设备制造业	18.13	22.5
化学原料及化学制品制造业	15.94	-11.9
烟草制品业	15.07	13.2
交通运输设备制造业	12.65	0.7

全年工业产品销售率为98.5%，比上年提高0.7个百分点。其中：国有控股工业企业产品销售率为99.2%，非国有工业企业产品销售率为96.3%。

表5　2009年规模以上工业企业主要产品产量

产品名称	单　位	产　量	比2008年增长(%)
原　煤	万吨	3502.70	-14.7
洗　煤	万吨	2726.47	-25.0
发电量	亿千瓦小时	207.03	-3.3
食　醋	万吨	21.78	18.4
白　酒(折65度)	千升	3067	-18.1
啤　酒	千升	10296.4	-7.2
碳酸饮料	万吨	12.44	-7.6
卷　烟	亿支	145	0.0
家　具	万件	9.14	-47.2
机制纸及纸板	万吨	8.60	-50.7
焦　炭	万吨	1077.63	-20.9
大机焦	万吨	1060.82	-20.9
氢氧化钠(折100%)	万吨	4.16	-55.4
化肥(折纯)	万吨	6.66	-31.8
橡胶轮胎外胎	万条	137.38	34.5
子午线轮胎外胎	万条	65.64	49.0
水　泥	万吨	454.99	45.8
平板玻璃	万重量箱	304.31	-33.8
生　铁	万吨	721.61	3.2
粗　钢	万吨	841.77	3.1
钢　材	万吨	826.69	-0.4
不锈钢材	万吨	223.40	32.2
金属镁	万吨	4.43	-56.7
金属切削机床	台	981	-37.2
数控机床	台	220	9.5
起重设备	万吨	7.41	-9.3
采矿设备	万吨	9.29	21.0
金属轧制设备	万吨	6.75	0.7

全年工业经济效益综合指数为162.03，比上年下降32.22点。利税总额135.23亿元，下降29.3%。利润总额51.04亿元，下降26.6%。

建筑业：2009年全市建筑业增加值174.50亿元，比上年增长13.1%。具有建筑业资质等级的总承包和专业承包建筑业企业总产值1111.21亿元，增长39.9%；利税总额49.92亿元，增长37.7%；利润总额15.19亿元，增长35.7%；上缴税金34.73亿元，增长38.6%。

全市房屋建筑施工面积2736.08万平方米，其中：实行招标投标承包工程施工面积2400.56万平方米。房屋建筑竣工面积480.95万平方米，房屋面积竣工率为17.6%。

四、固定资产投资

固定资产投资：2009年全社会固定资产投资782.02亿元，比上年增长11.3%。城镇固定资产投资730.59亿元，增长9.7%；农村固定资产投资51.43亿元，增长41.4%。

在城镇固定资产投资中：中央项目固定资产投资86.70亿元，增长16.5%；省属项目固定资产投资160.81亿元，下降3.1%；市属项目固定资产投资483.08亿元，增长13.4%。

第一产业投资8.80亿元，增长254.0%；第二产业投资216.67亿元，下降36.6%，其中：工业投资197.70亿元，下降39.2%；第三产业投资505.12亿元，增长57.0%。三次产业投资的比重依次为1.2%、29.7%和69.1%。

国有投资410.91亿元，增长18.1%，非国有投资319.68亿元，增长0.4%。

表 6　2009 年城镇固定资产投资额

指　　标	投资额（万元）	比 2008 年增长(%)
城镇固定资产投资	7305890	9.7
农、林、牧、渔业	88029	254.0
采矿业	211102	−47.2
制造业	1277524	−37.9
电力、燃气及水的生产和供应业	488410	−38.7
建筑业	189614	14.6
交通运输、仓储和邮政业	465296	52.3
信息传输、计算机服务和软件业	251279	114.6
批发和零售业	267308	91.8
住宿和餐饮业	44422	−6.1
金融业	5318	52.6
房地产业	2404925	40.0
租赁和商务服务业	92873	614.4
科学研究、技术服务和地质勘查业	44695	180.4
水利、环境和公共设施管理业	902849	69.5
居民服务和其他服务业	3588	63.1
教育	197795	58.1
卫生、社会保障和社会福利业	98341	27.8
文化、体育和娱乐业	233521	657.8
公共管理和社会组织	39001	−56.8

房地产开发：全年房地产开发投资 165.01 亿元，比上年增长 35.7%。商品住宅投资 116.75 亿元，增长 58.0%，其中：经济适用住房投资 4.78 亿元，增长 18.9%。分户型看，90 平方米以下住房投资 37.32 亿元，占住宅投资的比重为 32.0%。

全年商品房竣工面积 164.23 万平方米，商品房销售额 88.78 亿元，其中：现房销售额 23.83 亿元，占 26.8%；期房销售额 64.95 亿元，占 73.2%。

建设项目及新增能力：年内城镇新开工项目 1078 个，比上年减少 71 个。其中亿元以上项目 232 个，增加 25 个。城镇以上固定资产投资建成投产项目 585 个，项目建成投产率为 54.3%；新增固定资产 274.09 亿元，固定资产交付使用率为37.5%。

表 7　2009 年固定资产投资新增主要生产能力和效益

指　标	单　位	数　量
洗选煤	万吨/年	693
冷轧(拔)钢材	万吨/年	104
原煤开采	万吨/年	120
火力发电	万千瓦	123
新建公路	公里	22.2
新建客货运站	个	1
新扩建客货运站	平方米	3000
输电线路长度(11 万伏及以上)	公里	78.74
城市自来水供水能力	万吨/日	24

五、能　源

能源生产：2009 年全市一次能源生产折标准煤 2501.97 万吨，比上年下降 13.5%；二次能源生产折标准煤 4120.82 万吨，下降 19.1%。

能源投资：全社会能源工业投资 85.47 亿元，比上年下降 35.3%。其中：煤炭工业投资 31.62 亿元，下降 35.9%；焦炭工业投资 4.12 亿元，增长 88.9%；电力工业投资 39.37 亿元，下降 40.0%。

用电：全年全社会用电量 189.34 亿千瓦时，下降 5.3%。其中：农业用电 1.34 亿千瓦时，增长 14.3%；工业用电 144.24 亿千瓦时，下降 10.0%；建筑业用电 1.66 亿千瓦时，增长 43.6%；第三产业用电 24.43 亿千瓦时，增长 10.6%；城乡居民生活用电 17.67 亿千瓦时，增长 15.7%，城乡居民人均生活用电 483.96 千瓦时。万元 GDP 电耗 1444.50 千瓦时，下降 7.7%。

六、国内贸易

消费品零售：2009 年全市社会消费品零售总额 721.70 亿元，比上年增长 16.4%。

表 8　2009 年社会消费品零售总额

指　标	总 额(亿元)	比 2008 年增长(%)
社会消费品零售总额	721.70	16.4
分城乡:市	691.96	16.3
县	14.20	22.4
县以下	15.54	16.4
分行业:批发业	87.77	34.6
零售业	568.84	14.8
住宿和餐饮业	63.16	10.8
其他	1.93	−16.3

限额以上贸易企业零售额 313.26 亿元，比上年增长 34.1%，在全市社会消费品零售总额中所占比重为 43.4%。

表 9　2009 年限额以上主要批发零售业零售额

指　标	零售额(万元)	比 2008 年增长(%)
汽车类	1281510	70.0
石油及制品类	442563	37.2
文化办公用品类	16520	42.5
通讯器材类	20358	234.3
家用电器和音像器材类	222360	−10.3
中西药品类	154385	41.0
建筑及装潢材料类	4875	45.4
日用品类	54635	16.1
家具类	961	48.7
粮油、食品、饮料、烟酒类	308440	3.4
服装类	211274	17.6
化妆品类	32316	26.3
金银珠宝类	75463	−3.6

七、对外经济

进出口贸易：2009 年全市外贸进出口总额 59.12 亿美元，比上年下降 37.1%。其中：出口额 19.44 亿美元，下降 67.3%；进口额 39.68 亿美元，增长 15.3%。

在出口产品中，煤炭、焦炭、金属镁分别为 1.98、0.63、1.23 亿美元，三类产品占出口总额的比重为 19.8%。不锈钢材、机电产品、高新技术产品分别为 2.56、7.53、3.38 亿美元，三类产品占出口总额的比重为 69.3%。

有贸易往来的国家和地区达到 157 个，比上年增加 4 个。其中年进出口额在千万美元以上的国家和地区 40 个。

招商引资：全年新设立外商及港澳台商直接投资企业 25 家。外商及港澳台商直接投资新签合同（协议）30 项。项目总投资 7.79 亿美元。合同外资额 2.76 亿美元。直接到位外资 2.62 亿美元，下降 16.2%。

八、交通、邮电和旅游

交通运输：2009 年末全市公路线路里程 6093 公里，其中高速公路 165 公里。公路密度 87.2 公里 / 百平方公里。

表 10　2009 年铁路、公路、航空运输量与周转量

指　标	单　位	2009 年	比 2008 年增长(%)
货物运输量	万吨	13558.9	−15.1
铁　路	万吨	4955.5	−19.7
公　路	万吨	8600.0	−12.2
航　空	万吨	3.4	6.3
货物周转量	百万吨公里	43769.9	−11.3
铁　路	百万吨公里	33070.2	−10.3
公　路	百万吨公里	10699.7	−14.1
旅客运输量	万人次	4627.0	6.1
铁　路	万人次	1883.8	22.9
公　路	万人次	2280.0	−4.8
航　空	万人次	463.2	7.4
旅客周转量	百万人公里	10361.7	−20.6
铁　路	百万人公里	4561.7	4.6
公　路	百万人公里	5800.0	−33.2

年末全市民用汽车保有量51.08万辆（包括三轮汽车和低速货车9629辆），比上年末增长19.9%，其中私人汽车37.46万辆，增长27.1%。本年新注册汽车8.95万辆，增长11.7%。年末轿车保有量24.96万辆，增长27.5%，其中私人轿车20.81万辆，增长32.9%；本年新注册轿车5.42万辆，增长12.5%。

邮电：全年完成邮电业务总量154.50亿元，比上年增长47.9%，其中邮政业务总量6.96亿元，增长12.3%；电信业务总量147.54亿元，增长50.2%。新增局用电话交换机7.92万门，总容量为144.98万门。年末市话到达155.18万户，其中：无线市话28.78万户。农话7.70万户。移动电话用户409.84万户，增加68.60万户。全市固定及移动电话用户总数达到572.72万户。每百人拥有电话157部，其中：固定电话和移动电话普及率分别达到45部/百人和112部/百人。计算机互联网实际使用用户84.20万户，净增加18.78万户，其中：宽带网用户78.07万户，增加15.59万户。

旅游：2009年全市接待海内外游客1887.74万人次，比上年增长10.3%。其中：国内游客1865.20万人次，增长10.2%；海外游客22.54万人次，增长18.8%。在海外游客中：外国人15.84万人次，香港同胞3.89万人次，澳门同胞0.50万人次，台湾同胞2.31万人次。全年旅游总收入195.22亿元，增长17.8%；国内旅游收入186.13亿元，增长14.7%；旅游外汇收入1.34亿美元，增长35.4%。

九、财政、金融和保险

财政：2009年全市财政总收入279.57亿元，比上年下降8.9%。其中：市级财政完成166.83亿元，下降4.0%；县（区）级财政完成112.74亿元，下降15.3%。

全市一般预算收入117.54亿元，增长0.5%。其中：税收收入93.50亿元，下降4.2%，增值税、营业税、资源税、企业所得税、个人所得税五大税种税收66.77亿元。

全年执行一般预算支出159.91亿元，比上年增长4.6%。农业、教育、科技等各项重点支出以及事关民生的支出得到较好保障，其中农林水事务支出7.27亿元，教育支出28.74亿元，科学技术支出3.72亿元，社会保障和就业支出32.14亿元，医疗卫生支出10.27亿元，环境保护支出5.18亿元，文化体育与传媒支出2.41亿元，城乡社区事务支出21.80亿元，一般公共服务支出18.55亿元。

金融：截止2009年末全市金融机构本外币各项存款余额5935.90亿元，比年初增长31.1%；本外币各项贷款余额4230.07亿元，增长41.9%。人民币各项存款余额5892.15亿元，增长31.4%；人民币各项贷款余额4156.46亿元，增长42.0%。在人民币贷款中，中长期贷款余额2580.18亿元，增长52.1%；短期贷款余额1227.26亿元，增长26.5%。全年金融机构现金收入5425.52亿元，现金支出5255.57亿元，净回笼货币169.95亿元。

保险：全年保险金额及责任限额1.75万亿元，比上年增长17.4%。全年原保险保费收入69.30亿元，增长13.1%。其中：寿险业务保费收入47.19亿元，增长15.7%；健康险保费收入5.25亿元，增长15.8%；意外伤害险业务保费收入1.07亿元，增长13.4%；财产险业务保费收入15.79亿元，增长5.0%。支付各类赔款及给付17.49亿元，增长9.6%。其中：寿险业务给付7.43亿元，增长6.0%；健康险业务赔款及给付1.80亿元，增长21.6%；意外伤害险业务赔款0.26亿元，增长41.5%；财产险业务赔款8.00亿元，增长9.9%。

十、城市建设

基础设施建设：2009年开工重点建设项目101项，改造小街小巷76条，完成投资117.3亿元。其中，实施城市主次干道工程28项、桥梁工程5项，迎泽西大街微循环、漪汾桥改造等工程全面完工；南内环桥、桃园南北路改造等工程主路完工通车；祥云桥、五龙口街改造等工程顺利推进。实施城市配套工程41项，部分工程建成投用。长风商务区等片区建设和小村镇建设加快推进。实施7项防洪治污工程、4项节能减排工程。

完成天然气置换工程10.3万户。集中供热扩网979万平方米，集中供热普及率达到83.1%。城市污水处理率达到70%，提高1.6个百分点。城市生活垃圾无害化处理率达到94.8%，提高4.8个百分点。完成城市公共供水1.7亿立方米。年末公交运营线路网长度635.25公里，年客运量32532.08万人次。

城市绿化：实施园林绿化工程55项，汾河治理美化南延至长风桥段、学府公园、漪汾公园等工程全面完工；汾河治理美化北延、环城高速互通绿化改造等工程基本完工。创建园林绿化单位32个，建成2个省级环境优美乡镇、20个省级生态文明村。全市共有公园40个，公园面积3443公顷。建成区绿化覆盖面积8519公顷，园林绿地面积7372公顷，公共绿地面积2442公顷。建城区绿化覆盖率35.8%，绿地率31.0%，人均公共绿地9.09平方米。

十一、教育和科学技术

教育：2009年末共有高等院校36所（其中高职院校24所），中等专业学校21所，技工学校（包括技工部）45所，普通中学234所，职业中学22所，小学640所，幼儿园795所。

表11　2009年各类学校学生数

单位：人

指　标	招　生	在校生	毕业生
研究生	6713	18298	4652
普通高等教育	100754	323321	92359
中等职业教育	55163	145002	52741
普通高中	28676	82072	24239
初中	53276	159086	45445
普通小学	37078	280224	54832
特殊教育	160	1086	109
学前教育	38976	90401	27475

全市幼儿园入园率保持在93%以上，城区达到97.5%；小学学龄儿童入学率达100%，巩固率达103.2%；初中生入学率达97.2%，巩固率保持在99%。高中阶段毛入学率为95%。

科学技术：年末共有独立科研机构110所，工作人员1.38万人。全年安排科技发展项目181项，技术市场共登记技术合同516项，成交金额78716万元。全年研究与试验发展（R&D）经费支出33.40亿元，比上年增长7.3%，占地区生产总值的比重为2.2%。全年共取得549项科技成果，获得国家科技奖励2项，其中国家技术发明二等奖1项，国家科技进步二等奖1项。科技成果转化率达到45%。全年共申请专利4011件，比上年增加999件。每10万人专利申请数达到114.5项，比上年增加28.5项。高新技术产业增加值占地区生产总值的比重为7.6%，比上年提高0.7个百分点。

截止2009年末高新区、经济区、民营区共有入区企业3770家。全年实现科工贸总收入1211亿元，增长9.2%。

十二、文化、卫生和体育

文化：2009年末全市共有艺术表演团体14个，演职人员1646人。群艺文化馆12个，博物馆12个。公共图书馆馆藏图书373万册。国家综合档案馆11个，馆藏档案资料58万卷（册）。广播电视台2座，广播节目12套，中、短波广播发射台和转播台1座。电视节目19套，一百瓦以上电视发射和转播台10座。全市广播人口覆盖率为99.2%，电视人口覆盖率为99.6%。2009中国·太原晋商文化艺术周成功举办，荣获第二届节庆中华奖“最佳文化传承奖”；晋剧《傅山进京》荣获第三届全国地方戏优秀剧目展演一等奖、中宣部第十一届精神文明建设“五个一工程奖”；晋剧《龙兴晋阳》作为代表山西省唯一参赛剧目，参加了第十一届中国戏剧节，荣获“优秀剧目奖”和“优秀表演奖”两项大奖。非物质文化遗产保护力度加大，共建名录141项，列入国家级保护项目13项、省级保护项目33项。继续实施农村电影放映工程，全年放映1.2万场，覆盖率达到100%。

卫生：年末共有卫生机构2425个（不含村卫生室），医疗床位26815张。每千人拥有医疗床位7.66张。各类卫生技术人员37155人，其中：执业医师14159人，执业助理医师1160人，注册护士14526人。每千人拥有医生4.37人。城乡公共卫生体系进一步完善，社区卫生服务网络覆盖率达到98.9%。计划生育工作进一步加强，符合政策生育率达97.5%。县乡两级医疗卫生机构基础设施达标率为81.7%。新型农村合作医疗覆盖全市所有行政村，实际参加合作医疗的农民96万人，参合率达到96.1%。有效控制了“甲型H1N1流感”疫情的蔓延，3所哨点医院、33家发热门诊、13所定点医院和流感监测网络实验室收治病人715例，累计接种疫苗44.67万人。

体育：在2009年全国各种锦标赛、冠军赛中，太原选手共夺得金牌24枚、银牌10枚、铜牌11枚。在十一届全运会中，取得3金、1银、2铜的好成绩。兴建全民健身路径和农民健身工程1000余条（块），群众体育活动蓬勃开展。

十三、绿色转型、环境保护和安全生产

绿色标准：《太原市绿色转型促进条例》正式实施，颁布实施《太原市绿色转型促进条例实施办法》，成为全国第一个以地方立法形式整体推动绿色转型和区域科学发展的城市。绿色转型重点标准体系不断完善，制定和发布《太原市绿色村庄要求与评价》等绿色标准7个，总数达到27个，成为拥有绿色地方标准最多的城市。在机关、企业、农村等12个领域500家单位延伸和拓展“绿色十佳”创建活动。

绿色高压线：对53个不符合要求的建设项目坚决予以否决。关停、取缔、淘汰污染企业及落后生产设施96个（座）。全面启动城中村燃煤污染控制工作，拆除城中村土小锅炉8202台。15个城中村实现了集中供热或区域供热，年减少原煤散烧35万吨。加快煤炭资源整合步伐，地方煤矿数量由整合前的130座压减到53座。建筑节能改造完成82.5万平方米。

环境质量：全市饮用水源地水质达标率继续保持100%，汾河出境断面化学需氧量、氨氮年均值分别下降7.1%、11.5%。全年减排二氧化硫4600吨、化学需氧量1380吨。市区区域环境噪声年均值53.1分贝、交通噪声年均值68分贝，持续保持全国先进水平。市区二级以上空气质量天数为296天。

气温降水和用水量：2009年平均气温为8.4～11.4℃，降水量为525～613mm。地下水水位比上年上升2.1%。全年全社会用水量比上年下降7.4%。其中：生活用水增长3.7%，工业用水下降21.7%，农业用水下降4.0%。

安全生产：深入开展“安全生产年”活动，出台《太原市安全生产专项整治工作方案》、《太原市安全生产三项行动工作方案》，投资4.5亿元开展煤矿、非煤矿山、尾矿库和危险化学品等专项整治。亿元GDP生产安全事故死亡率为0.17人，下降15.0%。

十四、人口、人民生活和社会保障

人口：据2009年人口抽样调查，年末全市总

人口350.18万人。其中：城镇人口287.92万人，乡村人口62.26万人。城镇化率为82.2%，比上年提高0.2个百分点。男性人口178.57万人，女性人口171.61万人，性别比为104.06：100。

全年出生人口2.94万人，人口出生率为8.45‰，比上年下降0.02个千分点；死亡人口1.40万人，死亡率为4.03‰；自然增加人口1.54万人，自然增长率为4.42‰。

人民生活：2009年城市居民人均可支配收入为15607元，比上年增长2.5%；城市居民人均消费支出11708元，增长8.4%。农村居民人均纯收入6828元，增长7.4%；农民人均生活消费支出3687元，增长2.2%。城市居民与农村居民收入比为2.29：1。城市居民家庭恩格尔系数为32.1%，农村居民家庭恩格尔系数为32.6%。

图2 2005—2009年城市居民人均可支配收入及增长速度

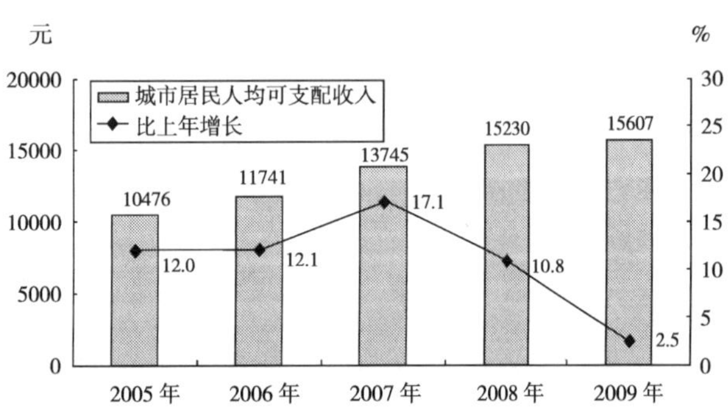

图3 2005—2009年农村居民人均纯收入及增长速度

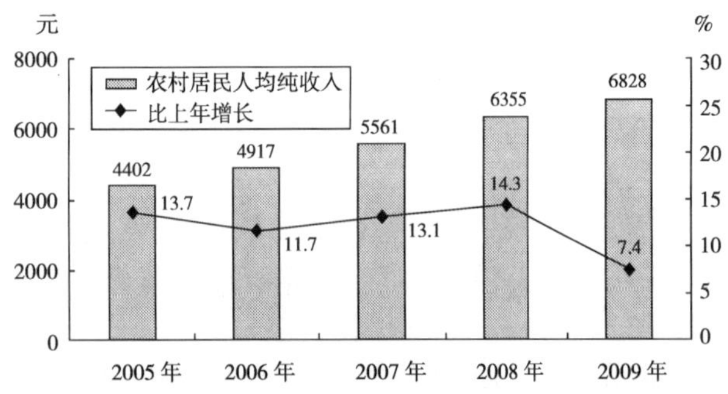

截止2009年末城乡居民储蓄存款余额2085.00亿元，比年初增长20.6%。其中：城镇居民储蓄存款余额1955.50亿元，增长21.3%；农村居民储蓄存款余额129.50亿元，增长11.2%。

城镇住宅施工面积2057.57万平方米，比上年增长23.3%，住宅竣工面积370.78万平方米。城镇居民人均住房建筑面积为25.84平方米，增加1.04平方米。农村新建住宅建筑面积119.53万平方米，农村人均住房面积为33.89平方米，增加2.50平方米。

社会保障：城镇基本社会保障覆盖率达到90.7%，比上年提高3.7个百分点。全市企业职工参加养老保险的人数为70.87万人。参加基本医疗保险的人数为132.50万人。参加失业保险的人数为74.11万人。参加工伤保险的人数为53.02万人，其中参保农民工13.08万人。参加生育保险的职工人数为58.18万人。城市居民最低生活保障继续加强，城市低保覆盖人口达到9.65万人；农村低保覆盖人口达到6.40万人。

年末全市城镇共有各种社区服务设施852个，社区服务中心13个。各类收养类单位40个，床位4882张，收养4408人。救济农村五保户3623户，农村临时救济人员13985人次。

注：

1. 本公报数据为初步统计数据。
2. 地区生产总值及各产业（行业）增加值指标绝对数按现价计算，增长速度按可比价格计算。
3. 规模以上工业企业是指年主营业务收入500万元及以上的全部法人工业企业；限额以上批发零售企业是指年销售额2000万元及以上批发企业和年销售额500万元及以上零售企业。
4. 根据国家统计局规定，节能降耗指标单独发布。
5. 房地产业除包含房地产开发投资外，还包含其他房地产投资。
6. 铁路运输为太原地区口径；航空货物运输量为不含旅客行李托运口径；公路客货运输量、周转量为新口径。

目　录

第一篇　综　合

第二篇　人口、计划生育和社会治安

第三篇　从业人员和劳动报酬

第四篇　固定资产投资、建筑业

第五篇 能源消费与库存

第六篇 物价指数

第七篇 城市居民住户调查

第八篇　农村住户调查

第九篇　公用事业

第十篇　农业

第十一篇　工业、交通运输和邮电

第十二篇　企业调查

第十三篇　国内外贸易和旅游

第十四篇 财政、金融、税务和保险

第十五篇 科教、文卫、体育和民政

第十六篇　县(市、区)经济概况

第一篇

综　合

ZONG HE

资料整理、审核

马亚晓	陆建云	王翠莲
崔　晰	王　平	郭晓红
苏人龙	贾常晋	牛效丽
韩　芸	常　轶	

1-1 太原市县(市、区)及乡镇、办事处名称

县级	乡级
小店区	北格镇、刘家堡乡、西温庄乡、坞城街办、营盘街办、北营街办、平阳街办、黄陵街办、小店街办
迎泽区	郝庄镇、迎泽街办、桥东街办、文庙街办、柳巷街办、老军营街办、庙前街办
杏花岭区	中涧河乡、小返乡、三桥街办、敦化坊街办、巨轮街办、涧河街办、鼓楼街办、杏花岭街办、坝陵桥街办、大东关街办、职工新街街办、杨家峪街办
尖草坪区	向阳镇、阳曲镇、马头水乡、西墕乡、柏板乡、汇丰街办、古城街办、柴村街办、迎新街街办、南寨街办、上兰街办、新城街办、光社街办、尖草坪街办
万柏林区	王封乡、化客头街办、东社街办、千峰街办、下元街办、和平街办、万柏林街办、兴华街办、南寒街办、杜儿坪街办、白家庄街办、长风西街街办、小井峪街办、西铭街办、神堂沟街办
晋源区	金胜镇、晋祠镇、姚村镇、罗城街办、义井街办、晋源街办
古交市	镇城底镇、河口镇、马兰镇、嘉乐泉乡、梭峪乡、常安乡、原相乡、阁上乡、岔口乡、邢家社乡、东曲街办、西曲街办、桃园街办、屯兰街办
清徐县	清源镇、徐沟镇、孟封镇、东于镇、马峪乡、西谷乡、柳杜乡、集义乡、王答乡
阳曲县	黄寨镇、东黄水镇、大盂镇、泥屯镇、侯村乡、凌井店乡、高村乡、杨兴乡、西凌井乡、北小店乡
娄烦县	娄烦镇、杜交曲镇、静游镇、庙湾乡、马家庄乡、盖家庄乡、米峪镇乡、天池店乡

1-2 行 政 区 划

指 标	街道办事处	社区居委会	乡政府	镇政府	村民委员会	自然村
总 计	52	521	31	21	957	1558
小 店 区	6	89	2	1	62	68
迎 泽 区	6	89		1	22	38
杏花岭区	10	107	2		38	46
尖草坪区	9	53	3	2	90	100
万柏林区	14	95	1		55	71
晋 源 区	3	24		3	85	106
清 徐 县		6	5	4	192	207
阳 曲 县		4	6	4	124	360
娄 烦 县		6	5	3	143	219
古 交 市	4	37	7	3	146	343
高 新 区		1				
经 济 区		10				

1-3 自然资源

指标	单位	数量
一、人口、土地		
全市户籍总人口	人	3651151
人口密度（按户籍人口计算）	人/平方公里	522
土地面积	平方公里	6988
二、气候		
平均气温	摄氏度	8.4～11.4
日照时间	小时	2092～2637
无霜期	天	161～199
降水量	毫米	525～613
三、林地		
林地面积	万公顷	39.69
林木蓄积量	万立方米	429
林木绿化率	%	27.6
森林覆盖率	%	16.0
四、水利		
水资源采用总量	万立方米	53012.27
地下水资源采用总量	万立方米	34627.22
地表水资源采用总量	万立方米	18385.05
五、矿产(2008年保有量)		
煤矿	亿吨	171.84
铁矿	万吨	62590
溶剂灰岩	万吨	9094
水泥灰岩	万吨	11738
石膏	万吨	6007

1-4 土地状况（2008年）

单位：平方公里

指 标	面 积	占总面积(%)
总面积	**6988**	**100.0**
按地形分		
平原	1240	17.7
丘陵	2117	30.3
山地	3631	52.0
按特征分		
农用地	**4352**	**62.3**
耕地	1273	18.2
园地	225	3.2
林地	2202	31.5
牧草地	397	5.7
其它	255	3.7
建设用地	**642**	**9.2**
居民点及工矿	565	8.1
交通运输用地	46	0.7
水利设施用地	31	0.4
未利用地	**1994**	**28.5**
未利用地	1900	27.2
其它土地	94	1.3
# 河流水面	23	0.3
湖泊水面	5	0.1

1-5 取水情况

单位:万立方米

指 标	2009
取水总量	53012.27
按取水用途分	
生活	14457.88
生产	34009.19
生态	4545.20
按水源分	
河川径流	18385.05
河水	18162.57
泉水	222.48
# 岩溶泉	124.13
地下水	34627.22
# 深层水	28647.20
另:污水利用量	17909.26

1-6 按行政区划分土地面积及人口密度

指 标	土地面积（平方公里）	抽样总人口（人）	人口密度（人/平方公里）
总 计	**6988**	**3501811**	**501**
市辖区合计	**1460**	**2672666**	**1831**
小店区	295	518092	1756
迎泽区	117	489986	4188
杏花岭区	170	539944	3176
尖草坪区	285	351411	1233
万柏林区	305	584233	1916
晋源区	288	189000	656
县(市)合计	**5528**	**829145**	**150**
清徐县	609	344906	566
阳曲县	2059	148562	72
娄烦县	1276	117112	92
古交市	1584	218565	138

1-7 社会经济主要指标人均水平

指 标	单位	1985	1990	1995	2000	2005	2008	2009
一、地区生产总值	**元**	**1905**	**3648**	**8331**	**13021**	**26294**	**44054**	**44319**
二、主要产品产量								
原煤	吨	9.92	11.03	11.20	8.36	13.17	11.95	10.05
发电量	千瓦小时	1075.96	1428.63	3122.47	3731.02	4671.15	6172.91	5937.88
粗钢	公斤	659.31	738.01	854.64	821.45	1037.05	2347.55	2414.30
成品钢材	公斤	361.98	384.54	575.72	841.16	1277.96	2403.17	2371.05
水泥	公斤	327.50	287.43	532.81	558.59	925.42	915.85	1304.97
粮食	公斤	131.23	150.63	119.50	96.79	85.75	88.20	91.36
蔬菜	公斤	198.43	229.97	244.44	411.00	420.76	378.46	366.54
猪牛羊肉	公斤	5.17	6.65	12.02	15.64	17.25	11.58	11.76
奶	公斤	8.67	13.61	13.19	15.12	27.25	27.79	27.95
三、社会消费品零售总额	**元**	**771**	**1381**	**3111**	**6224**	**11282**	**17866**	**20699**
四、人民生活								
城镇居民可支配收入	元	637	1573	3939	6019	10476	15230	15607
城镇居民消费性支出	元	585	1357	3409	5341	7806	10799	11708
# 食品	元	308	653	1588	1750	2412	3742	3764
衣着	元	112	241	514	564	1050	1258	1313
居住	元		36	194	388	856	1335	1390
农民纯收入	元	526	763	1444	2643	4402	6355	6828
城乡居民储蓄存款年末余额	元	486	1894	7064	13788	30110	50010	59800

1-8 国民经济主要比例关系

单位:%

指 标	1985	1990	1995	2000	2005	2007	2008	2009
一、地区生产总值三次产业增加值比例								
第一产业	6.5	6.3	5.1	3.9	2.3	1.5	1.5	1.9
第二产业	66.9	55.5	47.1	41.8	47.1	49.2	48.3	43.7
第三产业	26.6	38.2	47.8	54.3	50.6	49.3	50.2	54.4
二、工业总产值轻重比例（不变价）								
轻工业	25.8	25.0	20.7	18.7	7.6	5.1	5.4	7.0
重工业	74.2	75.0	79.3	81.3	92.4	94.9	94.6	93.0
三、农林牧渔总产值内部比例（不变价）								
农业产值	74.3	69.1	56.9	57.9	51.9	62.4	57.6	60.0
林业产值	6.2	2.7	3.6	2.2	1.5	3.5	7.2	8.7
牧业产值	19.3	27.5	38.7	39.2	39.8	29.6	31.4	27.7
渔业产值	0.2	0.7	0.8	0.7	0.8	0.8	0.7	0.6
农林牧渔服务业					6.0	3.7	3.1	3.0
四、固定资产投资三次产业比例								
第一产业	0.3	0.7	0.1	0.7	0.7	0.7	0.6	1.8
第二产业	61.9	74.2	52.9	48.9	72.5	56.4	50.9	31.2
第三产业	37.8	25.1	47.0	50.4	26.8	42.9	48.5	67.0
五、固定资产投资额占地区生产总值比例	44.0	28.0	30.1	26.4	49.1	46.0	46.0	50.6
六、地方财政收入占地区生产总值比例	11.5	9.8	5.8	5.4	6.4	7.0	8.0	7.6

注:1. 2005 年起工业总产值轻重比例为规模以上工业按当年价格计算。

2. 2007 年起农林牧渔总产值内部比例按当年价格计算。

1-9 人民物质文化生活提高情况

指 标	单位	1985	1990	1995	2000	2005	2007	2008	2009
一、城乡居民收入									
农民人均纯收入	元	526	763	1444	2643	4402	5561	6355	6828
城镇居民人均可支配收入	元	637	1573	3939	6019	10476	13745	15230	15607
全部在岗职工平均工资	元	1199	2351	5538	8394	18547	24688	29589	33141
二、平均每人居住面积									
城镇居民	平方米	5.63	7.07	8.15	10.97	11.94	12.40	12.81	13.38
农村居民	平方米				26.00	28.60	30.65	31.39	33.89
三、每百户居民拥有耐用消费品（抽样）									
电冰箱									
城镇居民	台		52	65	90	96	102	95	96
农民	台			12	27	34	37	39	40
彩色电视机									
城镇居民	台	17	84	98	115	119	116	112	112
农民	台	3	9	36	65	85	92	96	98
洗衣机									
城镇居民	台	64	95	88	94	99	100	98	98
农民	台	12	33	50	59	64	65	67	67
四、每千人拥有卫生技术人员和医疗卫生床位数									
每千人拥有卫生技术人员	人	10.4	10.6	10.6	9.6	9.0	10.9	9.9	10.6
每千人拥有医疗卫生床位数	张	7.8	8.8	8.5	8.0	7.0	7.0	7.9	7.7
五、储蓄									
城乡居民储蓄存款年末余额	亿元	11.29	48.76	197.54	419.63	1183.95	1307.24	1728.92	2085.00
城镇居民	亿元	9.08	40.21	171.41	375.88	1109.42	1217.97	1612.44	1955.50
农村居民	亿元	2.21	85.47	26.13	43.75	74.53	89.27	116.48	129.50
平均每人储蓄存款余额	元	486	1894	7064	13788	30110	37893	49804	59571

1-10 主要年份地区生产总值(按当年价格计算)

年份	地区生产总值（万元）	第一产业	第二产业	#工业	第三产业	人均GDP（元/人）
1952	23254	5462	8478	6693	9314	281
1957	56180	6503	31848	22952	17829	418
1962	57561	5693	32500	30383	19368	389
1965	90129	9243	63524	59517	17362	573
1970	112489	10879	83496	80874	18114	654
1975	143898	15360	102906	99874	25632	752
1978	186758	11036	140152	123482	35570	937
1980	222998	13961	156965	138361	52072	1075
1985	442126	28885	295782	239985	117459	1905
1990	939154	58755	520827	453958	359572	3648
1995	2330302	118405	1098481	916245	1113416	8331
1996	2816550	155484	1297001	1036916	1364065	9879
1997	3270713	155584	1464366	1123811	1650763	11265
1998	3507880	162090	1540109	1185511	1805681	11912
1999	3645620	145302	1558760	1218172	1941558	12242
2000	3962652	154936	1656880	1298969	2150836	13021
2001	4512131	143440	1919746	1486525	2448945	13453
2002	5031377	175155	2080977	1579489	2775245	14915
2003	6136637	179952	2677365	2041164	3279320	18099
2004	7637621	209264	3534977	2697006	3893380	22423
2005	8995771	201903	4240499	3223916	4553369	26294
2006	10418835	194405	4761286	3702587	5463144	30326
2007	12917719	196389	6360520	5192419	6360810	37444
2008	15261555	229807	7367734	5941734	7664014	44054
2009	15452409	285603	6755410	5010410	8411396	44319

注：1. 2001 年起人均 GDP 为按抽样调查总人口计算，其余年份为按公安户籍人口计算。

2. 2005 年以后为第二次经普调整后数据。

1-11 主要年份地区生产总值构成

单位:%

年 份	地区生产总值	第一产业	第二产业	#工业	第三产业
1952	100.0	23.5	36.5	28.8	40.0
1957	100.0	11.6	56.7	40.9	31.7
1962	100.0	9.9	56.5	52.8	33.6
1965	100.0	10.3	70.5	66.0	19.2
1970	100.0	9.7	74.2	71.9	16.1
1975	100.0	10.7	71.5	69.4	17.8
1978	100.0	5.9	75.0	66.1	19.1
1980	100.0	6.3	70.4	62.0	23.3
1985	100.0	6.5	66.9	54.3	26.6
1990	100.0	6.3	55.5	48.3	38.2
1995	100.0	5.1	47.1	39.3	47.8
1996	100.0	5.5	46.0	36.8	48.5
1997	100.0	4.8	44.8	34.4	50.4
1998	100.0	4.6	43.9	33.8	51.5
1999	100.0	4.0	42.8	33.4	53.2
2000	100.0	3.9	41.8	32.8	54.3
2001	100.0	3.2	42.5	32.9	54.3
2002	100.0	3.5	41.4	31.4	55.1
2003	100.0	2.9	43.7	33.3	53.4
2004	100.0	2.7	46.3	35.3	51.0
2005	100.0	2.3	47.1	35.8	50.6
2006	100.0	1.9	45.7	35.5	52.4
2007	100.0	1.5	49.2	40.2	49.3
2008	100.0	1.5	48.3	38.9	50.2
2009	100.0	1.9	43.7	32.4	54.4

1-12 主要年份地区生产总值指数

单位:%

年 份	地区生产总值				
		第一产业	第二产业		第三产业
				#工业	
1957	106.7	98.1	111.1	119.0	102.7
1962	92.5	86.6	90.3	94.2	98.8
1965	120.4	97.9	132.6	134.9	98.8
1970	164.3	110.0	198.0	202.1	109.9
1975	116.5	105.5	121.3	120.6	106.0
1978	128.9	89.7	134.2	124.0	126.7
1980	106.5	112.1	102.7	100.3	118.9
1985	105.4	91.7	105.5	106.4	108.2
1990	109.1	126.8	107.9	102.0	109.3
1995	113.0	102.6	113.3	116.0	113.3
1996	112.6	115.9	112.5	108.7	112.6
1997	110.5	103.3	110.0	107.7	112.2
1998	108.8	105.0	110.1	109.7	106.5
1999	107.7	96.9	106.5	108.2	111.2
2000	109.0	106.8	108.1	108.7	111.1
2001	111.8	90.9	110.5	108.2	114.2
2002	112.0	121.0	112.2	111.3	111.3
2003	115.6	104.1	118.8	117.8	113.9
2004	115.9	102.7	119.6	117.7	113.8
2005	115.6	101.1	116.2	117.6	115.8
2006	112.1	93.8	110.5	111.4	114.4
2007	116.8	100.5	120.9	125.6	113.7
2008	108.5	101.4	103.0	101.3	114.0
2009	102.6	104.1	93.8	88.4	110.2

1-13 地区生产总值及构成

指 标	绝对额(万元)		构成(%)	
	2009	2008	2009	2008
地区生产总值	15452409	15261555	100.0	100.0
第一产业	285603	229807	1.9	1.5
第二产业	6755410	7367734	43.7	48.3
工业	5010410	5941734	32.4	38.9
建筑业	1745000	1426000	11.3	9.4
第三产业	8411396	7664014	54.4	50.2
交通运输、仓储和邮政业	1347000	1320873	8.7	8.7
批发和零售业	1794000	1491095	11.6	9.8
住宿和餐饮业	767000	759017	5.0	4.9
金融业	1522999	1151049	9.9	7.5
房地产业	424999	407062	2.8	2.7
其他服务业	2555398	2534918	16.5	16.6

1-14 支出法地区生产总值(按当年价格计算)

单位:万元

指 标	2009	2008	为2008年%
总 计	**15452409**	**15261555**	**102.6**
一、最终消费	**6948434**	**6718301**	**103.7**
居民消费	4772480	4626533	103.4
农村居民	291720	274862	106.5
城镇居民	4480760	4351671	103.2
政府消费	2175954	2091768	104.2
二、资本形成总额	**8461610**	**8452303**	**101.7**
固定资本形成总额	8024243	7390039	109.8
存货增加	437376	1062264	44.0
三、货物和服务净出口	**42365**	**90951**	**76.8**

1-15 总 产 出(按当年价格计算)

单位:万元

指 标	2009	2008
总 计	**46263177**	**44524892**
第一产业	**503058**	**399589**
第二产业	**29453287**	**29807633**
工 业	18745479	21268711
建筑业	10707808	8538922
第三产业	**16306832**	**14317670**
# 交通运输、仓储和邮政业	2935334	2523500
批发和零售业	2927391	2403441

1-16 资本形成总额

单位:万元

指 标	2009	2008
总 计	8461610	8452303
固定资本形成总额	8024243	7390039
第一产业	110569	46068
第二产业	2429775	3643054
第三产业	5483899	3700917
存货增加	437367	1062264
第一产业	-7202	2758
第二产业	264751	630645
第三产业	179818	428861

1-17 支出法地区生产总值构成(按当年价格计算)

单位:%

指 标	2009	2008
总 计	100.0	100.0
一、最终消费	45.0	44.0
居民消费	30.9	30.3
农村居民	1.9	1.8
城镇居民	29.0	28.5
政府消费	14.1	13.7
二、资本形成总额	54.8	55.4
固定资本形成总额	51.9	48.4
存货增加	2.8	7.0
三、货物和服务净出口	0.3	0.6

1-18 太原市主要年份国民经济主要指标

指 标	1985	1990	1995	2000	2005	2007	2008	2009
年末户籍常住人口（人）	2344452	2612087	2827710	3087491	3403874	3553142	3602282	3651151
按性别分								
男性	1258322	1384876	1490281	1607655	1766902	1833913	1850282	1871637
女性	1086130	1227211	1337429	1479836	1636972	1719229	1752000	1779514
按农业、非农业分								
农业人口	919217	975743	995113	1048251	1014606	989215	995770	1014205
非农业人口	1425235	1636344	1832597	2039240	2389268	2563927	2606512	2636946
社会从业人员（人）	1348000	1557000	1685000	1604926	1616195	1679390	1705400	1673300
按三次产业分								
第一产业	231000	243000	258000	276129	271587	257000	252200	247500
第二产业	753000	835000	872000	601241	530983	569000	557000	527400
第三产业	364000	479000	555000	727556	813625	853000	896200	898300
按职工、非职工分								
职工	989000	1111000	1124000	884117	757996	804890	791186	803278
# 国有	756000	892000	919000	533148	458206	455147	448902	452391
集体	233000	219000	205000	119411	62939	55196	52511	49346
城镇私营企业和个体从业人员	8000	61000	127000	217056	355324	371800	289773	377000
农村从业人员	351000	385000	434000	503753	502875	502700	487808	492658
全部在岗职工工资总额（万元）	115920	257007	609421	724376	1378220	1944673	2320336	2608145
# 国有单位职工	94900	220674	529353	441159	828598	1127428	1302160	1445907
城镇集体单位职工	21020	35909	67586	60029	54590	68027	72754	72678

注：1. 本表地区生产总值、社会消费品零售总额为第二次全国经济普查调整后口径。

2. 工业企业单位数、工业企业总产值2000年以前为乡及乡以上口径，以后为规模以上工业口径。2005年起为当年价。

3. 2005年乡镇企业包括农村私营个体企业。

4. 2005年起社会消费品总额不含未通过市场直接向消费者出售的产品。

5. 2005年以前外商直接投资包括间接投资。

1-18 续表 1-1

指 标	1985	1990	1995	2000	2005	2007	2008	2009
全部在岗职工年平均工资（元）	1199	2351	5538	8394	18547	24688	29589	33141
# 国有单位职工	1279	2510	5788	8460	18375	25317	29457	32499
城镇集体单位职工	938	1696	3371	5285	9192	12910	14001	15265
城镇居民人均可支配收入（元）	637	1573	3939	6019	10476	13745	15230	15607
城镇居民人均消费性支出（元）	585	1357	3409	5341	7806	10941	10799	11708
# 食品	308	653	1588	1750	2412	3172	3742	3764
衣着	112	241	514	564	1050	1125	1258	1313
居住		36	194	388	856	1197	1335	1390
农民人均纯收入（元）	526	763	1444	2643	4402	5561	6355	6828
农民人均生活消费支出（元）				1490	2522	3190	3608	3687
# 食品				560	829	1090	1281	1203
衣着				197	350	388	426	434
居住				225	334	572	580	630
地区生产总值（万元）	442126	939154	2330302	3962652	8995771	12917719	15261555	15452409
第一产业	28885	58755	118405	154936	201903	196389	229807	285603
第二产业	295782	520827	1098481	1656880	4240499	6360520	7367734	6755410
工业	239985	453958	916245	1298969	3223916	5192419	5941734	5010410
建筑业	55797	66869	182236	357911	1016583	1168108	1426000	1745000
第三产业	117459	359572	1113416	2150836	4553369	6360810	7664014	8411396
人均地区生产总值（元 / 人）	1905	3648	8331	13021	26294	37444	44054	44319
地区生产总值指数（%）	105.4	109.1	113.0	109.0	115.6	116.8	108.5	102.6
第一产业	91.7	126.8	102.6	106.8	101.1	100.5	101.4	104.1
第二产业	105.5	107.9	113.3	108.1	116.2	120.9	103.0	93.8
工业	106.4	102.0	116.0	108.7	117.6	125.6	101.3	88.4
建筑业	99.5	150.1	99.9	105.0	112.1	105.5	109.5	113.1
第三产业	108.2	109.3	113.3	111.1	115.8	113.7	114.0	110.2

1-18 续表 1-2

指 标	1985	1990	1995	2000	2005	2007	2008	2009
全社会固定资产投资额（万元）	194510	262924	701894	1047702	4253276	5767355	7022072	7820157
#国有单位（应含房地产）	170776	232285	589344	775038	2136871	2548672	3473578	4141830
集体单位	16430	17796	32212	43074	157656	377649	631938	532664
#城镇	7167	8992	13242	22359	95993	323227	600859	458774
城乡个人	7304	12843	29436	40680	61091	113368	92979	120836
全社会竣工房屋面积（平方米）	3585900	2870100	2848000	4420700	6064048	7412342	8149528	7242678
#国有单位					1852950	2150258	1828486	1477814
集体单位					423716	1226019	2349226	2206622
城乡个人					1030292	1054344	898682	1023274
全社会新增固定资产（万元）	126292	212335	517719	876782	1993236	2832761	3197379	3751422
#国有单位	111282	187948	453290	636628	698396	1084280	1054344	1309267
集体单位	7706	11544	18238	37975	69435	278582	536225	461419
城乡个人					61091	113368	92979	120836
商品零售价格总指数	112.0	100.7	114.5	96.0	100.2	102.9	107.9	99.1
(以上年价格为100)								
食品类			124.2	93.8	103.7	112.8	120.1	102.8
服装鞋帽类			119.1	100.6	96.3	96.3	100.3	95.7
纺织品类			120.1	94.9	98.0	97.5	95.0	97.6
中西药品及医疗保健用品类			114.3	101.3	98.7	100.1	101.0	103.2
文化和体育用品类			104.0	99.3				
文化办公用品类					99.4	99.7	99.6	96.7
体育娱乐用品类					99.1	99.7	100.6	98.7
日用品类			109.0	98.3	100.7	101.6	104.0	99.2
家用电器类			102.2	95.6	97.3	98.3	100.1	89.2
燃料类			105.9	107.6	112.8	106.1	117.4	101.9
建筑装璜材料类	112.0	102.4	102.8	99.4	102.1	106.1	111.3	96.4

1-18 续表 1-3

指 标	1985	1990	1995	2000	2005	2007	2008	2009
居民消费品价格总指数			116.8	103.6	101.1	104.1	107.4	99.9
(以上年价格为 100)								
食品类			123.4	93.2	103.8	112.6	119.6	102.6
衣着类			116.8	99.6	96.2	96.3	100.4	95.8
家庭设备用品及维修服务类			106.5	98.6	100.0	103.2	103.4	99.2
医疗保健和个人用品类			113.5	101.1	101.6	99.9	101.1	101.0
交通和通讯类			94.9	97.8	96.3	99.5	99.0	97.1
娱乐教育文化用品及服务类			112.3	96.4	101.9	100.2	100.0	99.6
居住类			111.9	107.0	102.4	103.3	105.7	98.0
服务项目类价格总指数			107.3	162.1	102.9	102.2	101.0	99.4
(以上年价格为 100)								
农林牧渔业总产值	38744	73925	193432	246156	344060	356150	441817	503058
(万元，按当年价格计算)								
农业产值	28489	49305	120504	163107	199305	222400	254330	302028
林业产值	2266	1877	4382	4020	12088	12500	31766	43714
牧业产值	7942	22081	66859	77344	114172	105613	138819	139317
渔业产值	47	662	1687	1685	2689	2166	2986	3019
农林牧渔服务业产值					15806	13471	13916	14980
农林牧渔业总产值指数	100.6	108.3	102.2	106.9	101.3	103.4	103.9	103.1
(以上年价格为 100)								
农业产值	100.3	107.9	95.9	110.1	99.6	101.7	100.4	100.3
林业产值	99.1	93.0	106.8	102.4	74.7	91.8	131.1	130.6
牧业产值	102.0	110.8	112.8	102.8	104.9	108.4	108.5	101.7
渔业产值	127.6	116.5	103.6	103.7	107.6	95.0	108.7	99.4
农林牧渔服务业产值					151.1	111.4	100.3	106.6

1-18 续表 1-4

指 标	1985	1990	1995	2000	2005	2007	2008	2009
主要农作物播种面积（千公顷）	145.34	145.72	139.23	136.82	118.56	118.69	115.73	115.16
粮食	107.61	116.25	107.93	100.35	83.48	86.15	85.17	85.48
棉花	0.23	0.12	0.86	0.83	0.22	0.24	0.10	0.10
油料	22.70	13.52	13.90	11.05	5.05	3.58	3.51	3.33
主要农产品产量								
粮食（吨）	304534	387806	334171	294557	291865	306347	306066	318536
棉花（吨）	133	96	849	998	276	336	145	133
油料（吨）	16756	13882	6636	10557	3845	2014	2816	2753
肉类（吨）	12001	17109	33603	47606	65135	38833	43843	46376
禽蛋（吨）	7428	20003	35272	44361	43165	37693	38278	38578
乡镇企业单位数（个）	3490	31536	50429	3863	28816	6587	6814	7568
乡镇企业总产值（万元）	57301	263420	1702710	2002888	6209292	6128538	6507894	5596609
乡镇企业营业收入（万元）	46730	248820	1523708	1474420	5496418	5646753	5946614	5060491
工业企业单位数（个）	1560	1981	2033	383	489	517	515	484
按经济类型分								
国有经济	289	331	335	218	95	48	52	46
集体经济	1270	1638	1601	89	60	57	56	44
其他	1	12	97	76	334	412	407	394
按轻重工业分								
轻工业	713	877	727	128	111	98	109	109
重工业	847	1104	1306	255	378	419	406	375
工业企业总产值	987104	1432174	1972592	2667101	9213954	16247211	19207200	15668104
(万元，按 1990 不变价格计算)								
按经济类型分								
国有经济	847947	1204713	1426480	2137999	715540	627417	659118	634839
集体经济	135472	216042	423522	191852	164977	175011	163244	129062
其他	3685	11419	122590	337250	8333437	15444783	18384838	14904203

1-18 续表 1-5

指 标	1985	1990	1995	2000	2005	2007	2008	2009
按轻重工业分								
轻工业	255206	358054	408076	499317	703205	822775	1038499	1093317
重工业	731898	1074120	1564516	2167784	8510749	15424436	18168701	14574787
主要工业产品产量								
原煤（万吨）	2140	2840	3133	2544	4086	3953	4148	3503
发电量（万千瓦时）	347600	367800	873200	1135500	1590000	2198000	2142000	2070300
粗钢（万吨）	152.73	190.24	238.82	250.00	353.00	806.30	814.60	841.77
生铁（万吨）	110.97	159.93	240.63	292.00	340.00	704.70	701.07	721.61
焦炭（万吨）	152.56	386.33	893.24	836.00	1199.00	1444.60	1363.16	1077.63
水泥（万吨）	76.24	73.94	148.66	170.00	304.00	361.70	317.83	454.99
太原地区铁路货运量（万吨）	2398	3295	3735	4278	6113	6303	6171	4956
太原地区铁路客运量（万人次）	814	878	992	864	1074	1357	1533	1884
公路货运量（万吨）	1852	4458	9249	8600	11593	13819	9798	8600
邮电业务总量（万元）	1470	3890	36723	238105	540873	835488	1044499	1544961
社会消费品零售总额（万元）	178923	355651	870120	1894200	3840302	5159090	6260280	7052399
市的零售额	155371		801453	1372973	3680407	4949392	6008290	6761798
县的零售额	14611		32212	31270	59985	82241	117195	138770
县以下的零售额	8941		36455	73273	99910	127457	134795	151831
外商直接投资（万美元）	43	141	4500	7280	7968	23834	31225	26163
接待海外旅游人数（人次）	9875	16133	23594	47886	100859	149693	189745	225446
接待国内旅游人数（万人次）		277	462	860	1408	1599	1693	1865
地方财政收入（万元）	50872	92130	134263	214828	569525	884170	1169224	1175322
地方财政支出（万元）	32519	61055	146653	245873	718390	1156529	1528553	1599051

1–18 续表 1–6

指　标	1985	1990	1995	2000	2005	2007	2008	2009
#基本建设支出	4657	4674	11529	5392	25197			
文教科卫支出	7645	15259	35510	53994	141640	308128	400992	451406
#教育事业费支出				35688	92774	199543	259777	287394
学校数（所）	2057	2009	1967	1890	1400	1286	1059	1028
#普通高等学校	9	12	13	12	32	34	35	36
中等专业学校	41	46	48	47	28	31	32	32
普通中学	278	223	235	237	251	245	237	234
小学	1664	1646	1575	1503	1003	882	663	640
在校学生数（人）	451732	442897	518546	649236	980584	1084906	1083617	1078381
#普通高等学校	26976	32463	44480	72689	265535	298188	315892	323321
中等专业学校	17711	29323	43323	83107	53475	83300	82760	81224
普通中学	151704	126591	131401	173635	222462	229686	234816	241158
小学	241219	232653	269039	295062	317752	314244	297819	280224
专任教师数（人）	31419	36427	39028	43109	55733	60204	62602	64514
#普通高等学校	4910	6031	6056	6669	16223	19781	21919	22447
中等专业学校	2369	3221	3543	3373	1623	2090	2335	2996
普通中学	10159	11203	11663	13775	16005	16399	16631	17188
小学	12526	13415	14747	16637	17388	17705	17607	17492
毕业生数（人）	96239	102370	111805	131606	223103	276875	298285	297267
#普通高等学校	4997	8088	12421	12572	53735	82861	87962	92359
中等专业学校	4956	10037	11635	15027	16252	29653	31000	29687
普通中学	36732	40519	32638	44537	64141	68392	72644	69684
小学	45648	37058	45576	48260	49201	51283	58338	54832
卫生机构数（个）	932	998	972	1459	2791	3240	2265	2425
#医院	104	122	128	131	194	198	203	193
卫生机构床位数（张）	18332	22944	24082	24817	23652	23687	27505	26815
#医院	16721	21248	22174	19327	21736	20654	23439	23713
卫生技术人员（人）	24328	27780	30101	37880	30028	33902	34278	37155
#医院	15732	19429	21594	21855	22728	24471	25118	26135

第二篇

人口、计划生育和社会治安

RENKOUJIHUASHENGYUHESHEHUIZHIAN

资料整理、审核

李春宝　　翟秀东

宋　薇　　刘红芳

2-1 人　口

指　标	年末人口(人)	为上年(%)
户籍常住人口	3651151	101.36
按性别分		
男	1871637	101.15
女	1779514	101.57
按农业、非农业分		
农业人口	1014205	101.85
非农业人口	2636946	101.17
按地区分		
市辖区	2851598	101.37
县（市）	799553	101.29
非本地户籍人口	617340	

注:本表为公安数据,非本地户籍人口统计时间为 2009 年 1 月 1 日 –2010 年 1 月 19 日。

2-2 户　籍

指　标	合计	按农业、非农业分	
		农业人口	非农业人口
总　计	**3651151**	**1014205**	**2636946**
市辖区合计	**2851598**	**467110**	**2384488**
小 店 区	613676	134444	479232
迎 泽 区	524080	23450	500630
杏花岭区	581273	30059	551214
尖草坪区	367258	97734	269524
万柏林区	561922	66541	495381
晋 源 区	203389	114882	88507
县(市)合计	**799553**	**547095**	**252458**
清 徐 县	309475	257143	52332
阳 曲 县	145299	113937	31362
娄 烦 县	124819	98911	25908
古 交 市	219960	77104	142856

常　住　人　口

单位：人、户

农非比	按性别分		性别比例（女=100）	总户数
	男性人口	女性人口		
0.38	1871637	1779514	105.18	1034984
0.20	1459476	1392122	104.84	756031
0.28	308256	305420	100.93	154304
0.05	253865	270215	93.95	140458
0.05	298458	282815	105.53	164501
0.36	195293	171965	113.57	100383
0.13	300095	261827	114.62	139926
1.30	103509	99880	103.63	56459
2.17	412161	387392	106.39	278953
4.91	155119	154356	100.49	102232
3.63	75679	69620	108.70	55792
3.82	65781	59038	111.42	42110
0.54	115582	104378	110.73	78819

2-3 人 口 自 然

指 标	年平均人数	出生人口合计	男	女	出生婴儿性别比（女=100）
总 计	**3626717**	**40075**	**20351**	**19724**	**103.18**
市辖区合计	**2832273**	**27033**	**13670**	**13363**	**102.30**
小店区	602452	6721	3473	3248	106.93
迎泽区	523375	4294	2170	2124	102.17
杏花岭区	577789	5009	2490	2519	98.85
尖草坪区	365163	3375	1717	1658	103.56
万柏林区	560545	5244	2653	2591	102.39
晋源区	202949	2390	1167	1223	95.42
县（市）合计	**794444**	**13042**	**6681**	**6361**	**105.03**
清徐县	307065	5480	2765	2715	101.84
阳曲县	144759	1792	905	887	102.03
娄烦县	124158	2238	1189	1049	113.35
古交市	218462	3532	1822	1710	106.55

变　动　情　况

单位:人、‰

出生率	死亡人口合计	男	女	死亡率	自然增加人数	自然增长率
11.05	13086	7806	5280	3.61	26989	7.44
9.54	8736	5216	3520	3.08	18297	6.46
11.16	1547	908	639	2.57	5174	8.59
8.20	1488	858	630	2.84	2806	5.36
8.67	1955	1148	807	3.38	3054	5.28
9.24	999	609	390	2.74	2376	6.51
9.36	1693	1083	610	3.02	3551	6.33
11.78	1054	610	444	5.19	1336	6.58
16.42	4350	2590	1760	5.48	8692	10.94
17.85	1821	1053	768	5.93	3659	11.92
12.38	879	529	350	6.07	913	6.31
18.03	1183	688	495	9.53	1055	8.50
16.17	467	320	147	2.14	3065	14.03

2-4 人 口 机 械

指 标	迁入人口合计	省内迁入	省外迁入
总 计	**123524**	**97011**	**26513**
市辖区合计	**114591**	**89410**	**25181**
小 店 区	40201	33547	6654
迎 泽 区	12122	8427	3695
杏花岭区	13136	9887	3249
尖草坪区	19627	13818	5809
万柏林区	22009	16760	5249
晋 源 区	7496	6971	525
县(市)合计	**8933**	**7601**	**1332**
清 徐 县	3308	2898	410
阳 曲 县	1612	1348	264
娄 烦 县	1444	1302	142
古 交 市	2569	2053	516

变 动 情 况

单位：人

迁出人口合计	迁往省内	迁往省外	净增（+）净减（-）
93008	60714	32294	30516
85603	54821	30782	28988
28830	22118	6712	11371
12462	7405	5057	-340
8129	4328	3801	5007
15595	8431	7164	4032
14711	7241	7470	7298
5876	5298	578	1620
7405	5893	1512	1528
2221	1616	605	1087
1301	1116	185	311
1213	1060	153	231
2670	2101	569	-101

2-5 人 口 抽

指 标	2008年总人口	推算2009年总人口数	平均人口	男	女	性别比%
太原市	3471433	3501811	3486622	1785729	1716082	104.06
小店区	512037	518092	515065	260335	257757	101.00
迎泽区	485007	489986	487496	244714	245272	99.77
杏花岭区	535130	539944	537537	268203	271741	98.70
尖草坪区	349342	351411	350377	190964	160447	119.02
万柏林区	577490	584233	580861	297152	287081	103.51
晋源区	187506	189000	188253	94022	94978	98.99
清徐县	343689	344906	344297	173965	170941	101.77
阳曲县	148017	148562	148289	77253	71309	108.34
娄烦县	116635	117112	116874	63257	53855	117.46
古交市	216580	218565	217573	115864	102701	112.82

样 调 查

单位:人、‰

出生人口	死亡人口	出生率	死亡率	自增率	城镇人口	乡村人口	城镇化率%
29399	14021	8.45	4.03	4.42	2879193	622618	82.22
4089	1995	7.97	3.89	4.08	502964	15128	97.08
3397	1438	6.99	2.96	4.03	480529	9457	98.07
4715	2054	8.79	3.83	4.96	529631	10313	98.09
3095	1516	8.84	4.33	4.51	331310	20101	94.28
5065	2228	8.75	3.85	4.9	572490	11743	97.99
1612	843	8.59	4.49	4.1	139331	49669	73.72
2843	1745	8.26	5.07	3.19	92986	251920	26.96
1474	895	9.94	6.04	3.9	42860	105702	28.85
1157	661	9.9	5.66	4.24	31714	85398	27.08
1952	646	8.99	2.98	6.01	155378	63187	71.09

2-6 计划生育

指标	育龄妇女人数(15~49)周岁	已婚育龄妇女人数			
		合计	已婚未育	现有一孩	现有二孩
总计	935033	656478	40598	433288	150857
小店区	136310	92882	6557	62960	20555
迎泽区	140477	100041	7343	81814	10219
杏花岭区	146685	102231	7528	84490	9492
尖草坪区	88411	64940	3578	46494	13705
万柏林区	147937	105740	6691	78979	18260
晋源区	49513	35439	1879	17984	13522
古交市	68409	46688	2275	22173	15730
清徐县	85271	60384	2398	21025	30020
阳曲县	36414	24529	896	9504	10957
娄烦县	30012	19967	1077	6011	7139
经济区	4847	3008	329	1309	1226
高新区	747	629	47	545	32

注:1. 领取独生子女证人数以所在户籍地人数为基础,其余指标为常住人口数;
2. 由于2009年6月新的计生政策出台,领证率变化较大。

综　合　情　况

单位：人、%

	女性初婚			领取独生子女证	
现有三孩以上	合计	#23岁以上	#晚婚率	人数	领证率
31735	**7573**	**4527**	**59.78**	**475434**	**40.79**
2810	1055	589	55.83	82754	50.04
665	829	665	80.22	80701	35.65
721	579	450	77.72	120818	50.89
1163	865	608	70.29	46547	37.14
1810	683	522	76.43	89340	41.37
2054	884	464	52.49	18886	40.14
6510	612	322	52.61	12021	22.39
6941	1293	549	42.46	13500	26.65
3172	427	217	50.82	6079	25.95
5740	311	129	41.48	3240	19.28
144	33	12	36.36	729	24.89
5	2	0	0.00	819	65.99

2-7 节　育

指　标	采取各种节育手术例数							已婚育龄妇女人数
	合计	男性绝育	女性绝育	宫内节育器	皮下埋植	人流	取环	
总　计	**25698**	**15**	**1758**	**22703**	**3**	**405**	**814**	**656478**
小店区	3223	2	244	2888		5	84	92882
迎泽区	3963		41	3720	2	10	190	100041
杏花岭区	2766	1	26	2692	1	17	29	102231
尖草坪区	1760		112	1551		27	70	64940
万柏林区	2619	1	99	2501			18	105740
晋源区	1626		143	1400		28	55	35439
古交市	3196	8	426	2603		35	124	46688
清徐县	3442	1	184	2840		232	185	60384
阳曲县	1766	1	168	1545		27	25	24529
娄烦县	1128	1	286	801		19	21	19967
经济区	193		28	149		5	11	3008
高新区	16		1	13			2	629

情　　况

单位:例、人、%

合计	采取各种节育措施人数								综合节育率
	男性绝育	女性绝育	宫内节育器	皮下埋植	口服及注射避孕药	避孕套	外用药	其他	
601153	3404	132336	457231	183	2868	3880	17	1234	91.57
84007	84	18711	64676	27	152	262		95	90.44
91213	65	5816	83600	52	583	939	7	151	91.18
93506	56	4750	86442	37	536	1060		625	91.47
59361	28	11081	47445	14	234	500	3	56	91.41
97585	88	13551	83441	16	87	382	1	19	92.29
32424	20	11389	20765	26	55	146		23	91.49
42738	2259	16421	23548	7	160	212		131	91.54
56104	43	28659	26987	3	166	201	6	39	92.91
23014	45	11894	10867	1	148	45		14	93.82
18396	712	9099	7633		746	126		80	92.13
2226	4	950	1268		1	2		1	74.00
579		15	559			5			92.05

2-8 生 育

指 标	合 计	年内		
		小计	政策内出生	
			一孩	二孩
总 计	17852	17399	15043	2320
小店区	2745	2727	2399	322
迎泽区	2239	2226	2090	134
杏花岭区	2171	2163	2038	123
尖草坪区	1603	1590	1370	217
万柏林区	2357	2341	2139	195
晋源区	1425	1393	1095	294
古交市	1452	1341	1110	226
清徐县	2326	2184	1691	487
阳曲县	767	715	571	143
娄烦县	600	556	405	151
经济区	158	154	126	28
高新区	9	9	9	

情　况

单位：人、%

出生人数					
人数	计划生育率	小计	政策外出生人数		
三孩			一孩	二孩	多孩
36	97.46	442	9	432	1
6	99.34	18		18	
2	99.42	13		13	
2	99.63	8		8	
3	99.19	12		11	1
7	99.32	16		16	
4	97.75	32		32	
5	92.36	106	8	98	
6	93.90	142		142	
1	93.22	48		48	
	92.67	44	1	43	
	97.47	3		3	
	100.00				

2-9 社会治安情况

指 标	单 位	2009	2008
刑事案件发生数	起	28615	28423
刑事案件综合破案数	起	17904	18526
刑事案件破案率	%	62.6	65.2
火灾发生数	起	2291	2005
火灾死伤人数	人	14	12
火灾损失折款	万元	567.9	573.3
交通事故发生数	起	1801	1668
交通事故死伤人数	人	2392	2311
其中：死亡人数	人	227	255
交通事故损失折款	万元	387.2	460.1

第三篇

从业人员和劳动报酬

CONGYERENYUANHELAODONGBAOCHOU

资料整理、审核

唐 健

3-1 全社会从业人员

单位：万人

指　标	2005	2006	2007	2008	2009
总　计	161.62	166.24	167.94	170.54	167.33
按三次产业分					
第一产业	27.16	26.93	25.72	25.22	24.75
第二产业	53.10	54.66	56.93	55.70	52.74
第三产业	81.36	84.65	85.29	89.62	89.83
按城乡分					
城镇	111.33	115.84	117.67	121.76	118.06
农村	50.29	50.40	50.27	48.78	49.27
按行业分					
农、林、牧、渔业	27.15	26.93	25.72	25.22	24.75
采矿业	7.93	8.13	8.37	8.36	7.92
制造业	32.71	34.82	36.11	34.78	32.00
电力、燃气及水的生产和供应业	1.89	1.58	1.64	1.76	1.67
建筑业	10.57	10.13	10.81	10.80	11.14
交通运输、仓储和邮政业	11.08	12.15	13.34	12.78	12.72
信息传输、计算机服务和软件业	1.44	1.61	2.08	2.15	1.89
批发和零售业	28.83	28.57	25.28	27.04	28.47
住宿和餐饮业	3.45	3.81	6.22	6.59	6.31
金融业	2.08	2.14	2.20	2.24	2.30
房地产业	0.78	0.94	0.90	0.99	0.96
租赁和商务服务业	2.51	3.00	2.77	3.25	2.97
科学研究、技术服务和地质勘查业	3.01	3.18	3.17	3.15	3.55
水利、环境和公共设施管理业	1.27	1.33	1.48	1.67	1.67
居民服务和其他服务业	3.13	3.13	3.76	4.87	4.61
教育	6.77	7.14	7.06	7.60	7.61
卫生、社会保障和社会福利业	2.59	2.85	2.93	3.12	3.20
文化、体育和娱乐业	1.51	1.75	1.95	2.08	2.05
公共管理和社会组织	4.97	5.24	5.22	5.42	5.53
其他	7.95	7.81	6.93	6.68	5.98

注：数据来源于市统计局、市工商局

3-2 按国民经济行业分组的单位从业人员

指　标	单位从业人员年末人数(人)			
	总　计	国　有	城镇集体	其他经济类型
总　计	803278	452391	49346	301541
按企事业机关分组				
企业	565789	221492	43318	300979
事业	185050	178460	6028	562
机关	52439	52439		
按国民经济行业分组				
农、林、牧、渔业	3245	3194	31	20
采矿业	77362	9096	13	68253
制造业	217160	50056	18280	148824
电力、燃气及水的生产和供应业	15956	14575	254	1127
建筑业	81044	38879	7417	34748
交通运输、仓储和邮政业	75590	62762	852	11976
信息传输、计算机服务和软件业	9772	6911		2861
批发和零售业	36050	18032	6609	11409
住宿和餐饮业	18580	7003	1779	9798
金融业	22566	13167	2278	7121
房地产业	5325	3163	19	2143
租赁和商务服务业	14571	10370	3521	680
科学研究、技术服务和地质勘查业	31324	30602	176	546
水利、环境和公共设施管理业	15766	12939	2823	4
居民服务和其他服务业	3902	2056	1037	809
教育	75953	74820	817	316
卫生、社会保障和社会福利业	28493	24638	2978	877
文化、体育和娱乐业	15304	14813	462	29
公共管理和社会组织	55315	55315		

3-3 按国民经济行业分组的单位从业人员劳动报酬

指 标	单位从业人员劳动报酬(万元)			
	合 计	国 有	城镇集体	其他经济类型
总 计	**2619944.4**	**1452909.9**	**73900.2**	**1093134.3**
按企事业机关分组				
企业	1876984.0	722018.3	63239.1	1091726.6
事业	550306.6	538237.8	10661.1	1407.7
机关	192653.8	192653.8		
按国民经济行业分组				
农、林、牧、渔业	7776.9	7725.3	28.2	23.4
采矿业	430027.7	36353.3	10.1	393664.3
制造业	606867.3	100627.0	24179.1	482061.2
电力、燃气及水的生产和供应业	67906.7	64009.6	479.2	3417.9
建筑业	191679.5	100933.2	8828.3	81918.0
交通运输、仓储和邮政业	282345.9	245565.7	1871.5	34908.7
信息传输、计算机服务和软件业	38241.8	33597.6		4644.2
批发和零售业	68338.3	41115.8	10135.3	17087.2
住宿和餐饮业	27897.1	12280.7	2714.4	12902.0
金融业	131704.2	74008.6	6673.1	51022.5
房地产业	9950.6	5856.3	33.6	4060.7
租赁和商务服务业	32288.2	24213.3	6279.0	1795.9
科学研究、技术服务和地质勘查业	113571.8	112094.5	229.6	1247.7
水利、环境和公共设施管理业	29102.0	26211.2	2883.5	7.3
居民服务和其他服务业	8509.8	5165.8	1576.2	1767.8
教育	249908.2	247188.4	1903.7	816.1
卫生、社会保障和社会福利业	79391.2	72315.0	5377.6	1698.6
文化、体育和娱乐业	47855.6	47067.0	697.8	90.8
公共管理和社会组织	196581.6	196581.6		

3-4 按国民经济行业分组的在岗职工人数

指标	在岗职工年末人数(人)			
	合计	国有	城镇集体	其他经济类型
总计	**794434**	**448153**	**47895**	**298386**
按企事业机关分组				
企业	558626	218888	41879	297859
事业	183511	176968	6016	527
机关	52297	52297		
按国民经济行业分组				
农、林、牧、渔业	3216	3165	31	20
采矿业	76901	8994	13	67894
制造业	214786	49239	17586	147961
电力、燃气及水的生产和供应业	15937	14571	254	1112
建筑业	79063	38525	7054	33484
交通运输、仓储和邮政业	75389	62640	852	11897
信息传输、计算机服务和软件业	9491	6630		2861
批发和零售业	35001	17403	6280	11318
住宿和餐饮业	18484	6984	1777	9723
金融业	22463	13113	2277	7073
房地产业	5015	3127	19	1869
租赁和商务服务业	14270	10110	3484	676
科学研究、技术服务和地质勘查业	30683	30017	168	498
水利、环境和公共设施管理业	15566	12739	2823	4
居民服务和其他服务业	3891	2050	1032	809
教育	75680	74553	811	316
卫生、社会保障和社会福利业	28174	24360	2972	842
文化、体育和娱乐业	15198	14707	462	29
公共管理和社会组织	55226	55226		

3-5 按国民经济行业分组的在岗职工工资总额

指标	在岗职工工资总额(万元)			
	总计	国有	城镇集体	其他经济类型
总计	2608144.5	1445907.3	72678.2	1089559.0
按企事业机关分组				
企业	1868050.1	717684.6	62028.8	1088336.7
事业	547564.6	535692.9	10649.4	1222.3
机关	192529.8	192529.8		
按国民经济行业分组				
农、林、牧、渔业	7747.9	7696.3	28.2	23.4
采矿业	429751.0	36266.8	10.1	393474.1
制造业	604033.5	99621.4	23510.2	480901.9
电力、燃气及水的生产和供应业	67845.9	63993.3	479.2	3373.4
建筑业	189625.4	100266.9	8494.7	80863.8
交通运输、仓储和邮政业	280888.5	244279.1	1871.5	34737.9
信息传输、计算机服务和软件业	37886.9	33242.7		4644.2
批发和零售业	67827.7	40910.9	9974.6	16942.2
住宿和餐饮业	27798.5	12262.2	2710.4	12825.9
金融业	131287.0	73706.4	6672.2	50908.4
房地产业	9549.8	5814.0	33.6	3702.2
租赁和商务服务业	31970.8	23940.0	6244.0	1786.8
科学研究、技术服务和地质勘查业	112319.1	110915.3	224.2	1179.6
水利、环境和公共设施管理业	28823.2	25932.4	2883.5	7.3
居民服务和其他服务业	8497.0	5154.8	1574.4	1767.8
教育	249463.1	246743.3	1903.7	816.1
卫生、社会保障和社会福利业	78649.1	71770.0	5365.9	1513.2
文化、体育和娱乐业	47713.3	46924.7	697.8	90.8
公共管理和社会组织	196466.8	196466.8		

3-6 按国民经济行业分组的其他从业人员人数

指 标	年末人数(人)			
	总 计	国 有	城镇集体	其他经济类型
总 计	8844	4238	1451	3155
按企事业机关分组				
企业	7163	2604	1439	3120
事业	1539	1492	12	35
机关	142	142		
按国民经济行业分组				
农、林、牧、渔业	29	29		
采矿业	461	102		359
制造业	2374	817	694	863
电力、燃气及水的生产和供应业	19	4		15
建筑业	1981	354	363	1264
交通运输、仓储和邮政业	201	122		79
信息传输、计算机服务和软件业	281	281		
批发和零售业	1049	629	329	91
住宿和餐饮业	96	19	2	75
金融业	103	54	1	48
房地产业	310	36		274
租赁和商务服务业	301	260	37	4
科学研究、技术服务和地质勘查业	641	585	8	48
水利、环境和公共设施管理业	200	200		
居民服务和其他服务业	11	6	5	
教育	273	267	6	
卫生、社会保障和社会福利业	319	278	6	35
文化、体育和娱乐业	106	106		
公共管理和社会组织	89	89		

3-7 按国民经济行业分组的其他从业人员工资总额

指 标	其他从业人员工资总额(万元)			
	总 计	国 有	城镇集体	其他经济类型
总 计	11799.9	7002.6	1222.0	3575.3
按企事业机关分组				
企业	8933.9	4333.7	1210.3	3389.9
事业	2742.0	2544.9	11.7	185.4
机关	124.0	124.0		
按国民经济行业分组				
农、林、牧、渔业	29.0	29.0		
采矿业	276.7	86.5		190.2
制造业	2833.8	1005.6	668.9	1159.3
电力、燃气及水的生产和供应业	60.8	16.3		44.5
建筑业	2054.1	666.3	333.6	1054.2
交通运输、仓储和邮政业	1457.4	1286.6		170.8
信息传输、计算机服务和软件业	354.9	354.9		
批发和零售业	510.6	204.9	160.7	145.0
住宿和餐饮业	98.6	18.5	4.0	76.1
金融业	417.2	302.2	0.9	114.1
房地产业	400.8	42.3		358.5
租赁和商务服务业	317.4	273.3	35.0	9.1
科学研究、技术服务和地质勘查业	1252.7	1179.2	5.4	68.1
水利、环境和公共设施管理业	278.8	278.8		
居民服务和其他服务业	12.8	11.0	1.8	
教育	445.1	445.1		
卫生、社会保障和社会福利业	742.1	545.0	11.7	185.4
文化、体育和娱乐业	142.3	142.3		
公共管理和社会组织	114.8	114.8		

3-8 按国民经济行业分组的离岗职工年末人数

指　标	离岗职工年末人数(人)			
	总　计	国有单位	城镇集体单位	其他单位
总　计	**117458**	**55778**	**17760**	**43920**
按企事业机关分组				
企业	114014	52424	17683	43907
事业	3083	2993	77	13
机关	361	361		
按国民经济行业分组				
农、林、牧、渔业	630	630		
采矿业	2763	558	8	2197
制造业	60146	17747	9152	33247
电力、燃气及水的生产和供应业	362	191	60	111
建筑业	19557	15210	846	3501
交通运输、仓储和邮政业	8969	5647	1959	1363
信息传输、计算机服务和软件业	421	421		
批发和零售业	12171	6788	3114	2269
住宿和餐饮业	1779	1359	162	258
金融业	1272	773		499
房地产业	2570	2311	1	258
租赁和商务服务业	2813	833	1862	118
科学研究、技术服务和地质勘查业	1161	1152	1	8
水利、环境和公共设施管理业	46	46		
居民服务和其他服务业	753	154	521	78
教育	582	574	8	
卫生、社会保障和社会福利业	415	379	23	13
文化、体育和娱乐业	371	328	43	
公共管理和社会组织	677	677		

3-9 按国民经济行业分组的离岗职工生活费总额

指 标	总 计	离岗职工生活费总额(万元)		
		国有单位	城镇集体单位	其他单位
总 计	**106697.3**	**38149.9**	**2538.4**	**66009.0**
按企事业机关分组				
企业	102269.7	33734.5	2529.8	66005.4
事业	3565.9	3553.7	8.6	3.6
机关	861.7	861.7		
按国民经济行业分组				
农、林、牧、渔业	195.8	195.8		
采矿业	2121.3	176.8		1944.5
制造业	63120.7	7287.0	560.6	55273.1
电力、燃气及水的生产和供应业	194.5	192.2		2.3
建筑业	16019.6	9004.9	40.7	6974.0
交通运输、仓储和邮政业	9423.8	9118.1	41.9	263.8
信息传输、计算机服务和软件业	1390.4	1390.4		
批发和零售业	3488.6	2207.1	715.0	566.5
住宿和餐饮业	959.5	882.6	12.6	64.3
金融业	3148.8	2380.6		768.2
房地产业	1146.7	998.0		148.7
租赁和商务服务业	1443.9	319.1	1124.8	
科学研究、技术服务和地质勘查业	557.6	556.4	1.2	
水利、环境和公共设施管理业	13.9	13.9		
居民服务和其他服务业	98.3	65.3	33.0	
教育	1423.7	1423.7		
卫生、社会保障和社会福利业	346.1	333.9	8.6	3.6
文化、体育和娱乐业	456.9	456.9		
公共管理和社会组织	1147.2	1147.2		

3-10 按国民经济行业分组的在岗职工年平均工资

指 标	在岗职工年平均工资(元)			
	总 计	国有单位	城镇集体单位	其他单位
总 计	33141	32499	15265	37002
按企事业机关分组				
企业	33814	33097	14883	37027
事业	30001	30428	17949	23194
机关	37014	37014		
按国民经济行业分组				
农、林、牧、渔业	24032	24256	9097	11700
采矿业	56871	40535	7769	59075
制造业	27858	19963	13392	32196
电力、燃气及水的生产和供应业	42770	44161	19245	30039
建筑业	25386	26454	12284	27063
交通运输、仓储和邮政业	38006	40013	20320	29106
信息传输、计算机服务和软件业	41132	51885		16563

3-10 续表 1-1

指 标	在岗职工年平均工资(元)			
	总 计	国有单位	城镇集体单位	其他单位
批发和零售业	19410	23500	16185	14898
住宿和餐饮业	15272	17666	15227	13528
金融业	59649	56868	29654	74876
房地产业	19293	18994	17684	19798
租赁和商务服务业	22660	24046	17958	26432
科学研究、技术服务和地质勘查业	36707	37046	13345	24024
水利、环境和公共设施管理业	18732	20583	10357	18250
居民服务和其他服务业	21571	25158	14618	21744
教育	32886	33020	23473	25424
卫生、社会保障和社会福利业	28412	30054	18276	17473
文化、体育和娱乐业	31638	32162	15104	31310
公共管理和社会组织	35767	35767		

3-11 基本养老保险情况

单位:人

指 标	参保职工	缴费人员	离休、退休、退职人员	实发养老金金额(万元)
总 计	**708692**	**638487**	**284479**	**424535**
一、企业	580489	550772	280183	419354
1. 国有企业	361334	346494	213518	334217
2. 集体企业	82575	75023	51955	65428
3. 其他企业	106274	99558	12857	16851
4. 港澳台及外资企业	30306	29697	1853	2858
二、事业				
三、机关				
四、其他	128203	87715	4296	5181

注:数据来源于市社保中心

3-12 城镇失业人员情况

单位:人

指 标	2009	2008
期末失业人数	43032	40261
上期结转的失业人数	40261	42824
本期新登记的失业人数	59924	67538
# 本期由就业转失业人数	46288	20322
本期失业人员就业人数	57153	70101

注:数据来源于市人社局

第四篇

固定资产投资、建筑业

GUDINGZICHANTOUZIJIANZHUYE

资料整理、审核

赵凤英　　王　敏　　陆慧敏

米俊峰　　苏雯婷

4-1 固定资产投资规模

单位：万元

指　标	2009	2008	比 2008 年增长(%)
总　计	7820157	7022072	11.4
按投资类型分			
城镇固定资产投资	5655768	5446660	3.8
房地产开发投资	1650122	1211730	36.2
农村非农户固定资产投资	393431	270703	45.3
农村私人投资	120836	92979	30.0
按隶属关系分			
中央项目	867036	744105	16.5
省属项目	1607046	1654763	-2.9
市属项目	1223095	770633	58.7
县（市、区）项目	758531	461052	64.5
其他	3364449	3391519	-0.8

4-2 施工及竣工房屋建筑面积

单位:平方米

指 标	全年施工房屋面积	# 住宅	全年竣工房屋面积	# 住宅
总 计	32099527	21771740	7242678	4886825
按投资类型分				
城镇固定资产投资	12472594	5818099	3826900	2289994
房地产开发投资	17726959	14607861	1766654	1430137
农村非农户固定资产投资	876700	601570	625850	422482
农村私人投资	1023274	744210	1023274	744212

4-3 城镇固定资产投资额

单位:万元

指 标	本年完成投资	本年新增固定资产
总 计	5655768	2741086
# 住宅	645158	
按登记注册类型分		
内资	5308774	2635407
国有	3092451	1179528
集体	453934	394514
国有独资	318987	33678
其他有限责任公司	613703	583448
股份有限公司	32535	22444

4-3 续表 1-1

单位：万元

指　标	本年完成投资	本年新增固定资产
其他	797164	421795
港澳台商投资	312472	86866
合资经营	10957	5818
独资经营	301515	81048
外商投资	27002	12323
合资经营	22709	8030
外资企业	4293	4293
个体经营	7520	6490
按隶属关系分		
中央项目	863296	613913
地方项目	4792472	2127173
省属	1455076	436991
市属	1022489	203136
县（市、区）属	739138	275448
其他	1575769	1211598
按建设性质分		
#新建	2664663	889526
扩建（改建)	644120	718237
改建和技术改造	1314518	486764
按构成分		
建筑工程	3010288	
安装工程	467557	
设备工器具购置	1315557	
其他费用	862366	

4-3 续表 1-2

单位:万元

指　标	本年完成投资	本年新增固定资产
按国民经济部门（行业）分		
农、林、牧、渔业	88029	47016
采掘业	209902	172865
制造业	1276874	738509
电力、燃气及水的生产和供应业	488761	339965
建筑业	187388	161378
交通运输、仓储及邮电通信业	465296	71618
信息传输计算机服务和软件业	254980	100567
批发和零售贸易业	267308	118126
住宿餐饮业	43222	24827
金融、保险业	5318	10068
房地产业	751703	511516
租赁和商务服务业	92873	35704
科学研究技术服务和地质勘察业	45275	4435
水利环境和公共设施管理业	905617	193625
居民服务和其它服务业	3588	3188
教育	198445	108243
卫生社会保障和社会福利业	102535	54779
文化、体育和娱乐业	233521	23994
公共管理和社会组织	35133	20663

4-4 固定资产投资资金来源情况

单位:万元

指　标	城镇固定资产投资	房地产开发投资
一、本年资金来源合计	**5814973**	**2734084**
1. 上年末结余资金	281613	456512
2. 本年资金来源小计	5533371	2277572
国家预算内资金	984774	
国内贷款	884712	349691
利用外资	26023	
# 外商直接投资	26023	
自筹资金	2918487	1007869
# 企、事业单位自筹	2408370	643679
其他资金	719374	920012
二、本年各项应付款合计	**801643**	**423514**
# 工程款	560079	209507

4-5 房地产开发投资完成情况

指 标	单 位	合 计		按经济类型分		
			#住 宅	国 有	集 体	其 他
房地产开发投资	万元	1650122	1151346	144789	840	1504493
本年新增固定资产	万元	554202		79119		475083
施工面积	平方米	17726959	14607861	1544348	22602	16160009
竣工面积	平方米	1766654	1430137	245390		1521264
商品房屋销售面积	平方米	1837952	1688349	128512		1709440
商品房销售额	万元	887812	759605	75330		812482

4-6 房地产开发资金来源情况

单位:万元

指 标	合 计	按经济类型分		
		国 有	集 体	其 他
一、本年资金来源合计	**2734084**	**101058**	**964**	**2632062**
1. 年末结余资金	456512	9635	112	446765
2. 本年资金来源小计	2277572	91423	852	2185297
国内贷款	349691	2243		347448
自筹资金	1007869	67966	852	939051
#自有资金	643679	43328		600351
其他资金来源	920012	21214		898798
#个人按揭贷款	162483	5218		157265
定金及预收款	643938	15996		627942
二、本年各项应付款	**423514**	**74876**		**348638**
#工程款	209507	28891		180616

4-7 房地产开发单位生产和经营情况

单位：万元

指 标	总 计	按经济类型分		
		国 有	集 体	其 他
一、实收资本合计	1212050	28367	2600	1181083
#国家资本	49543	22067	10	27466
二、年末资产负债情况				
资产总计	7804551	304345	3151	7497055
固定资产累计折旧	74896	3917	219	70760
#本年折旧	15774	345	35	15394
负债总计	6386251	278318	1002	6006931
所有者权益合计	1418299	26027	2148	1390124
三、损益及分配				
1. 经营收入总计	769609	53655	796	715158
(1) 土地转让收入	4671			4671

4-7 续表 1-1

单位:万元

指 标	总 计	按经济类型分		
		国 有	集 体	其 他
(2) 商品房屋销售收入	712983	48608		664375
(3) 房屋出租收入	8510	1185		7325
(4) 其他收入	43445	3863	796	38786
2. 经营成本	433731	39407	646	393678
3. 销售费用	37291	464		36827
4. 经营税金及附加	54863	2954	31	51876
5. 其他业务利润	-5313	73		-5386
6. 管理费及财务费用	107106	4949	138	102018
7. 投资收益及营业外收入	6311	30	1	6280
8. 营业外支出	3713	203		3510
9. 利润总额	112772	5785	-18	107005

4-8 房地产开发商品房销售与出租情况

单位：平方米

指 标	实际销售	预 售	空 置	出 租	实际销售额（万元）
房屋面积	**1837952**		**895225**	**51173**	**887812**
1. 住宅	1688349		686990		759605
#别墅、高档公寓					
安居工程	23438				3073
2. 办公楼	54224		20263	5775	36644
3. 商业营业用房	94867		98654	45398	91142
4. 其他	512		89318		421

4-9 房地产开发施工、竣工面积及竣工价值

单位：平方米

指 标	施工面积	# 新开工	竣工面积	竣工房屋价值（万元）
房屋建筑面积	**17726959**	**5050578**	**1766654**	**496121**
按用途分				
1. 住宅	14607861	4188081	1430137	382302
#别墅、高档公寓				
安居工程	1464352	459760	66188	8765
2. 办公楼	469079	101601	51518	22618
3. 商业营业用房	1375147	258188	193914	71465
4. 其它	1274845	502708	91085	19736

4-10 农村非农户固定资产投资完成情况

指 标	单 位	2009	2008
实际完成投资	**万元**	**393431**	**270703**
#住宅	万元	55470	19867
按建设性质分			
新建	万元	178371	165227
扩建	万元	53275	30417
改建和技术改造	万元	112881	51762
按构成分			
建筑工程	万元	215181	111155
安装工程	万元	39683	41726
设备工器具购置	万元	112956	95436
其他费用	万元	25611	22386
本年新增固定资产	**万元**	**321593**	**118970**
施工房屋面积	**平方米**	**876700**	**574884**
#住宅	平方米	601570	190185
竣工房屋面积	**平方米**	**625850**	**372561**
#住宅	平方米	422482	168910
竣工房屋价值	**万元**	**75492**	**34653**
#住宅	万元	42626	16748

4-11 农村私人固定资产投资情况

指 标	单 位	2009	2008
实际完成投资额	万元	120836	92979
竣工房屋间数	间	57914	63716
#住宅	间	48606	58343
竣工房屋建筑面积	平方米	1023274	898682
#住宅	平方米	744212	828899
竣工房屋投资额	万元	87809	79564
#住宅	万元	76150	73272
此外：购置生产性固定资产	万元	33027	13415

4-12 建筑业主要经济指标

指　标	单　位	2009	2008
施工单位	个数	873	843
施工产值	万元	11573079	7959813
#建筑工程	万元	10432871	6934013
安装工程	万元	881785	821824
竣工产值	万元	2947531	2347971
房屋建筑施工面积	万平米	2826	2426
房屋建筑竣工面积	万平米	615	646
年末实有全部职工人数	人	364236	292066
工资总额	万元	882396	717100
按施工产值计算	元/人	262555	219525

4-12 续表 1-1

指　标	单　位	2009	2008
按房屋建筑竣工面积计算	平方米/人	13.9	17.8
资产合计	万元	10338741	8468726
负债合计	万元	8471960	6840166
所有者权益	万元	1866781	1628560
实收资本合计	万元	1554064	1383926
# 国家资本	万元	666850	672074
利润总额	万元	144823	112134
亏损企业个数	个	289	245
亏损企业亏损额	万元	17316	21228
利税总额	万元	469460	362964

4–13 建筑施工企业

指　标	单　位	总　计
企业个数	个	826
建筑业总产值	万元	11540875
1. 建筑工程	万元	10432871
2. 安装工程	万元	881785
3. 其它	万元	226220
竣工产值	万元	2915327
房屋建筑施工面积	平方米	28258778
# 本年新开工面积	平方米	10385311
投标承包面积	平方米	24695487
房屋建筑竣工面积	平方米	6153635
自有机械设备年末总台数	台	73850
自有机械设备面末总功率	千瓦	2466041
自有机械设备净值	万元	563538

生产完成情况

按经济类型分			按隶属关系分		
国 有	集 体	其 他	中 央	省 属	市 属
116	34	676	33	67	726
9880770	64974	1595131	7807121	1836456	1897298
9271103	46074	1115694	7524566	1502177	1406128
538531	15712	327542	267946	268743	345096
71136	3188	151896	14609	65536	146075
2076686	33388	805253	1282346	674539	958442
18153601	312860	9792317	5211820	12871844	10175114
7053087	115100	3217124	2137030	4184652	4063629
17683348	293060	6719079	5210374	12473651	7011462
3632192	28688	2492755	555287	3168304	2430044
37069	3833	32948	19330	16245	38275
1839425	52883	573733	1372224	415200	678617
418058	7321	138159	295108	118913	149517

4-14 建 筑 业

指 标	单 位	总 计
一、年末资产负债		
流动资产合计	万元	8729376
#存货	万元	1294692
长期投资	万元	467229
固定资产合计	万元	1000546
固定资产原价	万元	1467033
#生产经营用	万元	1266779
累计折旧	万元	570910
#本年折旧	万元	132673
在建工程	万元	70629
无形递延资产合计	万元	102435
#无形资产	万元	59829
资产合计	万元	10324597
流动负债	万元	8223553
长期负债	万元	243639
负债合计	万元	8467192
所有者权益	万元	1857405
实收资本	万元	1544303
国家资本	万元	666066
集体资本	万元	54769
法人资本	万元	331564
个人资本	万元	485954
港澳台资本	万元	5734
外商资本	万元	215

财 务 状 况

按经济类型分			按隶属关系分		
国 有	集 体	其 他	中 央	省 属	市 属
7436037	65499	1227841	5815911	1470996	1442469
1038799	17491	238401	762076	253796	278819
424654	2045	40531	364151	65682	37396
651083	23844	325619	429956	192521	378069
1022889	29568	414577	679947	296793	490293
921310	22801	322667	638339	255863	372576
429868	10978	130064	277188	133831	159890
106332	1836	24506	88269	15996	28408
34726	2178	33725	19507	14515	36607
85830	107	16498	75741	12259	14434
52107	107	7614	48704	5695	5429
8616995	92126	1615475	6696837	1749223	1878538
7371064	52384	800105	5721116	1520912	981526
232197	777	10665	197345	30836	15457
7603261	53160	810770	5918461	1551748	996983
1013734	38966	804705	778376	197475	881555
826929	26852	690522	541882	248355	754067
664671	0	1395	384165	216577	65324
1938	26852	25980	0	17061	37708
155469	0	176095	155969	5097	170499
4751	0	481203	1748	9620	474587
100	0	5634	0	0	5734
0	0	215	0	0	215

4-14 续表 1-1

指 标	单 位	总 计
二、损益及分配		
工程结算收入	万元	12134932
工程结算成本	万元	11170204
工程结算税金及附加	万元	314193
工程结算利润	万元	626382
其它业务利润	万元	20368
管理费用	万元	484971
税金	万元	9959
财产保险费	万元	5135
劳动待业保险费	万元	25405
财务费用	万元	36403
利息支出	万元	30585
营业利润	万元	143606
利润总额	万元	144643
三、工资福利费		
本年应付工资总额	万元	870548
主营业务应付工资额	万元	859120
本年应付福利费总额	万元	28837
主营业务应付福利费总额	万元	27724
四、亏损企业个数	**个**	**272**
五、亏损额	**万元**	**17162**

按经济类型分			按隶属关系分		
国 有	集 体	其 他	中 央	省 属	市 属
10478061	63079	1593792	8408701	1963109	1763122
9704351	54821	1411032	7820149	1797599	1552457
262916	2125	49153	188606	63247	62341
503463	5259	117660	394870	100695	130816
14453	1086	4830	5697	7152	7520
395539	6250	83182	295898	90280	98793
6632	137	3190	4098	2058	3804
3809	16	1311	3377	443	1316
22910	197	2298	14625	7070	3710
31494	-16	4926	25959	5922	4522
28767	-23	1841	24002	4694	1889
109210	15	34382	103538	5200	34868
109391	-21	35273	103661	5386	35596
700517	9063	160968	541775	147629	181144
693236	8814	157071	539055	144323	175743
20021	675	8142	10139	8775	9924
19218	672	7834	9506	8667	9551
31	11	230	3	20	249
10421	633	6108	1506	8481	71746

4-15　劳务分包建筑企业生产经营情况

指　标	单　位	总　计	按经济类型分			按隶属关系分		
			国　有	集　体	其　他	中　央	省　属	市　属
企业总收入（营业收入）	万元	31789	89	150	31550	68	4016	27705
税金	万元	484	3	6	475	3	75	406
利润	万元	181	1	10	170	2	-5	184
计算劳动生产率的平均人数	人	7603	7	100	7496	39	1512	6052
年末从业人数	人	6259	7	100	6152	39	1557	4663
#管理人员	人	473	3	22	448	10	100	363
工程技术人员	人	425	2	13	410	8	136	281
现场施工人员	人	5159	2	59	5098	21	1336	3802
从业人员劳动报酬	万元	11848	12	82	11754	28	2482	9338
劳动保险	万元	104	5	27	72	18	44	42

第五篇

能源消费与库存

NENGYUANXIAOFEIYUKUCUN

资料整理、审核

袁鸣佳　　任永刚

赵凤英　　米俊峰

5-1 一、二次能源生产量及构成

指　标	2009	2008
一次能源产量（万吨标准煤）	2501.97	2893.21
主要能源品种占一次能源产量（%）		
原煤	100.0	100.0
二次能源产量（万吨标准煤）	4170.71	5132.83
主要能源品种占二次能源产量（%）		
火电	6.1	5.1
洗精煤	47.3	49.2
焦煤	25.6	26.0

5-2 煤炭、石油制品及焦炭消费量

单位:万吨

指 标	2009	2008
煤炭	**6617.16**	**7903.57**
# 生产建设消费	6488.01	7776.10
# 发电	918.3	927.27
炼焦	1455.86	1851.72
生活用	40.00	49.02
石油制品(标准煤)	**202.88**	**187.28**
# 工业	18.96	35.35
交通	119.37	98.69
农业	12.32	8.96
焦炭	**315.65**	**300.14**
工业生产	315.65	300.14

5-3 全社会用电量

单位:万千瓦时

指 标	2009	2008
全社会用电量总计	**1893300**	**1999590.77**
(包含省返线损、省调厂用电)		
省返线损	102675	72000.00
省调厂用电	130382.45	153900.00
全社会实用电总计	**1660242.55**	**1773690.77**
A. 全行业用电合计	1483559.66	1620995.59
第一产业	13374.06	11699.28
第二产业	1225928.64	1388422.90
第三产业	244256.97	220873.41
B. 城乡居民用电合计	176682.89	152695.18
城镇居民	148703.89	128329.29
乡村居民	27979	24365.89
全行业用电分类	**1483559.66**	**1620995.28**
一、农、林、牧、渔业	**13374.05**	**11699.28**
01. 农业	4629.86	4027.94
02. 林业	870.59	897.59
03. 畜牧业	1334.9	1303.77
04. 渔业	56.42	83.63
05. 农、林、牧、渔服务业	6482.28	5386.35
# 排灌	6476.56	5384.37
二、工业	**1209329.65**	**1376863.96**
轻工业	41822.45	43273.49
重工业	1167507.20	1333590.47

5-3 续表 1-1

指　标	2009	2008
(一) 采矿业	194713.40	236607.16
01. 煤炭开采和洗选业	147369.42	161424.51
02. 石油和天然气开采业	241.34	221.73
03. 黑色金属矿采选业	42033.69	56385.92
04. 有色金属矿采选业	1620.79	2768.29
05. 非金属矿采选业	3141.1	4261.55
06. 其他采矿业	307.06	11545.16
(二) 制造业	893905.98	1022307.35
01. 食品、饮料和烟草制造业	12240.03	13066.83
# 农副食品加工业	3620.51	4070.78
02. 纺织业	5093.61	4936.61
03. 服装鞋帽、皮革羽绒及其制品业	309.95	330.84
04. 木材加工及制品和家具制品业	955.39	698.77
# 轻工业	331.53	253.26
05. 造纸及纸制品业	4137.33	3899.73
06. 印刷业和记录媒介的复制	1367.2	1455.27
07. 文教体育用品制造业	40.69	12.06
08. 石油加工炼焦及核燃料	33981.16	43878.37
09. 化学原料及化学制品制造	82618.28	105067.82
# 轻工业	2304.82	3850.98
# 氯碱	26214.31	44780.63
电石	30.35	28.32

5-3 续表 1-2

指 标	2009	2008
肥料	44040.03	43988.81
10. 医药制造业	2263.54	2021.17
11. 化学纤维制造业	1289.38	1514.95
12. 橡胶和塑料制品业	8613.19	7005.33
# 轻工业	801.62	685.42
13. 非金属矿物制品业	55760.83	52224.51
# 轻工业	13.75	1.40
# 水泥制造	45338.06	40731.53
14. 黑色金属冶炼及压延	550028.71	537533.15
# 铁合金冶炼	29740.35	286858.84
15. 有色金属冶炼及压延	10186.26	102832.49
# 铝冶炼	309.31	1521.65
16. 金属制品业	11973.18	13857.92
# 轻工业	1016.09	1190.48
17. 通用及专用设备制造业	71825.36	74077.86
# 轻工业	64.55	152.39
18. 交通运输、电气、电子设备制造业	36475.66	41420.40
# 轻工业	1229.11	494.09
# 交通运输设备制造业	3306.11	4385.66
19. 工艺品及其他制造业	2676.32	2628.13
20. 废弃资源和废旧材料回收	7096.91	13845.14
（三）电力、煤气及水的生产及供应业	115710.27	117949.45
1. 电力、热力的生产和供应	91579.2	97489.94

5-3 续表 1-3

指　标	2009	2008
# 电厂生产全部耗用电量	23324.71	19456.31
线路损失电量	65486.62	71996.99
抽水蓄能抽水耗用电量	2173.79	2399.68
2. 燃气生产和供应业	8151.01	5790.67
3. 水的生产和供应业	15980.06	14668.84
# 轻工业	6642.93	6779.88
三、建筑业	**16598.99**	**11558.94**
四、交通运输、仓储和邮政业	**69516.92**	**65844.23**
1. 交通运输业	24048.71	20739.48
# 城市公共交通	1000.82	1066.72
管道运输业	10416.91	9927.69
电气化铁路	8588.27	6223.84
2. 仓储业	43595.94	43456.45
3. 邮政业	1872.27	1648.30
五、信息传输、计算机服务和软件业	**8482.24**	**7796.35**
1. 电信和其他信息传输服务业	8151.02	7562.29
2. 计算机服务和软件业	331.22	234.06
六、商业、住宿和餐饮业	**40211.39**	**34431.35**
1. 批发和零售业	26381.51	23035.60
2. 住宿和餐饮业	13829.88	11395.75

5-3 续表 1-4

指 标	2009	2008
七、金融、房地产、商务及居民服务业	**44449.82**	**35308.73**
1. 金融业	2646.69	2372.34
2. 房地产业	13118.96	10153.27
3. 租赁和商务服务业、居名服务和其他服务业	28684.17	22783.12
八、公共事业及管理组织	**81596.6**	**77492.75**
1. 科学研究、技术服务和地质勘察业	6582.32	6825.63
# 地质勘察业	596.36	629.75
2. 水利、环境和公共设施管理业	8852.74	7983.09
# 水利管理业	3054.18	3048.08
公共照明业	5341.35	4561.36
3. 教育、文化、体育和娱乐业	24335.24	22696.06
# 教育	12946.41	11731.89
4. 卫生、社会保障和社会福利业	10492.22	9225.09
5. 公共管理和社会组织、国际组织	31334.08	30762.88

5-4 规模以上工业企业能源

指标	单位	年初库存量	购进量		合计
			实物量	金额（万元）	
原煤	吨	1938077.35	20088168.84	11139105.53	47214386.16
洗精煤	吨	818291.74	9758185.05	11456213.65	14462570.96
其他洗煤	吨	49566.17	360264.33	69040.28	1931785.42
煤制品	吨	1586.70	38595.15	20697.07	39348.04
型煤	吨	1535.70	38445.15	20667.07	39156.04
煤粉	吨	51.00	150.00	30.00	192.00
焦炭	吨	81016.91	1027021.99	1817035.63	3156506.93
其他焦化产品	吨	4503.11	300132.98	781938.60	312502.35
焦炉煤气	万立方米		28815.28	179050.76	253737.75
高炉煤气	万立方米		24.00	120.00	1095112.00
其他煤气	万立方米		1818.50	13296.63	83297.50
天然气	万立方米		16508.59	303045.98	20588.16
液化天然气	吨		330.07	1760.57	506.07
汽油	吨	178.67	30571.67	169688.38	30644.01
煤油	吨	274.01	5622.68	30536.31	5700.42
柴油	吨	5938.05	69495.34	417601.03	69979.15
燃料油	吨	6378.84	21151.33	57349.93	22813.25
液化石油气	吨	1.00	4788.80	24864.02	4789.30
其他石油制品	吨	5.10	13681.27	28403.10	13628.38
热力	百万千焦		5986989.44	283335.82	25174273.34
电力	万千瓦时		1014243.49	4322652.06	1364640.07
其他燃料	吨标准煤	696.00	8093.00	1815.00	245687.58
煤矸石	吨		45313.00	1815.00	892112.89
能源合计	吨标准煤				60345187.11

购进、消费与库存情况

消费量				期末库存量
1. 工业生产消费	用于原材料	2. 非工业生产消费	合计中：运输工具消费	
47055531.94	167121.45	158854.22		1209859.68
14456802.36		5768.60		1002836.73
1919031.62		12753.80		58096.00
35513.49	20254.19	3834.55		852.81
35321.49	20254.19	3834.55		843.81
192.00				9.00
3156339.38	84258.00	167.55		153797.22
312495.35	159965.14	7.00		13796.01
253279.71	478.12	458.04		
1095112.00				
83297.50				
16711.96		3877.07		
482.00		24.07		
10559.01	1822.23	20085.21	17519.11	137.40
5676.08	513.17	24.34		196.79
55264.26	41.37	14715.34	9520.31	5232.90
22813.25				4716.92
4522.60		266.70		1.00
13599.83	13593.91	28.54		37.76
23784350.78		1389922.56		
1323202.48		41438.05		
245687.58				595.00
892112.89				
60017642.66		327544.46		

5-5 规模以上工业企业能源

指 标	单 位	工业生产消费量	加工转换投入合计	火力发电	供 热
原煤	吨	46111282.24	44108883.65	7534496.88	1768408.82
洗精煤	吨	14416488.56	14416488.56		
其他洗煤	吨	1885105.90	1795703.99	1648547.99	126213.00
煤制品	吨	20095.00			
型煤	吨	20095.00			
焦炭	吨	2900215.22	13672.00		
其他焦化产品	吨	233508.00	111896.00		
焦炉煤气	万立方米	234515.47	44154.30	9870.30	34284.00
高炉煤气	万立方米	1082035.00	373807.00	67040.00	306767.00
其他煤气	万立方米	81479.00	388.00	78.00	310.00
天然气	万立方米	16388.27	2443.21	2443.21	
汽油	吨	4623.16			
煤油	吨	4779.76			
柴油	吨	43395.14			
燃料油	吨	8022.00			
其他石油制品	吨				
热力	百万千焦	19517895.10	43108.00	43108.00	
电力	万千瓦时	932289.42			
其他燃料	吨标准煤	245687.58	245687.58	239007.18	6680.40
煤矸石	吨	892112.89	892112.89	868523.89	23589.00
能源合计	吨标准煤	58138053.50	49567889.57	6421246.32	1819705.51

加工转换投入产出情况

				能源加工转换产出	回收利用
原煤入洗	炼 焦	炼 油	制 气		
34648722.33	150655.62		6600.00		
	14387006.56		29482.00	21926855.04	
	20943.00			6276944.23	
			13672.00	10972460.61	
		111896.00		367352.43	
				352445.94	
					1117499.00
				11767.00	69833.00
					4027.27
				95571.00	
				37054062.00	8817879.00
				2070318.53	
					233806.20
					825586.89
27504582.73	13642154.96	135539.62	44660.41	41707108.78	1949474.25

5-6 规模以上工业企业主要能源

指　标	原　煤（吨）	洗精煤（吨）	其他洗煤（吨）	煤制品（吨）	型　煤（吨）
全部工业企业	47214386.16	14462570.96	1931785.42	39348.04	39156.04
按工业行业门类分					
（一）轻工业	78265.61	26205.00	29595.00	8461.85	8269.85
（二）重工业	47136120.55	14436365.96	1902190.42	30886.19	30886.19
（三）采矿业	25764079.42	142220.60	1530389.90		
煤炭开采和洗选业	25764079.42	142220.60	1530389.90		
石油和天然气开采业					
黑色金属矿采选业					
（四）制造业	13303051.93	14320350.36	401395.52	39348.04	39156.04
农副食品加工业	70203.61			1076.55	1076.55
食品制造业	5638.00	8880.00	7258.00	1480.00	1480.00
饮料制造业			700.00	85.00	85.00
烟草制品业		7958.00			
纺织业				865.00	865.00
纺织服装、鞋、帽制造业				364.00	364.00
家具制造业				97.00	97.00
造纸及纸制品业		5190.00	19857.00	242.00	50.00
印刷业和记录媒介的复制			960.00	921.00	921.00
文教体育用品制造业					
石油加工炼焦及核燃料	9724670.49	10396166.96	250548.00		

按工业行业分组消费量(一)

煤 粉 (吨)	焦 炭 (吨)	其他焦化产品 (吨)	焦炉煤气 (万立方米)	高炉煤气 (万立方米)	其他煤气 (万立方米)	天然气 (万立方米)
192.00	**3156506.93**	**312502.35**	**253737.75**	**1095112.00**	**83297.50**	**20588.16**
192.00		6670.35	403.84		65.00	130.66
	3156506.93	305832.00	253333.91	1095112.00	83232.50	20457.50
	65.22					4027.27
	65.22					4027.27
192.00	3156441.71	312502.35	253737.75	1095112.00	83297.50	16545.89
		117.21				
			41.00			28.00
						2.91
192.00						
			123031.47			

5-6 续表 1-1

指　标	原　煤（吨）	洗精煤（吨）	其他洗煤（吨）	煤制品（吨）	型　煤（吨）
化学原料及化学制品制造	610775.56	1100506.00		20420.30	20420.30
医药制造业	2300.00	3177.00	820.00	458.00	458.00
化学纤维制造业				2548.00	2548.00
橡胶制品业	8227.50				
塑料制品业	564.00	1000.00	167.00	36.00	36.00
非金属矿物制品业	579722.37	600.00	3307.00	2495.00	2495.00
黑色金属冶炼及压延	1921242.61	2763329.49		8.00	8.00
有色金属冶炼及压延	137576.16				
金属制品业	4039.99			1125.00	1125.00
通用设备制造业	31990.20	300.00		506.00	506.00
专用设备制造业	171227.93	29482.00	87609.00	3090.00	3090.00
交通运输设备制造业	3216.00	1640.91	20545.00	823.00	823.00
电气机械及器材制造业	4700.00	2120.00			
通信设备、计算机及其他	25957.51		9624.52	2708.19	2708.19
仪器仪表及文化、办公用	1000.00				
工艺品及其他制造业					
（五）电力、煤气及水的生产等	8147254.81				
电力、热力的生产和供应	8147254.81				
燃气生产和供应业					
水的生产和供应业					

煤 粉（吨）	焦 炭（吨）	其他焦化产品（吨）	焦炉煤气（万立方米）	高炉煤气（万立方米）	其他煤气（万立方米）	天然气（万立方米）
	159589.36	312278.14	5209.00		1768.36	
			12.84			
			2813.90			
						17.20
			5479.61			21.00
	2983705.66		99517.00	1095088.00	69832.00	15862.00
			6094.00		31.00	
	1889.00	107.00				78.75
	10037.28		41.48	24.00	1860.00	
	102.36		10780.52		9787.00	534.96
	1076.05		23.00			1.07
	42.00		693.93		19.14	
						15.00
						15.00

5-6 规模以上工业企业主要能源

指 标	液化天然气（吨）	汽 油（吨）	煤 油（吨）	柴 油（吨）
全部工业企业	506.07	30644.01	5700.42	69979.15
按工业行业门类分				
（一）轻工业	446.68	3201.32	782.20	1569.59
（二）重工业	59.39	27442.69	4918.22	68409.56
（三）采矿业		4681.24	3917.02	14125.89
煤炭开采和洗选业		4681.24	3917.02	13823.89
石油和天然气开采业				
黑色金属矿采选业				302.00
（四）制造业	506.07	24503.77	1781.77	53275.47
农副食品加工业		270.28		182.53
食品制造业		209.99		224.60
饮料制造业		99.92		45.00
烟草制品业		55.00		41.00
纺织业		13.50		7.60
纺织服装、鞋、帽制造业		87.35		51.50
家具制造业		35.67		20.46
造纸及纸制品业		65.77		216.15
印刷业和记录媒介的复制		256.50		415.37
文教体育用品制造业		9.20		5.70
石油加工炼焦及核燃料		1388.09	872.85	

按工业行业分组消费量(二)

燃料油（吨）	液化石油气（吨）	其他石油制品（吨）	热　力（百万千焦）	电　力（万千瓦时）	其他燃料（吨标准煤）	煤矸石（吨）
22813.25	4789.30	13628.38	25174273.34	1364640.07	245687.58	892112.89
	8.50		434955.61	29137.49	8194.00	45880.00
22813.25	4780.80	13628.38	24739317.73	1335502.58	237493.58	846232.89
			2277798.00	175956.11	233806.20	825586.89
			2277798.00	174465.11	233806.20	825586.89
				1491.00		
14811.25	4789.30	13628.38	22896475.34	970087.84	11881.38	66526.00
				2800.11		
			79745.00	2772.69		
			124191.99	1785.69		
				1220.44		
				925.54		
				94.45		
			205.00	78.06		
				3571.48	8194.00	45880.00
			21232.39	1153.04		
				38.92		
20.00			2644573.00	62733.16	3687.38	20646.00

5-6 续表 2-1

指 标	液化天然气（吨）	汽 油（吨）	煤 油（吨）	柴 油（吨）
化学原料及化学制品制造		1878.99	786.22	1179.79
医药制造业		280.39		42.89
化学纤维制造业				
橡胶制品业		141.60	4.20	31.00
塑料制品业		99.61		115.26
非金属矿物制品业	480.00	478.37	1.34	5785.36
黑色金属冶炼及压延		1937.59	4.50	33451.50
有色金属冶炼及压延		86.48		442.92
金属制品业		564.82		296.87
通用设备制造业		732.49	5.02	1652.26
专用设备制造业		773.37	48.70	921.65
交通运输设备制造业		449.77	51.68	341.81
电气机械及器材制造业		33.87	1.53	21.57
通信设备、计算机及其他	25.39	14297.55	2.05	230.19
仪器仪表及文化、办公用		239.15	3.68	68.00
工艺品及其他制造业	0.68	18.45		
（五）电力、煤气及水的生产等		1459.00	1.63	2577.79
电力、热力的生产和供应		1146.00	1.63	2459.29
燃气生产和供应业		133.00		2.00
水的生产和供应业		180.00		116.50

燃料油（吨）	液化石油气（吨）	其他石油制品（吨）	热　力（百万千焦）	电　力（万千瓦时）	其他燃料（吨标准煤）	煤矸石（吨）
			3262968.00	170380.16		
	4.50		143063.29	1746.83		
				1773.00		
				5256.29		
			51658.00	3775.63		
14771.00	2.00		6721.00	60119.64		
			12890997.00	533039.62		
	11.80			6843.34		
			3318.00	8074.07		
20.25	6.00	0.47	1507.93	5730.50		
		13594.78	2140834.34	45146.97		
		32.41	130735.33	3812.34		
			4307.79	1988.98		
	4761.00		1313641.83	44317.14		
		0.72	74722.51	866.52		
	4.00		2052.94	43.23		
8002.00				218596.12		
8002.00				214387.27		
				10.88		
				4197.97		

5-7 1949年以来能源工业固定资产投资及构成

年份	全社会固定资产投资（万元）	#能源工业投资				能源工业投资构成(%)		
		合计	#煤炭	电力	焦炭	煤炭	电力	焦炭
1949	43							
1950	1278	14	13		1	93		7
1951	2662	128	49.00	79.00		38	61.72	
1952	6335	215	129.00	69.00	17.00	60	32.09	7.91
1953	13861	1383	115.00	1258.00	10.00	8	90.96	0.72
1954	19852	5296	857.00	4421.00	18.00	16	83.48	0.34
1955	13878	3203	768	2264	171	24	71	5
1956	32901	4928	1810	3118		37	63	
1957	37299	5612	1891	3721		34	66	
1958	62552	7116	5177	1870	69	73	26	1
1959	62839	6369	5283	932	154	83	15	2
1960	55929	8253	4884	3358	11	59	41	
1961	16865	4380	3305	1075		75	25	
1962	7854	2190	1883	307		86	14	
1963	10807	2368	1673	695		71	29	
1964	14095	2504	1706	797	1	68	32	
1965	18622	1348	666	682		49	51	
1966	28255	2140	358	1780	1	17	83	
1967	10855	1140	80	1049	11	7	92	1
1968	17788	1870	88	1776	6	4.71	94.97	0.32

5-7 续表 1-1

年份	全社会固定资产投资（万元）	# 能源工业投资				能源工业投资构成（%）		
		合计	# 煤炭	电力	焦炭	煤炭	电力	焦炭
1969	11546	384	123	253	8	32.03	65.89	2.08
1970	20218	1009	52	957		5.15	94.85	
1971	25293	2291	1174	1117		51.24	48.76	
1972	23480	2212	927	1285		41.91	58.09	
1973	26636	2532	1276	1256		50.39	49.61	
1974	19757	2260	1604	656		70.97	29.03	
1975	16884	1820	1018	802		55.93	44.07	
1976	15310	1417	1034	383		72.97	27.03	
1977	20398	2622	1889	723	10	72.04	27.57	0.38
1978	38930	4759	3794	965		79.72	20.28	
1979	49443	8264	7657	504	81	92.65	6.1	0.98
1980	61316	10609	9942	604	51	93.71	5.69	0.48
1981	66329	15640	13867	1710	52	88.66	10.93	0.33
1982	88769	18878	17746	1088		94	5.76	
1983	108722	32438	27433	1420	3492	84.57	4.38	10.77
1984	147907	50138	41994	2796	5331	83.76	5.58	10.63
1985	194510	52750	46010	3086	3617	87.22	5.85	6.86
1986	212774	64087	58409	3180	2422	91.14	4.96	3.78
1987	228535	47454	40854	4065	2535	86.09	8.57	5.34
1988	250602	63606	42294	19768	1489	66.49	31.08	2.34

5-7 续表 1-2

年 份	全社会固定资产投资（万元）	# 能源工业投资				能源工业投资构成(%)		
		合 计	# 煤 炭	电 力	焦 炭	煤 炭	电 力	焦 炭
1989	242409	84093	55145	26041	2771	65.58	30.97	3.3
1990	262924	98809	61195	35944	1566	61.93	36.38	1.58
1991	309434	104534	70720	32012	1402	67.65	30.62	1.34
1992	460913	139321	71679	57846	8336	51.45	41.52	5.98
1993	672115	182333	80821	88639	0	44.33	48.61	
1994	731619	143252	66561	67258	1305	46.46	46.95	0.91
1995	701894	139667	98796	23911	5076	70.74	17.12	3.63
1996	823902	193105	132367	33933	5587	68.55	17.57	2.89
1997	977429	270884	137407	120027	7477	50.73	44.31	2.76
1998	1093638	261055	95856	147601	4215	36.72	56.54	1.61
1999	917167	150674	35082	87721	1659	23.28	58.22	1.1
2000	1047702	140866	48973	87320	2315	34.77	61.99	1.64
2001	1227804	247617	57132	112246	45836	23.07	45.33	18.51
2002	1475955	249245	46749	120320	50786	18.76	48.27	20.38
2003	2044542	362697	112859	78596	95343	31.12	21.67	26.29
2004	3476681	687685	126505	216218	293877	18.4	31.44	42.73
2005	4385077	713589	267156	280121	123924	37.44	39.26	17.37
2006	5011273	787176	355268	298134	98559	45.13	37.87	12.52
2007	5767355	1064025	437367	289922	146505	41.10	27.25	13.77
2008	7022072	1320743	493574	656202	21776	37.20	49.70	1.70
2009	7820157	853252	312664	394037	41184	36.60	46.20	4.80

第六篇

物价指数

WUJIAZHISHU

资料整理、审核

汪力敏　　焦昱红　　张锦龙

孙林安　　李玉琴

6-1 城市居民消费价格指数(以上年同期为 100)

指标	指数
居民消费价格总指数	99.9
一、食品	102.6
1. 粮食	106.6
2. 淀粉	105.6
3. 干豆类及豆制品	100.2
4. 油脂	85.4
5. 肉禽及其制品	88.7
6. 蛋	101.3
7. 水产品	97.5
8. 菜	114.9
9. 调味品	105.6
10. 糖	103.1
11. 茶及饮料	104.2
12. 干鲜瓜果	110.6
13. 糕点饼干	105.6
14. 液体乳及乳制品	101.8
15. 在外用膳食品	102.6
16. 其他食品	103.7
二、烟酒及用品	104.4
1. 烟草	102.7
2. 酒	109.0
3. 吸烟、饮酒用品	99.3
三、衣着	95.8
1. 服装	94.6
2. 衣着材料	104.3

6-1 续表 1-1

指　标	指 数
3. 鞋帽袜	98.4
4. 衣着加工服务费	100.5
四、家庭设备用品及维修服务	99.2
1. 耐用消费品	97.5
2. 室内装饰品	88.1
3. 床上用品	92.5
4. 家庭日用杂品	99.2
5. 家庭服务及加工维修服务	118.0
五、医疗保健和个人用品	101.0
1. 医疗保健	101.5
2. 个人用品及服务	99.6
六、交通和通信	97.1
1.交通	98.0
2. 通信	96.3
七、娱乐教育文化用品及服务	99.6
1. 文娱用耐用消费品及服务	89.8
2. 教育	100.9
3. 文化娱乐类	103.7
4. 旅游	97.8
八、居住	98.0
1. 建房及装修材料	98.8
2. 租房	100.0
3. 自有住房	91.3
4. 水、电、燃料	100.9

6-2　商品零售价格指数(以上年同期为 100)

指　标	指　数
商品零售价格指数	**99.1**
一、食品	102.8
1. 粮食	106.6
2. 淀粉	105.6
3. 干豆类及豆制品	100.2
4. 油脂	85.4
5. 肉禽及其制品	88.7
6. 蛋	101.3
7. 水产品	97.5
8. 菜	114.9
9. 调味品	105.6
10. 糖	103.1
11. 干鲜瓜果	110.6
12. 糕点饼干面包	105.6
13. 液体乳及乳制品	101.8
14. 在外用膳食品	102.6
15. 其他食品	103.7
二、饮料、烟酒	103.9
1. 茶及饮料	103.6
2. 烟草	102.7
3. 酒	109.0
三、服装、鞋帽	95.7
1. 服装	94.6
2. 鞋帽袜	98.4
3. 其他	107.7
四、纺织品	97.6
1. 衣着材料	104.3
2. 床上用品	92.5
五、家用电器及音像器材	89.2
1. 家庭设备	93.4
2. 文娱用耐用消费品	82.0

6-2 续表 1-1

指 标	指 数
3. 音像器材	93.1
六、文化办公用品	96.7
七、日用品	99.2
1. 日用百货	100.8
2. 日用杂品	101.0
3. 洗涤用品	101.6
4. 其他日用品	92.6
八、体育娱乐用品	98.7
1. 体育用品	111.3
2. 娱乐用品	88.0
九、交通、通信用品	90.1
1. 交通运输机械	95.9
2. 通信器材	83.3
十、家具	107.3
十一、化妆品	102.0
十二、金银珠宝	95.0
十三、中西药品及医疗保健用品	103.2
1. 医疗器具及用品	108.6
2. 中药材及中成药	105.2
3. 西药	101.3
4. 保健器具及用品	99.9
十四、书报杂志及电子出版物	105.7
1. 教材及参考书	104.0
2. 书报杂志	112.2
3. 电子音像制品	99.2
十五、燃料	101.9
1. 煤炭及制品	129.2
2. 石油及制品	90.5
十六、建筑材料及五金电料	96.4
1. 建筑装璜材料	96.2
2. 五金电料	97.1

6-3 工业产品出厂价格指数(以上年同期为100)

指　标	指　数
全部工业品	89.1
#轻工业	97.7
以农产品为原料	96.1
以非农产品为原料	98.5
#重工业	87.8
采掘	120.0
原料	92.3
加工	75.4
按行业分	116.7
农副食品加工业	92.4
食品制造业	105.5
饮料制造业	101.1
烟草制造业	97.7
纺织业	66.0
纺织服装、鞋帽制造业	104.8
家具制造业	100.3
造纸及纸制品业	92.2
印刷业和记录媒介的复制	95.8
石油加工、炼焦及核燃料加工业	80.3
化学原料及化学制品制造业	89.4

6-3 续表 1-1

指　标	指　数
医药制造业	89.6
化学纤维制造业	81.1
橡胶制品业	86.7
塑料制品业	95.0
非金属矿物制品业	109.9
黑色金属冶炼及压延加工业	71.9
有色金属冶炼及压延加工业	77.9
金属制品业	99.4
通用设备制造业	102.7
专用设备制造业	95.2
交通运输设备制造业	101.0
电器机械及器材制造业	98.9
通信设备、计算机及其它电子设备制造业	92.1
仪器仪表及文化、办公用机械制造业	96.0
工艺品及其他制造业	93.4
电力、热力的生产和供应业	111.4
燃气生产和供应业	100.0
水的生产和供应业	108.0

6-4 原材料、燃料、动力购进价格指数(以上年同期为 100)

指 标	指 数
全部原材料	95.2
(一) 燃料、动力类	104.4
(二) 黑色金属材料类	86.5
# 钢材	87.0
其他	74.7
(三) 有色金属材料和电线类	91.6
(四) 化工原料类	83.7
(五) 木材及纸浆类	94.1
(六) 建筑材料及非金属矿类	105.6
(七) 其他工业原材料及半成品类	102.4
(八) 农副产品类	105.6
(九) 纺织原料类	85.8
按行业分(企业法)	
煤炭开采和洗选业	90.0
农副食品加工业	91.1
食品制造业	90.4
饮料制造业	109.1
烟草制造业	122.4
纺织业	63.9
纺织服装、鞋帽制造业	101.5

6-4 续表 1-1

指 标	指 数
家具制造业	95.0
造纸及纸制品业	83.3
印刷业和记录媒介的复制	94.5
石油加工、炼焦及核燃料加工业	86.7
化学原料及化学制品制造业	89.3
医药制造业	91.9
化学纤维制造业	98.2
橡胶制品业	87.2
塑料制品业	95.1
非金属矿物制品业	99.3
黑色金属冶炼及压延加工业	88.6
有色金属冶炼及压延加工业	86.5
金属制品业	95.0
通用设备制造业	84.3

6-4 续表 1-2

指 标	指 数
专用设备制造业	93.9
交通运输设备制造业	100.2
电器机械及器材制造业	86.4
通信设备、计算机及其它电子设备制造业	90.2
仪器仪表及文化、办公用机械制造业	98.8
工艺品及其他制造业	101.4
电力、热力的生产和供应业	105.5
燃气生产和供应业	108.7
水的生产和供应业	103.5

6-5 土地交易价格指数（以上年同期为 100）

指 标	指 数
总 计	102.0
一、居民用地	101.7
普通住宅用地	101.7
二、工业用地	101.9
三、商业营业用地	102.8

6-6 房屋销售价格指数(以上年同期为 100)

项 目	指 数
总 计	100.6
一、新建房	101.5
(一) 住宅	101.6
1. 经济适用房	
2. 普通住宅	101.8
(1) 多层住宅	99.0
(2) 高层住宅	102.1
3. 高档住宅	100.6
(1) 别墅	100.9
(2) 高档公寓	100.5
(二) 非住宅	100.9
1. 办公楼	101.1
2. 商业营业用房	100.7
二、二手房	98.6
住宅	98.6

第七篇

城市居民住户调查

CHENGSHIJUMINZHUHUDIAOCHA

资料整理、审核

于明娟　　杜　鹏

7-1 城市住户家庭基本情况

项　目	单　位	2009	2008	为 2008 年%
调查户数	户	300	300	100.0
家庭人口数	人	813	786	103.4
平均每户家庭人口	人	2.71	2.62	103.4
就业人数	人	357	354	100.8
平均每户就业人数	人	1.19	1.18	100.8
平均每个就业者负担人数	人	2.28	2.22	102.7
人均年可支配收入	元	15607	15230	102.5
人均月可支配收入	元	1301	1269	102.5
人均年消费性支出	元	11708	10799	108.4
人均月消费性支出	元	976	900	108.4

7-2 城市住户基本情况

项 目	单 位	数 量
调查户数	户	300
一、家庭人口数	人	813
（一）有收入者人数	人	588
1. 就业人口数	人	357
（1）国有经济单位职工人数	人	258
（2）城镇集体经济单位职工人数	人	9
（3）其他各种经济类型单位职工人数	人	15
（4）个体经营者人数	人	24
（5）个体被雇者人数	人	36
（6）离退休再就业者人数	人	0
（7）其他就业者人数	人	15
2. 离退休者人数	人	210
3. 其他有收入者人数	人	18
（二）无收入者人数	人	231

7-3　城市住户住房情况

项　目	单　位	合　计
1. 家庭人口	人 / 户	2.71
2. 现住房总建筑面积	平方米 / 人	25.70
4. 房屋产权（合计）		
租赁公房	%	12.5
租赁私房	%	4.93
原有私房	%	1.32
房改私房	%	77.63
商品房	%	3.62
5. 住宅建筑式样（合计）		
四居室	%	2.63
三居室	%	25.33
二居室	%	61.51
一居室	%	5.26
普通楼房	%	1.97
平房及其他	%	3.29
6. 饮水情况（合计）		
自来水	%	98.03
纯净水	%	1.97

7-3 续表 1-1

项 目	单 位	合 计
7. 用水情况		
独用自来水	%	98.36
公用自来水	%	1.64
8. 卫生设备（合计）		
无卫生设备	%	2.96
有厕所浴室	%	67.11
有厕所无浴室	%	28.62
公用	%	1.32
9. 取暖设备（合计）		
暖气	%	97.70
其他	%	2.30
10. 炊用燃料使用情况（合计）		
管道煤气	%	34.21
液化石油气（罐装）	%	9.54
煤	%	2.96
11. 信息化调查		
(1) 接入互联网的移动电话	部 / 百户	25
(2) 接入有线电视网络的电视机	部 / 百户	91
(3) 接入互联网的计算机	台 / 百户	36

7-4 城市住户家庭现金收入情况(300户抽样调查)

单位:元

项 目	每人年平均金额
一、期初手存现金	934
二、家庭总收入	16911
#可支配收入	15607
(一) 工薪收入	9726
1. 工资及补贴收入	9062
2. 其他劳动收入	664
(二) 经营净收入	784
(三) 财产性收入	185
利息收入	80
股利与红利收入	44
保险收益	6
出租房屋收入	38
知识产权收入	5
其他财产性收入	13
(四) 转移性收入	6215
养老金或离退休金	5266
社会救济收入	59
赔偿收入	39
保险收入	4

7-4 续表 1-1

单位:元

项 目	每人年平均金额
#失业保险金	0.34
赡养收入	249
捐赠收入	386
提取住房公积金	66
记帐补贴	66
其他转移性收入	80
三、出售财物收入	**197**
出售住房收入	196
出售其他物品收入	1
四、借贷收入	**3882**
提取储蓄存款	3005
借入款	672
收回借出款	140
收回储蓄性保险本金	0.86
住房贷款	2
其他贷款	35
其他借贷收入	28

7-5 城市住户家庭现金支出情况(300户抽样调查)

单位:元

项 目	每人年平均金额
一、家庭总支出	15759
(一) 消费支出	11708
#服务性消费支出	3526
食品	3764
衣着	1313
家庭设备用品及服务	572
医疗保健	1277
交通和通信	1497
教育文化娱乐服务	1549
居住	1390
其他商品和服务	346
(二) 购房与建房支出	854
购房	854
建房	0.1
(三) 转移性支出	1982
交纳的个人收入税	42
捐赠支出	1224
购买彩票	6
赡养支出	569
#在外就学子女费用	296
各种非储蓄性保险支出	102
#车辆保险支出	52
其他转移性支出	38

7-5 续表 1-1

单位:元

项　目	每人年平均金额
（四）财产性支出	18
非生产性利息支出	14
其他	3
（五）社会保障支出	1196
个人交纳的养老基金	503
个人交纳的住房公积金	443
个人交纳的医疗基金	196
个人交纳的失业基金	40
其他社会保障支出	14
二、借贷支出	4553
存入储蓄款	4062
借出款	115
归还借款	173
储蓄性保险支出	55
购买有价证券	12
其他投资支出	3
归还住房贷款	50
归还汽车贷款	14
归还教育贷款	18
归还其他贷款	51
其他借贷支出	1613
三、期末手存现金	

7-6　城市住户家庭消费支出情况（300户抽样调查）

单位：元

项　目	每人年平均金额
消费支出	**11708**
# 服务性消费支出	3526
一、食品	3764
1. 粮油类	617
2. 肉禽蛋水产品类	739
3. 蔬菜类	395
4. 调味品	51
5. 糖烟酒饮料类	432
6. 干鲜瓜果类	293
7. 糕点、奶及奶制品	376
8. 其他食品	49
9. 饮食服务	812
二、衣着	1313
1. 服装	113
2. 衣着材料	12
3. 鞋类	108
4. 其他衣着用品	42
5. 衣着加工服务费	5
三、家庭设备用品及服务	572
1. 耐用品消费品	255
2. 室内装饰品	15
3. 床上用品	38
4. 家庭日用杂品	177
5. 家具材料	15

7-6 续表 1-1

单位:元

项 目	每人年平均金额
6. 家庭服务	71
四、医疗保健	1277
1. 医疗器具	27
2. 保健器具	14
3. 药品费	562
4. 滋补保健品	110
5. 医疗费	544
6. 其他	21
五、交通和通讯	1497
1. 交通	768
2. 通讯	729
六、教育文化娱乐服务	1549
1. 文化娱乐用品	326
2. 文化娱乐服务	382
3. 教育	841
七、居住	1390
1. 住房	569
2. 水电燃料及其他	766
3. 居住服务费	55
八、其它商品和服务	346
1. 杂项商品	153
2. 服务	193

7-7 城市住户期末主要消费品拥有量

项　目	单　位	每百户拥有量
调查户数	**户**	**300**
摩托车	辆	5
助力车	辆	17
家用汽车	辆	8
洗衣机	台	98
电风扇	台	
电冰箱	台	96
冰柜	台	
彩色电视机	台	112
家用电脑	台	57
组合音响	套	13
摄像机	架	6
照相机	架	44
钢琴	架	4
其他中高档乐器	件	4
微波炉	台	51
空调器	台	31
淋浴热水器	台	67
排油烟机	台	
消毒碗柜	台	3
洗碗机	台	1
健身器材	套	3
固定电话	部	87
移动电话	部	137

7-8 城市居民各月可支配收入(平均每人)

单位:元

月 份	2009	2008
全 年	**15607**	**15230**
一 月	1481	1224
二 月	1457	1443
三 月	1186	1119
四 月	1153	1229
五 月	1174	1197
六 月	1226	1176
七 月	1237	1267
八 月	1291	1197
九 月	1276	1257
十 月	1353	1306
十一月	1317	1391
十二月	1457	1419

7-9 城市居民各月消费性支出(平均每人)

单位:元

月 份	2009	2008
全 年	**11708**	**10799**
一 月	1089	931
二 月	1056	1052
三 月	755	687
四 月	903	881
五 月	908	865
六 月	808	748
七 月	971	795
八 月	904	1060
九 月	980	1108
十 月	1070	823
十一月	905	967
十二月	1359	880

第八篇

农村住户调查

NONGCUNZHUHUDIAOCHA

资料整理、审核

郭　波

8-1 农村住户人口与就业情况

指 标	单 位	总 计
一、调查户数	**户**	**800**
二、家庭常住人口	**人**	**2977**
1. 6岁及以下	人	96
2. 7～15岁	人	355
3. 16～60岁	人	2295
4. 61岁以上	人	231
三、在校学生人数	**人**	**632**
#7～15岁以下在校学生人数	人	342
四、整半劳动力数	**人**	**2071**
#整劳动力	人	1294
五、劳动力文化程度		
1. 不识字或识字很少	人	51
2. 小学程度	人	354
3. 初中程度	人	1259
4. 高中程度	人	309
5. 中专	人	55
6. 大专及以上	人	42
六、劳动力就业情况		
1. 一产业就业劳动力	人	975
（1）农业	人	953
（2）林业	人	5
（3）牧业	人	17
（4）渔业	人	1
2. 非农产业就业劳动力	人	955

8-1 续表 1-1

指　标	单　位	总　计
A. 二产业就业劳动力	人	196
(1) 采矿业	人	25
(2) 制造业	人	101
(3) 电力煤气及水的生产供应业	人	45
(4) 建筑业	人	25
B. 三产业就业劳动力	人	759
(1) 交通运输仓储及邮电通讯业	人	163
(2) 批发和零售贸易	人	91
(3) 住宿和餐饮业	人	32
(4) 居民服务和其他服务业	人	177
(5) 教育	人	22
(6) 卫生、社会保障和社会福利业	人	17
(7) 文化、体育和娱乐业	人	6
(8) 其他	人	252
七、劳动力就业地点		
1. 乡内	人	1805
2. 县内乡外	人	70
3. 省内县外	人	48
4. 省外	人	7
八、劳动力年内从事各种行业的时间		
1. 从事农业的时间	月	6213
2. 从事非农产业的时间	月	9422
3. 外出务工时间	月	1071

8-2 农村住户总收入与总支出

单位:元

指 标	总 计	人 均
一、总收入	23865866.86	8016.75
(一) 工资性收入	9170483.78	3080.44
1. 在非企业组织中劳动得到收入	1331803.50	447.36
2. 在本乡地域内劳动得到收入	6936934.26	2330.18
(1) 在企业中劳动得到收入	3854183.57	1294.65
(2) 在国家投资基建项目得到收入	37883.82	12.73
(3) 提供其他劳务收入	3044866.87	1022.80
3. 外出从业得到收入	901746.02	302.90
(1) 在乡外县内从业得到收入	656690.47	220.59
(2) 在县外省内从业得到收入	228540.95	76.77
(3) 在省外国内从业得到收入	16514.60	5.55
(二) 家庭经营收入	11737413.66	3942.70
1. 第一产业收入	4944183.84	1660.79
(1) 农业收入	3078834.53	1034.21
(2) 林业收入	97349.65	32.70
(3) 牧业收入	1767999.67	593.89
2. 第二产业收入	332901.56	111.82
(1) 工业收入	55977.77	18.80
(2) 建筑业收入	276923.79	93.02
3. 第三产业收入	6460328.26	2170.08
# ①交通、运输、邮电业收入	4080684.45	1370.74

8-2 续表 1-1

单位:元

指　标	总　计	人　均
②批零贸易业、饮食业收入	1015206.66	341.02
③社会服务业收入	1236938.49	415.50
④文教卫生业收入	24539.50	8.24
（三）财产性收入	1937539.53	650.84
1. 利息	43110.33	14.48
2. 集体分配股息和红利	123639.63	41.53
3. 其他股息和红利	9356.31	3.14
4. 租金（包括农业机械）	1098642.95	369.04
5. 土地征用补偿收入	555774.94	186.69
6. 转让承包土地经营权收入	16418.98	5.52
7. 其他投资收益	7611.37	2.56
8. 其他	82985.02	27.88
（四）转移性收入	1020429.87	342.77
#1. 家庭非常住人口寄回和带回收入	71381.55	23.98
2. 城市亲友赠送收入	147953.14	49.70
3. 农村亲友赠送收入	56522.65	18.99
4. 退耕还林还草补贴收入	47562.76	15.98
5. 粮食直接补贴收入	52077.15	17.49
二、总支出	**15067165.54**	**5061.19**
（一）家庭经营费用支出	3069216.69	1030.98
1. 第一产业生产费用支出	1484667.99	498.71
（1）农业生产费用支出	448801.06	150.76
（2）林业生产费用支出	53725.78	18.05
（3）牧业生产费用支出	982141.16	329.91

8-2 续表 1-2

单位:元

指　标	总　计	人　均
2. 第二产业生产费用支出	25331.34	8.51
(1) 工业生产费用支出	1355.11	0.46
(2) 建筑业生产费用支出	23976.23	8.05
3. 第三产业生产费用支出	1559217.35	523.75
(1) 交通运输邮电业生产费用支出	1019852.13	342.58
(2) 批零贸易餐饮业生产费用支出	412787.46	138.66
(3) 社会服务业生产费用支出	117358.78	39.42
(4) 文教卫生业生产费用支出	6635.08	2.23
(5) 其他行业生产费用支出	2583.90	0.87
(二) 购置生产性固定资产支出	390199.05	131.07
(三) 建、造生产性固定资产雇工支出	198793.67	66.78
(四) 税费支出	7941.92	2.67
1. 第一产业税	71.54	0.02
2. 第三产业税	555.80	0.19
3. 其他各种收费	7314.59	2.46
(五) 生活消费支出	10977029.07	3687.28
1. 食品消费支出	3582581.89	1203.42
A. 食品消费品支出	3250785.52	1091.97
(1) 谷物	702229.31	235.88
(2) 薯类	62009.48	20.83
(3) 豆类	27505.18	9.24
(4) 食用油	175843.62	59.07

8-2 续表 1-3

单位:元

指　标	总　计	人　均
(5) 蔬菜及制品	313984.35	105.47
(6) 肉、禽、蛋、奶及制品	674199.01	226.47
(7) 水产品及制品	38910.38	13.07
(8) 烟、酒	612286.08	205.67
(9) 茶叶、饮料	52171.04	17.52
(10) 其他类食品	591647.06	198.74
B. 食品消费服务性支出	331796.37	111.45
2. 衣着消费支出	1293475.91	434.49
3. 居住消费支出	1876147.95	630.21
4. 家庭设备、用品消费支出	559288.64	187.87
5. 交通和通讯消费支出	1549454.17	520.48
6. 文化教育、娱乐消费支出	1111171.24	373.25
7. 医疗保健消费支出	796088.50	267.41
8. 其他商品和服务消费支出	208820.78	70.14
(六) 财产性支出	9727.45	3.27
1. 承包其他农户转让费	1084.48	0.36
2. 其他	8642.97	2.90
(七) 转移性支出	414257.66	139.15
#1. 寄给带给家庭非常人口	68924.11	23.15
2. 赠送农村亲友	159972.20	53.74
3. 赠送城市亲友	23264.35	7.81
三、全年可支配收入	**19926119.84**	**6693.36**
四、全年纯收入	**20327696.83**	**6828.25**

8-3　农村住户现金收入与支出

单位:元

指　标	总　计	人　均
一、期内现金收入	22861018.82	7679.21
(一) 工资性收入	8954566.62	3007.92
1. 在非企业组织中劳动得到收入	1330672.82	446.98
2. 在本乡地域内劳动得到收入	6723890.92	2258.61
(1) 在企业中劳动得到收入	3852804.44	1294.19
(2) 在国家投资基建项目得到收入	37883.82	12.73
(3) 提供其他劳务收入	2833202.66	951.70
3. 外出从业得到收入	900002.88	302.32
(1) 在乡外县内从业得到收入	654947.33	220.00
(2) 在县外省内从业得到收入	228540.95	76.77
(3) 在省外国内从业得到收入	16514.60	5.55
(二) 家庭经营收入	11059591.06	3715.01
1. 第一产业现金收入	4266361.24	1433.11
(1) 农业现金收入	2439621.64	819.49
(2) 林业现金收入	97349.65	32.70
(3) 牧业现金收入	1729389.95	580.92
2. 第二产业现金收入	332901.56	111.82
(1) 工业收入	55977.77	18.80
(2) 建筑业收入	276923.79	93.02
3. 第三产业现金收入	6460328.26	2170.08
# a. 交通、运输、邮电业收入	4080684.45	1370.74
b. 批零贸易业、饮食业收入	1015206.66	341.02

8-3 续表 1-1

单位:元

指 标	总 计	人 均
c. 社会服务业收入	1236938.49	415.50
d. 文教卫生业收入	24539.50	8.24
(三) 财产性收入	1932152.23	649.03
1. 利息	43110.33	14.48
2. 集体分配股息和红利	123639.63	41.53
3. 其他股息和红利	9356.31	3.14
4. 租金(包括农业机械)	1098642.95	369.04
5. 土地征用补偿收入	555774.94	186.69
6. 转让承包土地经营权收入	16418.98	5.52
7. 其他投资收益	7611.37	2.56
8. 其他	77597.72	26.07
(四) 转移性收入	914708.91	307.26
1. 家庭非常住人口寄回和带回	67659.72	22.73
2. 城市亲友赠送	122263.18	41.07
3. 农村亲友赠送	52152.56	17.52
4. 离退休金、养老金	197283.22	66.27
5. 城市亲友支付赡养费	2139.10	0.72
6. 农村亲友支付赡养费	21082.99	7.08
7. 救济金	12198.32	4.10
8. 救灾款	677.80	0.23
9. 报销医疗费	42047.95	14.12
10. 退耕还林还草补贴	47480.31	15.95

8-3 续表 1-2

单位:元

指　标	总　计	人　均
11. 无偿扶贫或扶持款	5083.56	1.71
12. 得到赔款	8596.87	2.89
13. 其他	336043.32	112.88
二、非收入现金所得	**2430197.35**	**816.32**
（一）非借贷性现金所得	758455.46	254.77
1. 保险赔款	705.82	0.24
2. 出售财物	90573.42	30.42
3. 出售役畜、产品畜	10929.84	3.67
4. 彩票中奖所得	213.91	0.07
5. 调查补贴	42100.35	14.14
6. 一次性工伤补贴	33408.71	11.22
7. 婚、丧、嫁、娶礼金	558153.26	187.49
8. 其他（包括赌博所得）	22370.15	7.51
（二）借贷性现金所得	1671741.89	561.55
1. 银行、信用社贷款	101657.02	34.15
2. 借入款	744390.59	250.05
3. 收回借出款	78388.32	26.33
4. 取回存款	684874.65	230.06
5. 其他	62431.31	20.97
三、期内现金支出	**14809748.41**	**4974.72**
（一）生产费用支出	3624309.33	1217.44

8-3 续表 1-3

单位：元

指　标	总　计	人　均
1. 家庭经营费用支出	3035316.60	1019.59
(1) 第一产业生产费用支出	1450767.91	487.33
①农业生产费用支出	441938.73	148.45
②林业生产费用支出	53725.78	18.05
③牧业生产费用支出	955103.41	320.83
(2) 第二产业生产费用支出	25331.34	8.51
①工业生产费用支出	1355.11	0.46
②建筑业生产费用支出	23976.23	8.05
(3) 第三产业生产费用支出	1559217.35	523.75
①交通运输邮电业生产费用支出	1019852.13	342.58
②批零贸易餐饮业生产费用支出	412787.46	138.66
③社会服务业生产费用支出	117358.78	39.42
④文教卫生业生产费用支出	6635.08	2.23
⑤其他行业生产费用支出	2583.90	0.87
2. 购置生产性固定资产支出	390199.05	131.07
(1) 购置建筑生产用建筑物材料	178896.23	60.09
(2) 购买役畜、产品畜	5105.12	1.71
(3) 购买农林牧渔业机械	27203.22	9.14
(4) 购买运输机械	162207.09	54.49
(5) 购买其他生产性固定资产	16787.39	5.64
3. 建. 造生产性固定资产雇工支出	198793.67	66.78
(二) 税费支出	7941.92	2.67
1. 第一产业税	71.54	0.02

8-3 续表 1-4

单位:元

指　标	总 计	人 均
2. 第三产业生产纳税	555.80	0.19
3. 其他各种收费	7314.59	2.46
(三) 生活消费支出	10753512.03	3612.20
(四) 财产性支出	9727.45	3.27
1. 承包其他农户转让	1084.48	0.36
2. 其他	8642.97	2.90
(五) 转移性支出	414257.66	139.15
1. 寄给带给家庭非常人口现金	68924.11	23.15
2. 赠送农村亲友	159972.20	53.74
3. 赠送城市亲友	23264.35	7.81
4. 交纳医疗保险	23146.33	7.78
5. 交纳社会保障基金	49429.89	16.60
6. 购买非储蓄性保险	35278.18	11.85
7. 赡养费	19487.38	6.55
8. 其他直接税	134.08	0.05
9. 捐赠	1525.81	0.51
10. 罚款、赔款	3911.56	1.31
11. 其他	29183.77	9.80
四、非消费性支出	**8528053.68**	**2864.65**
(一) 非借贷性支出	1644069.80	552.26
1. 购买彩票	1091.68	0.37

8-3 续表 1-5

单位:元

指　标	总　计	人　均
2. 婚、丧、嫁、娶支出	1637638.60	550.10
3. 交纳党费、团费	81.61	0.03
4. 迷信、宗教活动捐赠	2379.42	0.80
5. 其他	2878.48	0.97
（二）储蓄、借贷性支出	6883983.88	2312.39
1. 归还银行、信用社	18254.87	6.13
2. 借出款	355709.79	119.49
3. 归还借款	224910.27	75.55
4. 存款	6228818.80	2092.31
5. 购买储蓄性保险	4403.59	1.48
6. 其他	51886.57	17.43
五、期末金融资产余额	**29766577.94**	**9998.85**
1. 手存现金	6096969.42	2048.02
2. 存款余额	23669608.49	7950.83
六、期末债务余额	**509188.96**	**171.04**
1. 银行、信用社贷款	470545.22	158.06
2. 个人借（欠）款	28046.01	9.42
3. 其他	10597.73	3.56

8-4 农村住户生活消费现金支出

单位:元

指　标	总　计	人　均
1. 食品消费支出	**3360868.59**	**1128.94**
a. 购买食品支出	3029072.22	1017.49
(1) 谷物	567441.13	190.61
(2) 薯类	25949.17	8.72
(3) 豆类	14249.33	4.79
(4) 食用油	164163.52	55.14
(5) 蔬菜及制品	298263.23	100.19
(6) 肉、禽、蛋、奶及制品	668513.12	224.56
(7) 水产品及制品	38910.38	13.07
(8) 烟、酒	612286.08	205.67
(9) 茶叶、饮料	52171.04	17.52
(10) 其它类食品	587125.23	197.22
b. 食品消费服务性支出	331796.37	111.45
2. 衣着	**1293475.91**	**434.49**
a. 购买衣着支出	1292862.74	434.28
(1) 服装	955089.47	320.82
(2) 服装材料	20249.44	6.80
(3) 鞋类	288213.43	96.81
(4) 其他	29310.40	9.85
b. 衣着消费服务性支出	613.17	0.21
3. 居住	**1876147.95**	**630.21**
a. 购买居住消费品支出	1167634.67	392.22
(1) 购买建筑生活用房材料	369921.13	124.26
(2) 购买维修生活用房材料	59854.75	20.11

8-4 续表 1-1

单位:元

指　标	总　计	人　均
(3) 装修生活用房材料	119866.06	40.26
(4) 购买生活用燃料	617992.73	207.59
b. 居住消费服务性支出	708513.28	238.00
(1) 建筑、维修生活用房雇工工资	259779.63	87.26
(2) 房租	15372.02	5.16
(3) 生活用水	12514.31	4.20
(4) 生活用电	386136.62	129.71
(5) 清洁费、卫生费	711.18	0.24
(6) 其他	33999.52	11.42
4. 家庭设备、用品及服务	**557484.87**	**187.26**
a. 购买家庭设备、用品支出	537802.55	180.65
(1) 日用品	264018.57	88.69
(2) 床上用品	48465.01	16.28
(3) 室内装饰品	16016.05	5.38
(4) 家俱类	53971.97	18.13
(5) 机电设备	155330.94	52.18
b. 家庭设备服务消费支出	19682.32	6.61
(1) 家庭设备修理费	11537.63	3.88
(2) 日杂用品加工修理费	810.14	0.27
(3) 家政服务费	1383.27	0.46
(4) 其他	5951.29	2.00
5. 交通和通讯	**1549454.17**	**520.48**
a. 购买交通和通讯用品支出	874749.72	293.84

8–4 续表 1–2

单位:元

指标	总计	人均
(1) 交通工具	581091.79	195.19
(2) 交通工具用燃料	213992.71	71.88
(3) 交通工具用零配件	21756.10	7.31
(4) 通讯工具	56813.09	19.08
(5) 通讯工具用零配件	1096.03	0.37
b. 交通和通讯服务消费支出	674704.45	226.64
(1) 交通服务支出	106252.15	35.69
①交通客运费	56665.53	19.03
②生活物品货运费	2050.56	0.69
③交通工具修理费	26004.56	8.74
④其他(过路过桥费等)	21531.50	7.23
(2) 通讯服务支出	568452.31	190.95
①邮寄费	1075.39	0.36
②通讯费	557115.70	187.14
③通讯工具修理费	9365.98	3.15
④其他	895.23	0.30
6. 文化教育、娱乐用品及服务	**1111171.24**	**373.25**
a. 购买文化教育、娱乐用品	218193.52	73.29
b. 教育服务消费	737033.19	247.58
#学杂费	566496.26	190.29
c.文化、体育、娱乐服务消费	155944.53	52.38

8-4 续表 1-3

单位:元

指　标	总　计	人　均
(1) 旅游	124721.17	41.89
(2) 休闲娱乐费	9081.40	3.05
(3) 文化、体育、娱乐用品修理费	900.59	0.30
(4) 其他	21241.38	7.14
7. 医疗保健	**796088.50**	**267.41**
a. 购买医疗保健用品	217957.21	73.21
(1) 购买医疗卫生用品	207097.47	69.57
(2) 保健用品	10859.75	3.65
b. 医疗保健服务消费支出	578131.29	194.20
8. 其他商品和服务	**208820.78**	**70.14**
a. 购买其他商品支出	141868.45	47.65
(1) 首饰	10673.96	3.59
(2) 手表	4879.27	1.64
(3) 化妆品	31932.28	10.73
(4) 迷信.宗教用品	15464.05	5.19
(5) 其他	78918.88	26.51
b. 其他消费服务支出	66952.34	22.49
(1) 旅馆住宿费	1614.79	0.54
(2) 美容美发	18683.93	6.28
(3) 殡殓费	12147.08	4.08
(4) 其他服务	34506.54	11.59

8-5 农村住户食品消费情况

单位:公斤

指 标	总 计	人 均
一、粮食消费量	**396558.59**	**133.21**
(一) 谷物消费量	376008.99	126.30
1. 小麦	239115.72	80.32
2. 稻谷	61813.13	20.76
3. 玉米	17345.07	5.83
(二) 薯类消费量	12792.49	4.30
1. 红薯	1159.63	0.39
2. 马铃薯	10693.43	3.59
3. 其他薯类	939.44	0.32
(三) 豆类消费量	7757.11	2.61
1. 大豆	3935.49	1.32
2. 其他豆类	3821.62	1.28
二、油脂类消费量	**18759.73**	**6.30**
1. 植物油	18667.49	6.27
2. 动物油	92.25	0.03

8-5 续表 1-1

单位:公斤

指　标	总　计	人　均
三、烟叶消费量	69.33	0.02
四、豆制品	5330.34	1.79
五、蔬菜及菜制品消费量	182237.69	61.22
六、瓜类	24571.91	8.25
1. 西瓜	23864.18	8.02
2. 其他瓜果	707.74	0.24
七、水果类	59592.07	20.02
八、消费茶叶	505.58	0.17
九、坚果消费量	2937.67	0.99
十、肉禽及其制品	24782.60	8.32
1. 猪肉	16812.51	5.65
2. 牛肉	275.12	0.09

8-5 续表 1-2

单位:公斤

指　标	总　计	人　均
3. 羊肉	1525.71	0.51
4. 家禽	1452.02	0.49
5. 其他肉禽及制品	4717.24	1.58
十一、蛋类及蛋制品	**18332.29**	**6.16**
十二、奶和奶制品	**21715.69**	**7.29**
十三、水产品	**3058.51**	**1.03**
1. 鱼类	2567.31	0.86
2. 虾、贝、蟹类	216.98	0.07
3. 藻类	75.37	0.03
4. 其他	198.85	0.07
十四、食糖	**1694.56**	**0.57**
十五、酒	**11518.66**	**3.87**
#1. 白酒	7115.19	2.39
2. 啤酒	4306.00	1.45
3. 果酒	11.55	

8-6 县(市、区)农村

地 区	总收入	工资性收入	家庭经营收入	财产性收入	转移性收入
太 原 市	**8016.75**	**3080.44**	**3942.70**	**650.84**	**342.77**
小 店 区	11083.53	2248.94	6872.68	1373.94	587.97
迎 泽 区	9034.75	4876.34	345.86	3460.31	352.24
杏花岭区	8793.27	4296.47	3619.74	802.81	74.25
尖草坪区	8264.76	3390.34	4070.11	556.57	247.73
万柏林区	10105.84	4509.59	2241.68	2879.88	474.69
晋 源 区	7565.13	2599.33	3977.94	468.96	518.91
清 徐 县	8777.41	3792.26	4672.53	210.45	102.17
阳 曲 县	4332.45	1952.96	2180.75	62.31	136.43
娄 烦 县	3029.04	1754.41	892.27	70.70	311.66
古 交 市	9412.80	3571.86	5103.51		737.43

住户基本情况

单位：元／人

总支出	家庭经营费用支出	生活消费支出	食品消费支出	全年家庭纯收入	期内现金收入	期内现金支出
5061.19	1030.98	3687.28	1203.42	6828.25	7679.21	4974.72
9275.84	1600.88	6850.93	1880.35	9233.79	11086.13	9035.20
4356.24	1.63	4109.45	940.66	8589.23	9034.75	4356.24
6355.42	544.05	5660.43	2389.74	7982.02	8793.27	6355.42
5333.03	1554.10	3642.77	1318.33	6553.01	8146.33	5318.77
5903.64	312.75	5413.39	1649.05	9609.87	10005.11	5903.17
4487.13	790.50	3567.59	911.77	6494.92	7546.46	4487.13
3980.81	870.04	3010.54	850.30	7864.18	8122.53	3980.81
2607.10	771.32	1737.58	717.99	3475.51	3676.44	2607.05
2249.05	204.39	2012.99	1061.46	2795.28	2844.60	1981.67
6990.42	2375.90	3121.31	1431.88	6765.02	8647.15	6713.59

8-7 农村住户总收入

指 标	2000元以下	2000-3000元	3000-4000元
一、总收入	2743.03	2775.34	3877.67
(一) 工资性收入	829.21	1572.66	2159.87
1. 在非企业组织中劳动得到收入	10.49	111.88	160.61
2. 在本乡地域内劳动得到收入	649.74	1267.44	1766.73
(1) 在企业中劳动得到收入	172.12	280.90	676.21
(2) 在国家投资基建项目得到收入		15.00	16.31
(3) 提供其他劳务收入	477.63	971.54	1074.20
3. 外出从业得到收入	168.98	193.34	232.53
(1) 在乡外县内从业得到收入	75.43	148.37	213.98
(2) 在县外省内从业得到收入	93.55	42.32	18.54
(3) 在省外国内从业得到收入		2.65	
(二) 家庭经营收入	1633.13	873.17	1292.48
1. 第一产业收入	980.21	646.96	936.90
(1) 农业收入	922.03	553.76	831.24
(2) 林业收入	4.36	5.56	6.36
(3) 牧业收入	53.81	87.63	99.30
(4) 渔业收入			
2. 第二产业收入	135.17	4.49	
(1) 工业收入			
(2) 建筑业收入	135.17	4.49	
3. 第三产业收入	517.75	221.72	355.59
#①交通.运输.邮电业收入	250.36	85.32	212.50
②批零贸易业.饮食业收入	261.83	111.94	78.77

按人均纯收入分组

单位:元/人

4000-5000元	5000-5500元	5500-6000元	6000-7000元	7000-8000元	8000元以上
5056.69	5958.09	7598.21	6917.12	8234.89	18086.07
2850.02	2208.67	4167.82	3950.31	3441.01	4835.85
176.77	73.86	76.35	1046.77	635.25	1049.51
2391.43	1855.96	3811.81	2653.95	2206.37	3553.08
1142.21	620.87	2864.87	1262.85	1485.34	2058.42
41.66					2.21
1207.56	1235.09	946.94	1391.10	721.03	1492.44
281.82	278.86	279.67	249.59	599.38	233.26
199.62	254.06	112.61	245.22	504.76	118.19
82.20	24.80	86.02	4.37	94.62	115.07
		81.04			
1955.52	3055.77	2899.35	2167.78	3898.64	11285.46
1086.65	1854.63	2290.49	1234.27	2071.31	5675.18
855.63	1497.98	547.45	1042.06	1094.20	1353.86
			3.28	0.76	111.51
231.02	356.66	1743.03	188.92	976.35	4209.82
4.21	172.86	240.75	6.87	62.74	180.65
4.21			6.87		65.38
	172.86	240.75		62.74	115.27
864.67	1028.28	368.12	926.64	1764.59	5429.63
716.71	947.53	153.73	434.38	1642.26	3306.03
1.11	32.64	194.40	247.44	106.76	1024.57

8-7 续表 1-1

指　标	2000 元以下	2000-3000 元	3000-4000 元
③社会服务业收入	5.56	3.04	26.72
④文教卫生业收入			
（三）财产性收入	75.69	214.90	219.14
1. 利息	3.64	0.85	10.01
2. 集体分配股息和红利			17.28
3. 其他股息和红利			
4. 租金（包括农业机械）		69.27	87.84
5. 土地征用补偿收入	70.02	134.32	84.55
6. 转让承包土地经营权收入			
7. 其他投资收益		3.37	6.27
8. 其他	2.03	7.09	13.19
（四）转移性收入	205.00	114.61	206.18
#1. 家庭非常住人口寄回和带回收入	0.93	8.75	39.20
2. 城市亲友赠送收入	17.11	14.97	18.92
3. 农村亲友赠送收入	40.65	4.81	16.12
4. 退耕还林还草补贴收入	18.27	6.79	11.03
二、总支出	**2729.03**	**2174.12**	**3225.57**
（一）家庭经营费用支出	531.59	164.62	261.51
1. 第一产业生产费用支出	241.55	130.90	159.15
（1）农业生产费用支出	124.79	106.32	130.44
（2）林业生产费用支出	99.95	19.11	24.07
（3）牧业生产费用支出	16.82	5.48	4.63

单位:元/人

4000-5000元	5000-5500元	5500-6000元	6000-7000元	7000-8000元	8000元以上
144.41		19.98	179.75	15.57	998.76
					23.38
126.23	357.75	262.08	411.42	513.92	1116.09
1.45		173.94		0.25	6.61
15.44	11.25		6.42	19.62	78.10
0.11				9.06	4.18
39.95	234.62	82.29	283.22	251.16	565.14
27.28	96.37		94.18	207.40	320.07
20.97			4.30	11.87	6.40
21.04	15.50	5.85	23.30	14.55	135.59
124.91	335.90	268.96	387.61	381.34	848.68
1.84		111.16			60.31
6.39	12.04	15.80	10.40	2.51	112.57
6.50	47.77	0.26	33.76	22.99	50.74
22.16	14.18	0.70	63.05	136.48	227.18
3247.27	**5129.03**	**5630.39**	**4293.06**	**6275.61**	**11033.57**
460.75	663.70	1675.18	409.82	743.09	4805.63
165.70	383.65	1528.58	178.97	301.11	3240.27
139.85	239.49	131.21	125.38	155.01	464.73
2.47	0.70	18.15	42.48	0.13	8.83
23.39	143.46	1379.22	11.11	145.97	2766.71

8-7 续表 1-2

指　标	2000 元以下	2000-3000 元	3000-4000 元
2. 第二产业生产费用支出	22.78	0.65	
(1) 工业生产费用支出			
(2) 建筑业生产费用支出	22.78	0.65	
3. 第三产业生产费用支出	267.26	33.06	102.36
(1) 交通运输邮电业生产费用支出	23.77	10.37	71.72
(2) 批零贸易餐饮业生产费用支出	243.27	22.54	28.53
(3) 社会服务业生产费用支出	0.22	0.11	2.03
(4) 文教卫生业生产费用支出			
(5) 其他行业生产费用支出		0.05	0.07
(二) 购置生产性固定资产支出	0.07	8.22	126.44
(三) 建.造生产性固定资产雇工支出			
(四) 税费支出		1.23	6.91
1. 第一产业税			
2. 第三产业税		0.97	
3. 其他各种收费		0.26	6.91
(五) 生活消费支出	2085.97	1912.16	2734.43
1. 食品消费支出	1020.20	774.68	944.83
A. 食品消费品支出	993.90	736.58	914.25
(1) 谷物	368.40	210.80	257.51
(2) 薯类	28.94	12.99	21.28
(3) 豆类	5.32	7.62	8.41
(4) 食用油	64.90	47.37	60.72
(5) 蔬菜及制品	59.64	67.39	88.33
(6) 肉.禽.蛋.奶及制品	225.27	149.32	177.47

单位:元/人

4000-5000元	5000-5500元	5500-6000元	6000-7000元	7000-8000元	8000元以上
0.71	11.00	84.26	0.78		4.40
0.68			0.78		0.80
0.03	11.00	84.26			3.60
294.34	269.04	62.34	230.08	441.98	1560.96
290.05	203.02	4.07	142.82	424.96	920.15
0.66	61.20	57.18	77.28	13.77	528.46
0.34	4.79	1.09	9.98	3.25	105.73
					6.32
3.29	0.03				0.30
22.30	0.44		18.42	433.26	270.11
1.81					267.24
0.21	0.05	1.34	0.21	17.26	1.12
		0.02	0.10	0.06	
					0.28
0.21	0.05	1.32	0.10	17.19	0.84
2660.76	4373.39	3786.20	3689.54	4918.24	5483.21
989.75	1080.74	1378.36	1279.33	1509.79	1921.44
910.82	935.93	1262.68	1219.20	1359.26	1752.14
214.12	235.67	196.13	252.69	386.54	480.62
20.75	23.05	21.23	28.14	44.23	41.42
9.25	11.00	13.91	11.56	11.22	8.76
62.08	41.99	60.68	78.14	82.16	96.71
88.70	90.28	101.34	83.97	138.98	155.10
199.16	212.45	252.59	241.94	207.41	300.61

8-7 续表 1-3

指 标	2000元以下	2000-3000元	3000-4000元
(7) 水产品及制品	7.47	6.52	11.05
(8) 烟.酒	53.45	101.75	99.70
(9) 茶叶.饮料	6.40	8.57	11.33
(10) 其他类食品	174.11	124.25	178.46
B. 食品消费服务性支出	26.30	38.10	30.58
2. 衣着消费支出	287.15	273.64	365.50
3. 居住消费支出	118.78	323.99	281.11
4. 家庭设备.用品消费支出	135.57	86.32	251.07
5. 交通和通讯消费支出	175.14	160.19	248.59
6. 文化教育.娱乐消费支出	136.29	184.80	443.30
7. 医疗保健消费支出	202.49	75.12	129.97
8. 其他商品和服务消费支出	10.36	33.42	70.07
(六) 财产性支出			
1. 承包其他农户转让费			
2. 其他			
(七) 转移性支出	111.40	87.90	96.28
# 1. 寄给带给家庭非常人口		6.24	10.41
2. 赠送农村亲友	29.52	38.72	44.58
3. 赠送城市亲友	5.40	6.10	4.34
三、全年可支配收入	**1632.69**	**2439.60**	**3447.37**
四、全年纯收入	**1703.43**	**2522.69**	**3527.54**

单位:元/人

4000–5000 元	5000–5500 元	5500–6000 元	6000–7000 元	7000–8000 元	8000 元以上
9.91	11.27	13.80	15.22	11.73	21.68
138.33	128.35	356.90	307.30	206.29	344.64
11.91	15.32	17.28	19.56	26.35	28.57
156.61	166.55	228.83	180.68	244.36	274.01
78.93	144.81	115.67	60.13	150.53	169.30
329.96	443.83	616.32	377.81	566.90	616.51
465.58	1030.47	731.31	612.05	763.21	1014.87
111.00	138.87	159.80	234.15	248.31	250.00
245.28	503.95	320.49	472.35	1088.10	737.01
311.03	255.44	350.95	402.03	518.66	418.03
151.78	842.43	176.62	217.79	152.80	425.20
56.38	77.67	52.35	94.03	70.46	100.15
					8.68
					1.06
					7.62
101.43	91.46	167.68	175.07	163.76	197.57
9.62	10.99	73.32	50.28	35.01	34.67
45.17	44.87	46.90	49.92	44.34	82.55
3.12	1.93	7.14	4.43	4.38	14.13
4424.00	**5032.08**	**5645.12**	**6250.68**	**7196.05**	**12833.00**
4518.93	**5304.19**	**5812.53**	**6391.99**	**7336.82**	**12988.52**

8-8 农村住户现金

指　标	2000 元以下	2000-3000 元	3000-4000 元
一、期内现金收入	2213.35	2583.99	3670.07
（一）工资性收入	733.32	1509.51	2078.13
1. 在非企业组织中劳动得到收入	10.49	111.88	160.61
2. 在本乡地域内劳动得到收入	553.85	1204.29	1684.99
（1）在企业中劳动得到收入	165.99	280.90	676.21
（2）在国家投资基建项目得到收入		15.00	16.31
（3）提供其他劳务收入	387.87	908.39	992.47
3. 外出从业得到收入	168.98	193.34	232.53
（1）在乡外县内从业得到收入	75.43	148.37	213.98
（2）在县外省内从业得到收入	93.55	42.32	18.54
（3）在省外国内从业得到收入		2.65	
（二）家庭经营现金收入	1213.74	758.53	1178.28
1. 第一产业现金收入	560.82	532.31	822.69
（1）农业现金收入	504.99	440.79	712.20
（2）林业现金收入	4.36	5.56	6.36
（3）牧业现金收入	51.47	85.96	104.13
2. 第二产业现金收入	135.17	4.49	
（1）工业收入			
（2）建筑业收入	135.17	4.49	
3. 第三产业现金收入	517.75	221.72	355.59
# a. 交通.运输.邮电业收入	250.36	85.32	212.50
b. 批零贸易业.饮食业收入	261.83	111.94	78.77
c. 社会服务业收入	5.56	3.04	26.72

收支按人均纯收入分组

单位:元/人

4000-5000元	5000-5500元	5500-6000元	6000-7000元	7000-8000元	8000元以上
4791.16	5563.17	7468.03	6725.68	8005.66	17603.74
2757.30	2065.11	4167.82	3942.75	3441.01	4754.32
176.77	63.19	76.35	1046.77	635.25	1049.51
2298.71	1731.96	3811.81	2653.95	2206.37	3471.55
1142.21	620.87	2864.87	1262.85	1485.34	2057.19
41.66					2.21
1114.84	1111.09	946.94	1391.10	721.03	1412.15
281.82	269.97	279.67	242.03	599.38	233.26
199.62	245.17	112.61	237.66	504.76	118.19
82.20	24.80	86.02	4.37	94.62	115.07
		81.04			
1800.79	2845.68	2789.33	2004.00	3697.73	10960.11
931.91	1644.54	2180.47	1070.49	1870.40	5349.83
703.72	1290.23	443.70	879.61	894.92	1057.30
			3.28	0.76	111.51
228.19	354.31	1736.77	187.60	974.73	4181.02
4.21	172.86	240.75	6.87	62.74	180.65
4.21			6.87		65.38
	172.86	240.75		62.74	115.27
864.67	1028.28	368.12	926.64	1764.59	5429.63
716.71	947.53	153.73	434.38	1642.26	3306.03
1.11	32.64	194.40	247.44	106.76	1024.57
144.41		19.98	179.75	15.57	998.76

8-8 续表 1-1

指 标	2000 元以下	2000-3000 元	3000-4000 元
d. 文教卫生业收入			
（三）财产性收入	75.84	211.83	218.73
1. 利息	3.64	0.85	10.01
2. 集体分配股息和红利			17.28
3. 其他股息和红利			
4. 租金（包括农业机械）		69.27	87.84
5. 土地征用补偿收入	70.02	134.32	84.55
6. 转让承包土地经营权收入			
7. 其他投资收益		3.37	6.27
8. 其他	2.18	4.03	12.77
（四）转移性收入	190.45	104.12	194.93
1. 家庭非常住人口寄回和带回	0.93	5.85	39.20
2. 城市亲友赠送	10.08	14.29	16.15
3. 农村亲友赠送	37.32	2.67	15.38
4. 离退休金.养老金	16.21	3.01	26.29
5. 城市亲友支付赡养费			3.98
6. 农村亲友支付赡养费		0.97	8.81
7. 救济金		6.73	9.38
8. 救灾款			
9. 报销医疗费	4.44	5.82	1.61
10. 退税			
11. 退耕还林还草补贴	18.27	6.79	10.70

单位：元／人

4000-5000 元	5000-5500 元	5500-6000 元	6000-7000 元	7000-8000 元	8000 元以上
					23.38
119.42	357.75	256.24	411.61	508.49	1115.09
1.45		173.94		0.25	6.61
15.44	11.25		6.42	19.62	78.10
0.11				9.06	4.18
39.95	234.62	82.29	283.22	251.16	565.14
27.28	96.37		94.18	207.40	320.07
20.97			4.30	11.87	6.40
14.22	15.50		23.49	9.13	134.59
113.65	294.63	254.64	367.32	358.43	774.21
1.84		111.16			60.31
3.99	4.65	13.84	7.08	0.87	81.36
5.63	47.26	0.26	31.79	20.24	49.53
0.72	133.73		9.78	33.36	149.66
7.34		1.56			10.22
	1.93	22.47	24.45	2.38	0.25
					0.66
13.75	7.11		49.04	29.34	17.08
22.16	14.18	0.70	63.05	136.48	227.18

8-8 续表 1-2

指　标	2000 元以下	2000-3000 元	3000-4000 元
12. 无偿扶贫或扶持款			
13. 得到赔款			
14. 其他	103.20	58.00	63.44
二、非收入现金所得	**73.53**	**98.29**	**871.35**
（一）非借贷性现金所得	25.81	21.95	376.47
1. 保险赔款			
2. 出售财物		1.69	
3. 出售役畜.产品畜			
4. 彩票中奖所得			
5. 调查补贴	25.81	14.70	14.35
6. 一次性工伤补贴			
7. 婚.丧.嫁.娶礼金			353.11
8. 其他（包括赌博所得）		5.56	9.00
（二）借贷性现金所得	47.72	76.34	494.88
1. 银行.信用社贷款			
2. 借入款	47.72	4.97	271.28
3. 收回借出款		11.18	15.66
4. 取回存款		54.62	198.00
5. 其他		5.56	9.94
三、期内现金支出	**2629.49**	**2120.37**	**3155.46**
（一）生产费用支出	530.97	171.32	384.46

单位:元／人

4000-5000元	5000-5500元	5500-6000元	6000-7000元	7000-8000元	8000元以上
			9.14		
				1.26	7.91
58.22	85.76	104.65	173.00	134.50	170.06
424.41	**465.47**	**536.83**	**1033.46**	**733.24**	**1582.06**
163.96	261.47	23.99	672.92	200.89	161.81
	4.73				
31.92	6.01	0.29	0.04	155.40	23.15
	11.42	5.21	10.28		
0.33					
10.32	13.12	18.49	23.65	14.30	18.77
	223.70				
120.74			624.77	14.00	118.88
0.65	2.50		14.18	17.20	1.01
260.44	204.00	512.84	360.54	532.35	1420.25
		62.58	182.14		17.80
74.56	204.00	447.36	44.57	395.62	354.73
				24.33	50.53
185.88		2.91	133.82	112.39	906.43
					90.77
3171.88	**5046.24**	**5567.70**	**4214.42**	**6145.62**	**10852.35**
482.98	659.40	1669.94	425.49	1173.23	5315.38

8-8 续表 1-3

指　标	2000 元以下	2000-3000 元	3000-4000 元
1. 家庭经营费用支出	530.90	163.10	258.01
（1）第一产业生产费用支出	240.86	129.39	155.66
①农业生产费用支出	124.79	105.33	128.59
②林业生产费用支出	99.95	19.11	24.07
③牧业生产费用支出	16.12	4.96	2.99
（2）第二产业生产费用支出	22.78	0.65	
①工业生产费用支出			
②建筑业生产费用支出	22.78	0.65	
（3）第三产业生产费用支出	267.26	33.06	102.36
①交通运输邮电业生产费用支出	23.77	10.37	71.72
②批零贸易餐饮业生产费用支出	243.27	22.54	28.53
③社会服务业生产费用支出	0.22	0.11	2.03
④文教卫生业生产费用支出			
⑤其他行业生产费用支出		0.05	0.07
2. 购置生产性固定资产支出	0.07	8.22	126.44
（1）购置建筑生产用建筑物材料		0.40	45.24
（2）购买役畜.产品畜		5.14	
（3）购买农林牧渔业机械	0.07		5.30
（4）购买运输机械			75.83
（5）购买其他生产性固定资产		2.68	0.07
3. 建.造生产性固定资产雇工支出			
（二）税费支出		1.23	6.91

单位:元 / 人

4000-5000 元	5000-5500 元	5500-6000 元	6000-7000 元	7000-8000 元	8000 元以上
458.87	658.95	1669.94	407.07	739.97	4778.03
163.82	378.91	1523.35	176.21	297.98	3212.67
138.01	236.03	127.84	123.29	151.93	462.12
2.47	0.70	18.15	42.48	0.13	8.83
23.34	142.18	1377.36	10.45	145.92	2741.71
0.71	11.00	84.26	0.78		4.40
0.68			0.78		0.80
0.03	11.00	84.26			3.60
294.34	269.04	62.34	230.08	441.98	1560.96
290.05	203.02	4.07	142.82	424.96	920.15
0.66	61.20	57.18	77.28	13.77	528.46
0.34	4.79	1.09	9.98	3.25	105.73
					6.32
3.29	0.03				0.30
22.30	0.44		18.42	433.26	270.11
13.61	0.44		1.09	1.07	249.70
					3.05
			17.33	42.99	0.34
2.47				384.65	
6.23				4.55	17.02
1.81					267.24
0.21	0.05	1.34	0.21	17.26	1.12

8-8 续表 1-4

指　标	2000 元以下	2000-3000 元	3000-4000 元
1. 第一产业税			
2. 第三产业生产纳税		0.97	
3. 其他各种收费		0.26	6.91
（三）生活消费支出	1987.12	1859.92	2667.81
（四）财产性支出			
1. 承包其他农户转让			
2. 其他			
（五）转移性支出	111.40	87.90	96.28
1. 寄给带给家庭非常人口现金		6.24	10.41
2. 赠送农村亲友	29.52	38.72	44.58
3. 赠送城市亲友	5.40	6.10	4.34
4. 交纳医疗保险	0.78	5.66	5.75
5. 交纳社会保障基金	70.73	22.38	5.40
6. 购买非储蓄性保险		0.32	
7. 赡养费		4.00	7.19
8. 其他直接税			0.89
9. 捐赠	0.45	0.54	0.28
10. 罚款.赔款			2.32
11. 其他	4.51	3.94	15.13
四、非消费性支出	**502.87**	**1290.05**	**1711.29**
（一）非借贷性支出	349.00	297.34	571.88

单位:元／人

4000-5000元	5000-5500元	5500-6000元	6000-7000元	7000-8000元	8000元以上
		0.02	0.10	0.06	
					0.28
0.21	0.05	1.32	0.10	17.19	0.84
2587.26	4295.34	3728.74	3613.66	4791.38	5329.59
					8.68
					1.06
					7.62
101.43	91.46	167.68	175.07	163.76	197.57
9.62	10.99	73.32	50.28	35.01	34.67
45.17	44.87	46.90	49.92	44.34	82.55
3.12	1.93	7.14	4.43	4.38	14.13
6.69	9.72	31.58	9.66	4.10	9.31
7.27	18.79	8.51	28.11	15.53	20.20
6.60		0.05	0.11	7.41	22.87
10.11			6.25	7.11	7.52
0.88			0.71	0.21	0.33
	3.15		0.37	0.46	1.37
11.97	2.01	0.18	25.24	45.21	4.63
1419.56	1773.84	1332.78	2858.57	3315.23	5496.91
438.29	318.75	353.51	841.98	536.84	674.28

8-8 续表 1-5

指　标	2000 元以下	2000-3000 元	3000-4000 元
1. 购买彩票		0.55	0.36
2. 婚.丧.嫁.娶支出	349.00	295.30	570.96
3. 交纳党费.团费		0.18	0.09
4. 迷信.宗教活动捐赠		0.47	0.48
5. 其他		0.85	
（二）储蓄.借贷性支出	153.87	992.70	1139.41
1. 归还银行.信用社			
2. 借出款		91.45	85.49
3. 归还借款			0.39
4. 存款	153.87	897.68	1053.53
5. 购买储蓄性保险		3.57	
6. 其他			
五、期末金融资产余额	**7578.76**	**5759.60**	**6063.46**
1. 手存现金	1473.68	1508.26	1521.19
2. 存款余额	6105.08	4251.34	4542.27
六、期末债务余额			**14.27**
1. 银行.信用社贷款			
3. 个人借（欠）款			14.27
2. 其他			

单位：元／人

4000-5000 元	5000-5500 元	5500-6000 元	6000-7000 元	7000-8000 元	8000 元以上
			0.50	1.78	
436.76	318.12	351.83	841.11	523.53	671.48
		0.96	0.04		
0.61	0.16	0.48	0.06	11.47	1.78
0.93	0.47	0.24	0.27	0.06	1.02
981.26	1455.10	979.26	2016.59	2778.39	4822.62
					9.87
24.29			146.49	151.71	179.09
42.96	76.25	170.56	21.74	328.51	149.46
889.24	1378.85	808.70	1659.56	2290.95	4483.23
				7.21	0.97
24.78			188.80		0.00
7274.88	**7918.07**	**8841.47**	**7719.40**	**10180.78**	**15031.57**
1882.42	1981.36	2459.27	1952.94	2306.64	2913.63
5392.46	5936.71	6382.20	5766.46	7874.14	12117.94
1629.66		**60.19**		**90.99**	
1629.66					
				90.99	
		60.19			

8-9 农村住户食品

指　标	2000元以下	2000-3000元	3000-4000元
一、粮食消费量	**196.27**	**116.97**	**146.48**
（一）谷物消费量	188.41	111.85	139.77
#1. 小麦	137.72	75.82	100.04
2. 稻谷	16.39	17.07	19.76
3. 玉米	7.43	4.40	4.20
（二）薯类消费量	6.23	2.73	4.30
1. 红薯	3.02	0.25	0.63
2. 马铃薯	3.02	2.21	3.37
3. 其他薯类	0.19	0.27	0.30
（三）豆类消费量	1.63	2.39	2.41
1. 大豆	1.24	0.96	0.99
2. 其他豆类	0.39	1.43	1.42
二、油脂类消费量	**8.53**	**4.92**	**7.38**
1. 植物油	8.53	4.90	7.31
2. 动物油		0.02	0.08
三、烟叶消费量		**0.10**	**0.01**
四、豆制品	**4.55**	**1.46**	**1.87**
五、蔬菜及菜制品消费量	**50.18**	**41.47**	**56.25**
1. 鲜菜	47.40	39.47	53.50
2. 干菜	1.03	0.84	1.31
3. 菜制品	1.49	1.11	1.31
4. 鲜菌	0.26	0.04	0.12
5. 干菌			

消费按人均纯收入分组

单位:公斤

4000-5000元	5000-5500元	5500-6000元	6000-7000元	7000-8000元	8000元以上
122.77	144.40	107.64	149.10	211.43	293.20
116.25	135.84	99.73	140.37	198.58	282.62
71.21	65.01	75.99	96.58	122.60	144.42
19.49	18.26	13.80	22.09	34.73	51.62
8.54	5.64	0.42	5.00	5.29	47.11
3.91	5.37	4.24	5.30	9.24	8.16
0.23	0.23	1.04	0.71	0.31	0.35
3.26	4.76	2.91	4.17	8.06	7.30
0.41	0.38	0.29	0.43	0.86	0.52
2.61	3.20	3.67	3.43	3.61	2.41
1.24	1.55	1.55	2.23	0.50	1.13
1.37	1.64	2.12	1.20	3.11	1.28
6.32	4.70	6.68	8.78	9.22	10.68
6.30	4.70	6.65	8.77	9.21	10.65
0.02		0.03	0.01	0.01	0.03
			0.08		
0.94	1.05	1.78	2.75	1.38	2.86
56.53	60.99	65.12	52.16	96.55	96.25
54.95	58.14	64.78	49.56	95.15	95.18
1.33	0.72	0.28	0.49	0.93	0.60
0.18	2.10	0.05	1.98	0.37	0.29
0.07	0.02	0.01	0.11	0.09	0.12
	0.01		0.01	0.01	0.06

8-9 续表 1-1

指　标	2000 元以下	2000-3000 元	3000-4000 元
六、瓜类	8.30	5.26	14.60
1. 西瓜	8.29	5.09	14.35
2. 其他瓜果	0.01	0.17	0.25
七、水果类	45.45	14.21	17.34
八、消费茶叶	0.01	0.05	0.14
九、坚果消费量	1.57	0.68	1.26
十、肉禽及其制品	7.88	5.73	6.52
1. 猪肉	6.64	3.97	4.53
2. 牛肉	0.02	0.05	0.03
3. 羊肉	0.59	0.20	0.17
4. 家禽	0.18	0.40	0.51
5. 其他肉禽及制品	0.44	1.11	1.28
十一、蛋类及蛋制品	10.45	4.91	5.61
十二、奶和奶制品	9.71	4.17	5.78
十三、水产品	0.82	0.51	0.83
1. 鱼类	0.45	0.41	0.73
2. 虾、贝、蟹类	0.24	0.02	0.02
3. 藻类		0.01	0.02
4. 其他	0.12	0.05	0.05
十四、食糖	1.12	0.66	0.47
十五、酒	1.11	2.27	2.13
# 1. 白酒	0.84	1.23	1.05
2. 啤酒	0.27	0.99	1.07
3. 果酒			0.01

单位:公斤

4000-5000 元	5000-5500 元	5500-6000 元	6000-7000 元	7000-8000 元	8000 元以上
7.45	6.42	8.99	11.49	7.25	8.21
7.04	6.23	8.75	11.31	7.16	7.96
0.41	0.18	0.24	0.18	0.09	0.25
16.49	21.13	17.65	18.23	19.27	25.12
0.12	0.11	0.08	0.13	0.10	0.23
0.58	0.71	0.98	1.08	1.39	1.06
7.41	8.40	8.21	9.22	8.65	11.29
4.93	5.92	5.50	6.61	5.59	7.89
0.05	0.08	0.02	0.06	0.06	0.14
0.71	0.40	0.39	0.28	0.37	0.66
0.45	0.36	0.65	0.49	0.57	0.69
1.27	1.64	1.65	1.77	2.06	1.91
6.37	6.07	8.07	7.55	6.65	5.95
5.75	4.46	9.91	7.68	5.85	8.23
0.75	0.79	1.23	1.21	1.04	1.65
0.62	0.69	0.70	1.04	0.91	1.46
0.07	0.03	0.12	0.09	0.04	0.12
0.02	0.04		0.01	0.02	0.03
0.04	0.03	0.41	0.07	0.07	0.05
0.55	0.25	0.66	0.88	0.49	0.47
3.30	3.34	4.74	4.85	3.57	5.25
1.74	1.81	1.59	3.15	2.02	3.46
1.51	1.54	3.05	1.65	1.50	1.78
0.01					

8-10 农村住户粮食收支

单位:公斤

指 标	总 计	人 均
一、期内粮食收入合计	1347480.30	452.63
(一) 家庭经营生产粮食	964961.55	324.14
(二) 购入粮食	347027.97	116.57
(三) 收回借出粮	8919.84	3.00
(四) 其他粮食收入	26570.94	8.93
二、期内粮食支出合计	1134843.60	381.20
(一) 主食用粮	396558.59	133.21
(二) 出售粮食	671808.45	225.67
(三) 种籽用粮食	10573.20	3.55
(四) 饲料用粮食	55903.36	18.78
三、期末粮食结存滚存计算数	212636.70	71.43
四、期末粮食结存实际调查数	951598.01	319.65
(一) 谷物	855015.70	287.21
(二) 薯类	59099.93	19.85
(三) 豆类	37482.37	12.59

第九篇

公用事业

GONGYONGSHIYE

资料整理、审核

赵凤英

9-1 城市设施水平

指 标	单 位	2009	2008
人均日生活用水量	升	132.99	121.45
用水普及率	%	100.00	100.00
燃气普及率	%	98.30	98.03
每万人拥有公交车辆	标台	6.59	7.25
人均道路面积	平方米	7.90	7.90
排水管道密度	公里 / 平方公里	5.18	
污水处理率	%	70.00	68.40
# 污水处理厂处理率	%	70.00	68.40
人均公共绿地面积	平方米	9.09	9.60
建城区绿地率	%	30.1	29.8
建城区绿化覆盖率	%	34.8	34.7
生活垃圾无害化处理率	%	94.8	90.0
粪便处理率	%	85.0	82.4
水冲公厕比率	%	47.3	55.6

9-2 城市供水

指　标	单　位	2009	2008
综合生产能力	万立方米 / 日	136.3	136.3
# 地下水	万立方米 / 日	56.3	56.3
供水管道长度	公里	906.8	882.6
供水总量	万立方米	27226.87	27683.49
售水量	万立方米	25270.57	27441.57
生产运营用水	万立方米	8395.69	10200.98
公共服务用水	万立方米	1073.93	1813.80
居民生活用水	万立方米	13357.46	11227.35
其他用水	万立方米	2443.49	4179.44
用水户数	户	275583	204888
# 家庭用户	户	224524	197484
用水人口	万人	297.29	294.60

9-3 城市公共汽车、出租汽车

指　标	单　位	2009	2008
公共汽车、电车			
实有车辆数	辆	1878	1887
# 公共汽车	辆	1742	1741
无轨电车	辆	136	146
营运车辆数	辆	1878	1887
# 公共汽车	辆	1742	1741
无轨电车	辆	136	146
标准营运车数	标台	2126	2136
营运线路网长度	公里	1157	660
客运总量	万人次	33947	35596
# 公共汽车	万人次	30999	30444
无轨电车	万人次	2947	2840
营运收入	万元	41028	42028
财政补贴	万元	7970	4970
从业人员	人	8316	7890
出租汽车			
出租车数量	辆	8292	8292
客运总量	万人次	19105	19100

9-4 市政设施

指　标	单　位	2009	2008
道路长度	公里	1780	1770
道路面积	万平方米	2357	2328
#人行道	万平方米	458	458
公路桥梁	座	105	105
#永久性	座	105	105
路灯数	盏	90300	90300
防洪堤坝长度	公里	483	483
下水道长度	公里	1270	1408
#其中：污水管道	公里	915	674
城市污水			
污水处理厂	座	7	7
污水处理能力	万立方米/日	55.6	55.6
污水处理量	万立方米	14846	14846
污水再生利用总量	万立方米	2912	351
防洪堤长度	公里	483	483
年末市政工程工人	人	2573	2640

9-5 城市公园及绿化

指　标	单　位	2009	2008
公园数	个	38	35
#动物园	个	1	1
公园面积	公顷	2070	1887.71
小游园面积	公顷	126.48	119.34
陵园面积	公顷	42.37	42.37
苗圃面积	市亩	17004	10238.85
#市园林局管辖的苗圃面积	市亩	2548	2426.8
绿化覆盖面积	公顷	8519	8849.75
#建成区	公顷	8519	8246.75
园林绿地面积	公顷	7372	7703
#建成区	公顷	7372	7102
公共绿地面积	公顷	2442	2233.74
植树道路长度	公里	1694.4	809.12
植树株数	万株	29.71	21.35
#成活率	%	98	98
园林年末固定职工	人	1767	1722

9-6 城市供电

指 标	单 位	2009	2008
用电总量	**万千瓦小时**	**1660243**	**1773690**
农、林、牧、渔、水利业	万千瓦小时	13374	11699
工业	万千瓦小时	1209329	1376864
建筑业	万千瓦小时	16599	11559
交通运输业、邮电仓储业	万千瓦小时	69517	65844
信息传输计算机服务软件业	万千瓦小时	8482	7796
商业、住宿和餐饮业	万千瓦小时	40212	34431
金融、房地产、商务及居民服务业	万千瓦小时	44450	35309
公共事业及管理组织	万千瓦小时	81597	230188
城市居民生活用电	万千瓦小时	176683	152695
#乡村	万千瓦小时	27979	24366
城市	万千瓦小时	148704	128329
每一居民平均生活用电	**千瓦小时**	**483.96**	**423.9**
发电总量	**万千瓦小时**	**1948136**	**2099600**
#自备电量	万千瓦小时	147138	117400

9-7 城市集中供热

指　标	单　位	2009	2008
供热能力	兆瓦	3600	3600
#热电厂供热	兆瓦	3000	3000
锅炉房供热	兆瓦	600	600
供热总量	万吉焦	1264	1264
#热电厂供热	万吉焦	834	834
锅炉房供热	万吉焦	370	370
供热面积	万平方米	6377	6287
#住宅	万平方米	4950	4930
管道长度	公里	567	567

9-8 城市住宅

指　标	单　位	2009	2008
城市房屋建筑面积	**万平方米**	**10654**	**10154**
#住宅建筑面积	万平方米	6188	5854
住宅居住面积	万平方米	3192	3019
居住人数	**万人**	**239**	**236**
平均每人居住面积	**平方米**	**13.38**	**12.81**
缺房户	**户**	**2500**	**2600**
#人均4平方米以下	户	450	550
年末危险住宅	**万平方米**	**27**	**28**
#房管部门	万平方米	8.06	8.26
全年拆除倒塌面积	**万平方米**	**43.06**	**89.31**
#住宅	万平方米	32.24	80.94

9-9 城市环境卫生

指　标	单　位	2009	2008
道路清扫街道面积	万平方米	3550	3250
生活垃圾清运量	万吨	104	85
无害化处理场数	个	2	2
#卫生填埋	个	2	2
粪便清运量	万吨	18	17
粪便无害化处理量	万吨	15	14
生活垃圾无害化处理能力	吨/日	6600	6700
生活垃圾无害化处理量	万吨	99	76
市容环境专用车	辆	1844	566
公共厕所	座	476	624
#水冲式	座	255	265
垃圾桶	个	12361	19570
环卫从业人员	人	14545	16112

9-10 城市煤气

指 标	单 位	2009	2008
人工煤气			
生产能力	万立方米 / 日	137	136
储气能力	万立方米	281	360
管道长度	公里	2017	2016
自制气量	万立方米	42290	42280
外购气量	万立方米	48219	58219
供气总量	万立方米	44633	54632
#家庭用量	万立方米	15218	15217
用气户数	户	331400	351503
#家庭用气户数	户	290100	350141
用气人口	万人	110.00	135.29
液化石油气			
储气能力	吨	2500	2500
外购气量	吨	24000	24000
供气总量	吨	47000	24000
#家庭用量	吨	24000	
用气人口	万人	58.29	50.00
用气户数	户	80000	85500
#家庭用气户数	户	80000	85260

9-11 城市天然气

指　标	单　位	2009	2008
管道长度	公里	13	12
外购气量	万立方米	29219	19952
供气总量	万立方米	27754	18952
销售气量	万立方米	27633	18831
#家庭用量	万立方米	8218	115
燃气损失量	万立方米	121	121
用气户数	户	263000	262116
#家庭用气户数	户	262000	262116
用气人口	万人	125	103
天然气汽车加气站	个	2	2

9-12 企事业污染治理

指　标	单　位	2009
企事业污染治理资金投资来源合计	**万元**	**74405.3**
环境保护补助资金	万元	3497
环保贷款	万元	1377
其他	万元	69531.3
企事业污染治理资金		
本年完成投资额	**万元**	**74405.3**
治理废水	万元	11832.7
治理废气	万元	55864.5
治理固体废物	万元	3933.5
治理噪声	万元	233
其他	万元	2541.6
本年施工项目个数	**个**	**82**
当年竣工项目个数	**个**	**76**
新增处理废水能力	**吨 / 日**	**70755**
新增处理废气能力	**万标立方米 / 时**	**675.04**

9-13 城市"三废"排放处理及综合利用

指 标	单 位	2009
废水排放总量	**万吨**	**16440.7**
#工业废水	万吨	2483.39
#经过处理达标的	万吨	2416.85
工业废水中		
镉及其化合物	吨	0.01
六价铬化合物	吨	0.22
砷及其化合物	吨	0.05
铅及其无机化合物	吨	0.13
酚	吨	4.68
氰化物	吨	0.79
石油类	吨	24.21
废气排放总量	**万标立方米**	**36051074**
#燃料燃烧过程中废气排放量	万标立方米	13793593
生产工艺过程中废气排放量	万标立方米	22257481
废气中的二氧化硫排放量	吨	90486054
烟尘排放量	吨	38607.28
工业粉尘排放量	**吨**	**30460.56**
工业粉尘去除量	**吨**	**873954.45**
工业固体废物		
工业固体废物产生量	万吨	2410.27
工业固体废物处置量	万吨	1192.53
工业固体废物综合利用量	万吨	1171.64
#冶炼废渣	万吨	384.50
粉煤灰	万吨	216.97
炉渣	万吨	69.71
煤矸石	万吨	456.80
其他	万吨	43.66
工业固体废物排放量	万吨	9.29
工业固体废物贮存量	万吨	38.67
锅炉	**台/蒸吨**	**388/17380.4**
#烟尘排放达标的	台/蒸吨	384/17272.4
工业炉窑	**座**	**384**
#烟尘排放达标的	座	380

第十篇

农　业

NONG YE

资料整理、审核

纪知明　　冀晓洁　　李建华

张妙莲　　赵　霞　　姜　颖

朱凤琴

10-1 农村基本情况

指 标	单位	1995	2000	2005	2007	2008	2009
农村基层组织							
乡镇政府	个	83	83	79	86	85	52
#镇政府	个	22	24	21	18	21	21
村民委员会	个	1285	1287	1017	1009	974	973
乡村户数、人口、劳动力							
乡村户数	户	267535	289188	305763	319863	310600	326636
乡村人口	人	1004788	1056552	1060881	1063388	1009063	1026448
乡村从业人员数(实有劳动力)	人	454648	481186	502875	502666	487808	492658
男劳动力	人	250465	266935	278965	280445	272547	272197
女劳动力	人	204183	214251	223910	222221	215261	220461
按行业分							
农林牧渔业	人	251582	271173	260224	246142	240744	239212
工业	人	92130	78455	82464	84646	83157	80951
建筑业	人	12394	15903	20951	22348	22011	22627
交通运输、仓储、邮电通信、信息传输、计算机业	人	39266	42795	52039	53996	51090	50415
批发和零售贸易业、住宿及餐饮业	人	18125	29092	40666	43367	38753	40792
其他行业	人	41151	43768	46531	52167	52053	58661

注:2009 年乡镇政府口径与上年不同,不包括农业街办。

10-2 农业生

指标	单位	合计	小店区	迎泽区	杏花岭区
一、农村基层组织情况					
乡镇个数（不含城关镇）	个	49	3	1	2
# 镇个数（不含城关镇）	个	18	1	1	
村委会个数	个	973	61	29	40
二、农村基础设施					
自来水受益村数	个	868	61	29	39
通汽车村数	个	973	61	29	40
通电话村数	个	973	61	29	40
三、乡村人口与从业人员					
乡村户数	户	326636	32643	8102	11189
乡村人口数	人	1026448	106228	22233	31418
乡村劳动力资源数	人	543376	64067	13597	18301
# 劳动年龄内	人	496801	59109	12378	17546
乡村从业人员数	人	492658	58526	12367	16688
# 劳动年龄内	人	463238	55529	12357	16165
(一) 按性别分					
男	人	272197	30630	6588	8933
女	人	220461	27896	5779	7755
(二) 按国民经济行业分					
1. 农业从业人员	人	239212	31799	2002	3528
2. 工业从业人员	人	80951	6327	1667	4237
3. 建筑业从业人员	人	22627	2805	628	1140

产条件

尖草坪区	万柏林区	晋源区	清徐县	阳曲县	娄烦县	古交市	经济区
5	1	3	8	9	7	10	
2		3	3	3	2	3	
90	55	90	192	124	143	146	3
88	37	90	192	103	101	125	3
90	55	90	192	124	143	146	3
90	55	90	192	124	143	146	3
36581	18214	36043	82100	40053	25977	34752	982
110678	57296	120901	254113	113510	105560	101390	3121
61729	35270	73691	124611	55258	56470	38702	1680
58294	32296	65227	113815	49139	50685	36652	1660
57983	29843	62250	116662	51388	49312	36159	1480
51620	28683	58219	109802	47544	46902	34957	1460
31222	16563	34545	61662	29455	28976	22675	948
26761	13280	27705	55000	21933	20336	13484	532
19465	5312	27332	68890	29918	32756	17218	756
11663	3716	11730	20369	5132	5429	10469	212
3520	1456	3671	4584	2337	1859	519	108

10-2 续表 1-1

指　标	单位	合计	小店区	迎泽区	杏花岭区
4. 交运仓储和邮政业从业人员	人	47047	5500	1798	2245
5. 信息传输、计算机服务和软件业	人	3368	594	132	147
6. 批发与零售业从业人员	人	29325	4074	2319	1732
7. 住宿和餐饮业从业人员	人	11467	1388	686	1264
8. 其他行业从业人员	人	58661	6039	3135	2395
四、农业主要能源及物耗					
1. 农村用电量	万千瓦时	49284.2	4317.5	1607.5	3325.0
2. 农用化肥施用量（实物量）	吨	90900.3	9628.5	84.0	97.0
#（1）氮肥	吨	40822.7	3149.5	52.0	57.0
（2）磷肥	吨	24554.9	2368.0	2.0	18.0
（3）钾肥	吨	3238.5	273.0	14.0	
（4）复合肥	吨	22284.2	3838.0	16.0	22.0
3. 农用化肥施用量（折纯量）	吨	27273.5	3362.6	28.2	27.6
#（1）氮肥	吨	10431.5	935.3	12.5	13.7
（2）磷肥	吨	4104.3	408.5	0.4	2.9
（3）钾肥	吨	1480.2	99.8	7.3	
（4）复合肥	吨	11257.5	1919.0	8.0	11.0
4. 农用塑料薄膜使用量	吨	3213.6	185.7	2.0	3.8
# 地膜使用量	吨	1849.2	66.3	2.0	3.8
地膜覆盖面积	公顷	20637.4	903.0	5.0	28.0
5. 农用柴油使用量	吨	13307.9	2786.0	23.0	41.6
6. 农药使用量	吨	760.1	56.1	1.0	11.4
附：城关镇个数	个	3			

尖草坪区	万柏林区	晋源区	清徐县	阳曲县	娄烦县	古交市	经济区
7210	3945	8162	8818	3778	2458	2919	234
657	503	453	355	233	2	292	
3504	4904	3545	4003	1782	1887	1585	2
1295	1893	1175	979	1333	425	924	105
10669	8114	6182	8664	6875	4496	2029	63
3961.9	4608.0	4642.3	19165.0	3224.0	1120.0	3236.0	77.0
5352.9	69.3	4141.4	43473.0	22649.0	2837.0	2466.1	102.0
2507.3	63.7	1556.1	18694.0	11035.0	1797.0	1866.1	45.0
748.3		1192.5	13463.0	6011.0	400.0	314.1	38.0
182.0		232.5	1397.0	802.0	155.0	183.0	
1915.3	5.6	1160.3	9919.0	4801.0	485.0	103.0	19.0
1969.9	14.3	1248.4	12225.0	6736.0	879.5	755.0	27.0
702.0	11.5	373.5	4488.0	2866.0	485.0	533.0	11.0
134.7		190.8	2144.0	1030.0	120.0	67.0	6.0
91.0		104.6	635.0	366.0	77.5	99.0	
1042.1	2.8	579.6	4958.0	2474.0	197.0	56.0	10.0
228.6	5.2	181.0	1539.3	762.0	155.0	151.0	
82.2	4.2	78.2	621.5	747.0	130.0	114.0	
420.0	38.0	832.0	6361.4	9874.0	853.0	1323.0	
574.7	33.4	312.2	6147.0	2020.0	171.0	1199.0	
47.7	1.8	38.9	493.6	82.0	12.0	15.6	
			1	1	1		

10-3 主要农业

指 标	单位	合计	小店区	迎泽区	杏花岭区
一、农业机械总动力	**千瓦**	**1194132**	**158080**	**28599**	**17150**
柴油发动机	千瓦	982112	135697	12938	13000
汽油发动机	千瓦	86447	12881	11416	3430
电动机	千瓦	125573	9502	4245	720
二、耕作机械					
大中型拖拉机	台	2811	471	15	62
动力	千瓦	108035	22459	563	1198
小型拖拉机	台	4891	555	255	83
动力	千瓦	43718	5084	2692	567
三、拖拉机配套农具					
大中型	部	3077	452	35	6
小型	部	6557	650	106	10
四、收获机械					
联合收割机	台	179	60		1
机动割晒机	台	4			
脱粒机	台	744	146	9	
五、运输机械					
农用运输车	台	24858	4616	345	503
# 三轮运输车	台	14599	3265	115	390
六、农田基本建设机械	**台**	**471**	**80**	**1**	**20**

机械拥有量

尖草坪区	万柏林区	晋源区	清徐县	阳曲县	娄烦县	古交市
33483	37152	197751	306934	143291	95611	176081
22175	35145	172681	259712	122718	63414	144632
9	19	1000	696	6401	24585	26010
11299	1988	24070	46526	14172	7612	5439
155	91	131	603	513	570	200
4453	1979	5357	27280	15022	24508	5216
242		103	729	1987	617	320
2039		1151	7020	15918	5727	3520
145	28	112	1089	614	264	332
489	48	46	1020	3316	412	460
8		4	91	15		
				3	1	
97		56	351	85		
994	1879	2475	4409	5840	1222	2575
681	1126	675	1844	4544	780	1179
13	22		47	25	220	43

10-4 农作物

指 标	合计	小店区	迎泽区	杏花岭区
农作物总播种面积	**115164.0**	**17375.8**	**373.9**	**869.0**
一、粮食作物播种面积	**85478.8**	**11116.4**	**371.9**	**796.3**
（一）夏收粮食	**2925.5**	**1051.2**		
（二）秋收粮食	**82553.3**	**10065.2**	**371.9**	**796.3**
谷 物	70033.8	10539.2	299.4	699.9
1. 稻谷	197.8			
2. 小麦	2925.5	1051.2		
3. 玉米	52488.1	9345.6	168	364.6
4. 谷子	7644.4	48.3	66.9	113
5. 高粱	1767.5	78.8	0.6	12.7
6. 其他谷物	5010.5	15.3	63.9	209.6
#燕麦	983.5		0.7	101.7
荞麦	794.8		29.9	73.2
糜黍	2495.8	6.7	33.3	21.6
豆 类	7420.5	499.5	50.7	68.4
1. 大豆	5591.2		28.8	56.3
2. 杂豆	1829.3	499.5	21.9	12.1
#绿豆	286.3		0.1	1
红小豆	128.5		20.9	1
薯 类	8024.5	77.7	21.8	28
1. 马铃薯	7745.4		21.8	28
2. 红薯	279.1	77.7		

播种面积

单位:公顷

尖草坪区	万柏林区	晋源区	清徐县	阳曲县	娄烦县	古交市	经济区
6200.3	1395.7	5414.7	31205.0	29735.7	11696	10347.9	550
4958.7	1068.6	3270.5	20732.9	24298.8	9880	8434.7	550
		89.3	1765				20
4958.7	1068.6	3181.2	18967.9	24298.8	9880	8434.7	530
4350.6	912.8	3089.2	19789.8	21019.6	4743	4040.3	550
		197.8					
		89.3	1765				20
3728.4	717.8	2674.4	16884.8	16091	1103	880.5	530
407.7	129.3	8	11.3	3536.1	2030	1293.8	
61.3	2.7	119.7	1051.5	284.2	109	47	
153.2	63		77.2	1108.3	1501	1819	
				88.8	177	615.3	
48.7				292	151	200	
104.5			77.2	727.5	920	605	
462.7	118.8	128.3	827.4	1762.5	1807	1695.2	
445.3		88.6	788.5	1350.1	1553	1280.6	
17.4	118.8	39.7	38.9	412.4	254	414.6	
11		18.4	38.9	115.9	101		
4.9		21.3		5.4	75		
145.4	37	53	115.7	1516.7	3330	2699.2	
88.6	37	44.7	12.9	1483.2	3330	2699.2	
56.8		8.3	102.8	33.5			

10-4 续表 1-1

指　标	合计	小店区	迎泽区	杏花岭区
二、油料合计	**3329.4**	**35.8**	**0.3**	**4.4**
1. 花生	52.8	1.3		
2. 油菜籽				
3. 芝麻	2			
4. 胡麻籽	596.2			2.3
5. 向日葵籽	2098.5	29.8	0.2	2.1
6. 蓖麻籽	140.6		0.1	
7. 其他油料	439.3	4.7		
三、棉花	**99.9**	**9.2**		
四、甜菜				
五、药材类合计	**1235.1**		**1**	
六、蔬菜（含菜用瓜）	**23556.4**	**6166.7**	**0.7**	**67.5**
七、瓜果类	**454.4**	**44.4**		
# 西瓜	270.8	44.4		
甜瓜	183.6			
八、其他农作物	**1010**	**3**		**1**
# 青饲料	383			
附：粮食占用耕地面积	80494	9660	337	796
农作物回茬面积	9079	538		
# 粮食作物回茬	2519	489		

单位：公顷

尖草坪区	万柏林区	晋源区	清徐县	阳曲县	娄烦县	古交市	经济区
92.7	1		86.4	799.8	1388	921	
			16	35.5			
			2				
				174.9	180	239	
92.7	1		68.4	463.3	883	558	
				0.5	140		
				125.6	185	124	
			90.7				
12.3	2		6.7	875.1		338	
1059.1	267.4	2144.2	9716.3	3198.3	336	600.2	
53			158.7	106.3	92		
2.7			145.4	29.3	49		
50.3			13.3	77	43		
25	57		413	457		54	
3	57		67	207		50	
4500	1068	3108	19178	23811	9051	8435	550
494	31	588	6485	824		120	
		84	1555	392			

10-5 农作物

指 标	合 计	小店区	迎泽区	杏花岭区
一、粮食总产量	318535.8	78912.3	364	641
(一) 夏收粮食	14311.8	5235.3		
(二) 秋收粮食	304224	73677	364	641
谷 物	299378.1	78120.2	304.1	538.7
1. 稻谷	1502			
2. 小麦	14311.8	5235.3		
3. 玉米	260903.3	72323.5	184.7	319.1
4. 谷子	9543.5	48.7	70.3	85.2
5. 高粱	9076.3	466.7	0.6	14
6. 其他谷物	4041.2	46	48.5	120.4
# 燕麦	622.9			52.7
荞麦	551.3		13.5	36.3
糜黍	2537.9		35	18.3
豆 类	6865.5	770.4	30.5	57.9
1. 大豆	5061.1		17.5	47.6
2. 杂豆	1804.4	770.4	13	10.3
# 绿豆	336.3		0.5	1
红小豆	206.8		12.5	1
薯 类	12292.2	21.7	29.4	44.4
1. 马铃薯	11669.5		29.4	44.4
2. 红薯	622.7	21.7		
二、油料合计	2752.9	71		1.2
1. 花生	49.4	0.4		
2. 油菜籽				
3. 芝麻	2			
4. 胡麻籽	503			0.7
5. 向日葵籽	1816.5	62.4		0.5
6. 蓖麻籽	45.2			
7. 其他油料	336.8	8.2		
三、棉花	132.5	1.5		
四、甜菜				
五、药材类合计	3898.5			
六、蔬菜（含菜用瓜）	1277971	311400	85	1598
七、瓜果类	7977.4	1125.9		
# 西瓜	5731.4	1125.9		
甜瓜	2228			

总 产 量

单位:吨

尖草坪区	万柏林区	晋源区	清徐县	阳曲县	娄烦县	古交市	经济区
11882	1380	19661	117937.5	64233	11828	9046	2651
		412	8574.5				90
11882	1380	19249	109363	64233	11828	9046	2561
11229.9	1336	18860	116265.5	59948.9	5847.8	4276	2651
		1502					
		412	8574.5				90
10540.5	1245	16055	100684	53905	1672.5	1413	2561
487.9	60	13	26	4407.1	2602.3	1743	
117.5	7	878	6838	607.5	93	54	
84	24		143	1029.3	1480	1066	
				67	147.2	356	
17.2				261.3	126	97	
65.6			143	701	1199	376	
470.1	13	233	1281	1390.2	1594.4	1025	
387		141	1223	1127.2	1356.8	761	
83.1	13	92	58	263	237.6	264	
48		44	58	52	132.8		
33.5		47		8	104.8		
182	31	568	391	2893.9	4385.8	3745	
84	31	513	23	2813.9	4385.8	3745	
98		55	368	80			
72.3	5		159.9	602	1173.5	668	
			25	24			
			2				
				156	148.3	198	
72.3	5		132.9	329	852.4	362	
				1	44.2		
				92	128.6	108	
			131				
64	1.5		6	3671		156	
69161.2	10589	147352	607744	85901	8684.8	35456	
819			2797	1582	1653.5		
64			2528	850	1163.5		
755			269	732	472		

10-6 农作物

指 标	太原市	小店区	迎泽区	杏花岭区
一、粮食总产量	**3726.5**	**7098.7**	**978.8**	**805**
(一) 夏收粮食	4892.1	4980.3		
(二) 秋收粮食	3685.2	7320	978.8	805
谷 物	4274.8	7412.3	1015.7	769.7
1. 稻谷	7593.5			
2. 小麦	4892.1	4980.3		
3. 玉米	4970.7	7738.8	1099.4	875.2
4. 谷子	1248.4	1008.3	1050.8	754
5. 高粱	5135.1	5922.6	1000	1102.4
6. 其他谷物	806.5	3006.5	759	574.4
#燕麦	633.4			518.2
荞麦	693.6		451.5	495.9
糜黍	1016.9		1051.1	847.2
豆 类	925.2	1542.3	601.6	846.5
1. 大豆	905.2		607.6	845.5
2. 杂豆	986.4	1542.3	593.6	851.2
#绿豆	1174.6		5000	1000
红小豆	1609.3		598.1	1000
薯 类	1531.8	279.3	1348.6	1585.7
1. 马铃薯	1506.6		1348.6	1585.7
2. 红薯	2231.1	279.3		
二、油料合计	**826.8**	**1983.2**		**272.7**
1. 花生	935.6	307.7		
2. 油菜籽				
3. 芝麻	1000			
4. 胡麻籽	843.7			304.3
5. 向日葵籽	865.6	2094		238.1
6. 蓖麻籽	321.5			
7. 其他油料	766.7	1744.7		
三、棉花	**1326.3**	**163**		
四、甜菜				
五、药材类合计	**3156.4**			
六、蔬菜(含菜用瓜)	**54251.5**	**50497**	**121428.6**	**23674.1**
七、瓜果类	**17555.9**	**25358.1**		
#西瓜	21164.7	25358.1		
甜瓜	12135.1			

单 产 量

单位:公斤/公顷

尖草坪区	万柏林区	晋源区	清徐县	阳曲县	娄烦县	古交市	经济区
2396.2	1291.4	6011.6	5688.4	2643.5	1197.2	1072.5	4820
		4613.7	4858.1				4500
2396.2	1291.4	6050.9	5765.7	2643.5	1197.2	1072.5	4832.1
2581.2	1463.6	6105.1	5875	2852	1232.9	1058.3	4820
		7593.5					
		4613.7	4858.1				4500
2827.1	1734.5	6003.2	5963	3350	1516.3	1604.8	4832.1
1196.7	464	1625	2300.9	1246.3	1281.9	1347.2	
1916.8	2592.6	7335	6503.1	2137.6	853.2	1148.9	
548.3	381		1852.3	928.7	986	586	
				754.5	831.6	578.6	
353.2				894.9	834.4	485	
627.8			1852.3	963.6	1303.3	621.5	
1016	109.4	1816.1	1548.2	788.8	882.3	604.6	
869.1		1591.4	1551	834.9	873.7	594.3	
4775.9	109.4	2317.4	1491	637.7	935.4	636.8	
4363.6		2391.3	1491	448.7	1314.9		
6836.7		2206.6		1481.5	1397.3		
1251.7	837.8	10717	3379.4	1908	1317.1	1387.4	
948.1	837.8	11476.5	1782.9	1897.2	1317.1	1387.4	
1725.4		6626.5	3579.8	2388.1			
779.9	5000		1850.7	752.7	845.5	725.3	
			1562.5	676.1			
			1000				
				891.9	823.9	828.5	
779.9	5000		1943	710.1	965.3	648.7	
				2000	315.7		
				732.5	695.1	871	
			1444.3				
5203.3	750		895.5	4194.9		461.5	
65301.9	39599.9	68721.2	62548.9	26858.3	25847.6	59073.6	
15452.8			17624.4	14882.4	17972.8		
23703.7			17386.5	29010.2	23744.9		
15009.9			20225.6	9506.5	10976.7		

10-7 水果生

指 标	单 位	太原市	小店区	迎泽区	杏花岭区
一、园林水果	**吨**	**65860.2**	**3263**	**175.0**	**1148.0**
1. 苹果	吨	11195.2	1052.7	51.0	684.0
# 红富士苹果	吨	3142.0	103.5	28.5	90.0
国光苹果	吨	1755.8	86.0	22.5	97.0
2. 梨	吨	16511.3	1029.1	61.0	79.0
# 雪花梨	吨	1762.1	57.0	61.0	40.0
鸭梨	吨	1528.5			9.0
3. 其他园林水果	吨	38153.7	1181.2	63.0	385.0
①桃	吨	3211.2	396.1	3.0	64.0
②猕猴桃	吨				
③葡萄	吨	30946.3	473.7	48.0	69.0
④红枣（鲜枣）	吨	1785.8	78.2	9.0	44.0
⑤柿子	吨	9.4			
⑥杏	吨	1001.3	11.6		11.0
⑦沙果	吨	211.0		2.0	50.0
⑧其他	吨	988.7	221.6	1.0	147.0
二、年末果园面积	**公顷**	**11709.8**	**730.0**	**140.4**	**617.1**
1. 苹果园	公顷	5435.3	215.6	36.8	458.4
2. 梨园	公顷	1671.1	264.1	67.3	41.7
3. 桃园	公顷	782.1	92.9	10.0	47.0
4. 葡萄园	公顷	2139.2	69.8	18.3	23.0
5. 其他果园	公顷	1682.1	87.6	8.0	47.0

产情况

尖草坪区	万柏林区	晋源区	清徐县	阳曲县	娄烦县	古交市
17997.1	**133.0**	**2185.0**	**37465.4**	**2983.0**	**147.7**	**363.0**
4405.3	24.0	970.0	2237.2	1533.0	84.0	154.0
819.5	8.5	769.0	728.0	591.0		4.0
639.8	15.5	126.0	281.0	436.0		52.0
959.5	12.0	91.5	13861.1	372.0	8.1	38.0
118.3		22.0	1302.8	157.0		4.0
8.2	12.0	11.0	1417.3	67.0		4.0
12632.3	97.0	1123.5	21367.1	1078.0	55.6	171.0
721.0	1.0	356.0	1475.0	150.0	13.1	32.0
10897.3	63.6	506.0	18582.9	276.0	1.8	28.0
296.0	19.0	120.5	792.5	336.0	20.6	70.0
	1.4		8.0			
450.0		88.0	307.7	107.0	18.0	8.0
58.0			3.0	89.0		9.0
210.0	12.0	53.0	198.0	120.0	2.1	24.0
1813.6	**87.0**	**474.1**	**2942.8**	**3087.9**	**310.9**	**1506.0**
883.2	17.9	119.9	200.1	2231.5	122.9	1149.0
83.9	10.7	15.5	729.1	289.1	77.7	92.0
93.9	1.5	80.0	332.8	75.0	17.0	32.0
573.1	44.5	75.8	1165.4	120.0	1.3	48.0
179.5	12.4	182.9	515.4	372.3	92.0	185.0

10-8 畜牧业

指标		单位	太原市	小店区	迎泽区	杏花岭区
一、猪	当年出栏头数	头	467499	52504	4623	15081
	期末存栏头数	头	332154	33944	2962	13985
	能繁母猪	头	39418	4346	340	910
	当年生仔猪	头				
	猪肉产量	吨	34592.7	3938	342.3	1131.3
二、牛	当年出栏头数	头	17620	1743		31
	期末存栏头数	头	53431	8974	19	60
	能繁母牛	头	27217	6077	6	42
	当年生仔牛	头	8483	1815		6
	牛肉产量	吨	2782.2	244		4.3
1. 肉　牛	当年出栏头数	头	17620	1743		31
	期末存栏头数	头	21825	598		30
	能繁母牛	头	7544	249		12
	当年生仔牛	头	4042	30		6
	牛肉产量	吨	2782.2	244		4.3
2. 奶　牛	期末存栏头数	头	26558	8370		30
	能繁母牛	头	18828	5828		30
	当年生仔牛	头	4258	1785		
	牛奶产量	吨	97403	34034		101
3. 役用牛	期末存栏头数	头	5048	6	19	
	能繁母牛	头	845		6	
	当年生仔牛	头	183			
三、羊	当年出栏只数	只	201120	21081	2008	3663
	期末存栏只数	只	328756	18604	2123	5501
	能繁母羊	只	163999	6909	1090	3651
	羊肉产量	吨	3572.1	420	41	60.2
1. 山羊	当年出栏只数	只	49210	300		
	期末存栏只数	只	112849	263	150	24
	能繁母羊	只	54844	111	90	
	羊肉产量	吨	766.3	5		
2. 绵羊	当年出栏只数	只	151910	20781	2008	3663
	期末存栏只数	只	215907	18341	1973	5477
	能繁母羊	只	109155	6798	1000	3651
	羊肉产量	吨	2805.8	415	41	60.2

生 产 情 况

尖草坪区	万柏林区	晋源区	清徐县	阳曲县	娄烦县	古交市	经济区
38756	7580	46034	218981	66941	5661	10238	1100
26742	11188	27504	140832	58863	4958	10876	300
3289	1030	2158	19872	6472	498	479	24
2907	510	3480.4	15986	5020.6	408.9	785.2	83
65	1170	100	12353	880	889	389	
1166	1073	3424	22358	11380	2561	2216	200
582	247	2177	10241	7078	686	21	60
104	69	486	5073	816	89	5	20
9	170	15	2022	129.3	133.4	55.2	
65	1170	100	12353	880	889	389	
57	848	315	16576	2198	864	339	
14	67	83	5958	751	410		
2	57	20	3690	191	46		
9	170	15	2022	129.3	133.4	55.2	
1087	225	3033	5675	7903	12	23	200
565	180	2080	4243	5837	5		60
102	12	464	1373	499	3		20
4312	622	12778	24203	20604	39	110	600
22		76	107	1279	1685	1854	
3		14	40	490	271	21	
		2	10	126	40	5	
13234	1553	13289	48842	35505	34853	26792	300
13916	1315	15682	65560	83460	61263	61102	230
4730	283	8550	34306	45684	29709	28967	120
224	24.6	201.8	887	665.2	603.6	438.7	6
328	403	370	2221	7553	19943	18092	
658	194	830	2557	29771	32771	45631	
203	4	450	1346	16142	15284	21214	
5	6.1	5.6	36	115.2	304.6	288.8	
12906	1150	12919	46621	27952	14910	8700	300
13258	1121	14852	63003	53689	28492	15471	230
4527	279	8100	32960	29542	14425	7753	120
219	18.5	196.2	851	550	299	149.9	6

10-8 续表 1-1

指标		单位	太原市	小店区	迎泽区	杏花岭区
四、家禽	当年出栏只数	只	3350606	1160021	13615	57251
	期末存栏只数	只	3694923	948396	24400	72690
	禽肉产量	吨	5121.7	2040	20	76.6
鸡	当年出栏只数	只	2910323	819121	13615	57251
	期末存栏只数	只	3599203	946290	24400	72690
	鸡肉产量	吨	4467.5	1390	20	76.6
蛋鸡	期末存栏只数	只	2959365	801390	8800	69590
	蛋鸡产量	吨	38051.1	11321	105	535
五、其他大牲畜	当年出栏头数	头	681			18
	期末存栏头数	头	10595	84	6	75
	能繁母畜	头	2222			4
	当年生仔畜	头	482			11
	肉产量	吨	84.3			2.4
# 从事农事劳役	期末存栏头数	头	8277	66		
	能繁母畜	头	667			
	当年生仔畜	头	137			
# 1. 马	当年出栏头数	头	34			2
	期末存栏头数	头	356	4	2	1
	能繁母马	头	103			1
	当年生仔马	头	17			
	马肉产量	吨	4.5			0.3
2. 驴	当年出栏头数	头	432			6
	期末存栏头数	头	6154	20		11
	能繁母驴	头	2119			3
	当年生仔驴	头	394			
	驴肉产量	吨	51.3			0.8
3. 骡	当年出栏头数	头	211			10
	期末存栏头数	头	4082	60	4	63
	当年生仔骡	头	71			11
	骡肉产量	吨	27.5			1.3
4. 骆驼	当年出栏头数	头	4			
	期末存栏头数	头	3			
	骆驼肉产量	吨	1			

尖草坪区	万柏林区	晋源区	清徐县	阳曲县	娄烦县	古交市	经济区
137916	29400	735190	653119	375317	33499	152278	3000
248765	32560	506747	837082	698487	39914	285182	700
195.7	37.3	988.1	894	572.5	45.7	247.8	4
117743	29400	665190	653119	366117	33499	152268	3000
248765	32560	450747	837082	681487	39914	264568	700
193.2	37.3	986.4	894	572.5	45.7	247.8	4
183832	30066	448085	648676	631920	22177	114829	
1365.6	284	6245.2	9831	6424.3	260	1670	10
				316	342	5	
207	13	52	262	5553	2466	1877	
16		2	21	1172	467	540	
3			17	260	97	94	
				41.6	39.2	1.1	
189		19	194	4494	1407	1843	
14				365	62	222	
				11	31	84	
				18	14		
33		18	12	255	15	16	
8		2		81	8	3	
1				16			
				2.4	1.8		
				168	258		
45		14	105	3511	1578	870	
8			21	1091	459	537	
2			10	191	97	94	
				22.1	28.4		
				130	70	1	
129	13	17	145	1787	873	991	
			7	53			
				17.1	9	0.1	
		3				4	
						1	

10-8 续表 1-2

指 标		单 位	太原市	小店区	迎泽区	杏花岭区
六、兔	当年出栏只数	只	126188	10100		
	期末存栏只数	只	58593	4650		
	免肉产量	吨	223.2	16		
其他奶产量		吨	54			
山羊毛产量		吨	37.8	0.2		
绵羊毛产量	合计	吨	261.8	14		4.3
	细羊毛	吨	2			
	半细羊毛	吨	21.3			4.3
羊绒产量		吨	10.6			
蜂蜜产量		吨	106			
其他禽蛋产量		吨	526.6	55		
肉类总产量		吨	46376.2	6658	403.3	1274.8

尖草坪区	万柏林区	晋源区	清徐县	阳曲县	娄烦县	古交市	经济区
3000		10300	67052	22856	1810	11070	
1930			33306	9069	930	8708	
4.5		16	117	46.5	2.9	20.3	
			54				
1		2	1	9.5	11.1	13	
17	0.3	9	57	115.4	33.8	11	
				2			
		9		8			
				2.8	3.8	4	
1	1		59	42	3		
371.6		100					
3340.2	741.9	4701.3	19906	6475.7	1233.7	1548.3	93

10-9 农林牧渔

指　标	合　计		小店区	
	按现行价格	按可比价格	按现行价格	按可比价格
农林牧渔业总产值（现价）	**503057.7**	**455591.5**	**112710.7**	**92621.1**
一、农业产值	**302027.9**	**255123.6**	**78509.0**	**60736.0**
1. 谷物及其他作物	75897.4	70970.9	16286.2	13763.4
（1）谷物	61876.3	57330.0	15439.5	13425.7
# 小麦	2627.6		942.4	
稻谷	285.4			
玉米	43255.0		12150.3	
（2）薯类	5619.0	5431.1	8.9	8.9
（3）油料	1099.7	1079.5	30.3	30.3
# 花生	21.0		0.2	
油菜籽				
（4）豆类	2983.7	2822.5	353.8	294.8
# 大豆	1987.0			
（5）棉花	402.7	391.8	3.7	3.7
（6）其他农作物	3916.0	3916.0	450.0	
2. 蔬菜、园艺作物	205150.2	164952.8	61542.5	46292.3
（1）蔬菜（含菜用瓜）	204469.8	164272.4	61463.0	46212.8
（2）花卉	40.5	40.5	1.5	1.5
（3）其他园艺作物	639.9	639.9	78.0	78.0
3. 水果、坚果、饮料及香料作物	20620.3	18839.9	680.3	680.3
# 水果、坚果（含果用瓜）	20620.3	18839.9	680.3	680.3
# 苹果	2069.2		126.3	
梨	3183.8		123.5	
4. 中药材	360.0	360.0		
二、林业产值	**43714.3**	**41499.1**	**3685.3**	**3556.7**
（一）林木的培育和种植	41649.5	41329.0	3653.6	3525.6
1. 育种育苗	3334.1	3334.1	580.9	569.5
2. 造林	3463.4	3405.8	40.0	40.0
3. 抚育和管理	34852.0	34589.1	3032.7	2916.1

业总产值（一）

单位：万元

迎泽区		杏花岭区		尖草坪区		万柏林区	
按现行价格	按可比价格	按现行价格	按可比价格	按现行价格	按可比价格	按现行价格	按可比价格
7528.8	**7507.9**	**5021.0**	**5059.7**	**37621.8**	**34610.5**	**12922.5**	**12086.0**
175.1	**153.2**	**576.7**	**527.7**	**22257.6**	**19189.1**	**2260.9**	**1811.1**
114.4	101.3	163.8	153.4	2846.2	2660.0	344.0	329.5
85.0	74.6	115.5	106.6	2390.1	2254.8	222.6	212.0
31.4		51.1		1897.2		174.3	
14.1	12.5	22.7	22.4	88.6	86.9	12.6	12.0
		0.6	0.6	29.1	29.1	3.0	2.9
15.3	14.2	25.0	23.8	213.4	164.2	5.8	5.5
7.0		18.6		154.8			
				125.0	125.0	100.0	97.1
23.5	18.1	254.0	215.4	14787.4	12337.9	1881.3	1447.7
21.8	16.4	254.0	215.4	14694.4	12245.3	1878.0	1444.6
				21.0	20.6		
1.7	1.7			72.0	72.0	3.3	3.1
37.2	33.8	158.9	158.9	4610.3	4191.2	35.0	33.3
37.2	33.8	158.9	158.9	4610.3	4191.2	35.0	33.3
10.2		82.1		969.2		9.6	
12.2		12.2		172.7		3.1	
				13.7		0.6	0.6
6535.6	**6487.3**	**1943.0**	**1943.0**	**6691.2**	**6691.2**	**6142.4**	**5850.6**
6533.8	6485.7	1900.4	1900.4	5485.2	5485.2	6128.0	5836.2
360.6	313.6	46.0	46.0	274.8	274.8	809.9	771.3
23.1	22.0	206.3	206.3	398.2	398.2	252.4	240.4
6150.1	6150.1	1648.1	1648.1	4812.2	4812.2	5065.7	4824.5

10-9 续表 1-1

指 标	合 计		小店区	
	按现行价格	按可比价格	按现行价格	按可比价格
（二）竹木采用	170.1	170.1	31.7	31.1
#村及村以下	170.1		31.7	
（三）林产品	1894.7	1492.7		
三、牧业产值	**139316.8**	**141169.2**	**27808.5**	**25696.2**
（一）牲畜饲养	49616.9	49813.4	12147.4	11342.0
1. 牛的饲养	10988.4	10681.8	1307.3	1281.7
2. 羊的饲养	12286.7	12200.1	1306.4	1232.5
3. 其他牲畜饲养	178.1	178.1		
4. 奶产品	25860.3	26442.0	9529.5	8823.6
#牛奶	25846.8		9529.5	
5. 毛绒产品	303.4	311.4	4.2	4.2
#羊毛	150.0		4.2	
羊绒	153.4			
（二）猪的饲养	59499.0	62733.0	6371.4	6633.9
1. 肉猪	58958.6	62192.6	6300.5	6563.0
2. 猪的副产品	540.4	540.4	70.9	70.9
（三）家禽饲养	29354.3	27798.2	9264.4	7695.0
1. 肉禽	5931.1	5767.3	2428.9	2270.0
2. 禽蛋	23423.2	22030.9	6835.5	5425.0
（四）狩猎和捕捉动物	397.0	397.0		
（五）其他禽牧业	449.6	427.6	25.3	25.3
# 兔	263.0		25.3	
四、渔业产值	**3018.7**	**2967.9**	**107.9**	**107.9**
养殖	3018.7	2967.9	107.9	107.9
鱼类	3018.7	2967.9	107.9	107.9
五、农林牧渔服务业	**14980.0**	**14831.7**	**2600.0**	**2524.3**

单位:万元

迎泽区		杏花岭区		尖草坪区		万柏林区	
按现行价格	按可比价格	按现行价格	按可比价格	按现行价格	按可比价格	按现行价格	按可比价格
				6.0			
1.8	1.6	42.6	42.6	1206.0	1206.0	14.4	14.4
781.1	**831.1**	**2501.3**	**2589.0**	**8214.5**	**8280.7**	**2001.2**	**1955.5**
120.5	114.8	264.3	247.8	1872.8	1729.5	804.5	751.2
		15.5	15.5	32.5	32.5	585.0	546.7
120.5	114.8	219.8	203.3	709.8	695.9	95.0	91.3
		2.0	2.0				
		25.3	25.3	1121.1	991.8	124.4	113.1
		25.3		1121.1		124.4	
		1.7	1.7	9.4	9.3	0.1	0.1
		1.7		9.4		0.1	
577.9	642.1	1830.1	1960.7	4905.5	5158.7	980.4	1000.2
577.9	642.1	1809.7	1960.7	4844.5	5099.5	970.2	990.0
		20.4		61.0	59.2	10.2	10.2
82.7	74.2	406.9	380.5	1353.4	1315.7	214.5	202.4
19.7	18.4	85.9	86.2	186.5	182.8	44.1	40.1
63.0	55.8	321.0	294.3	1166.9	1132.9	170.4	162.3
				75.0	75.0		
				7.8	1.8	1.8	1.7
				6.0			
37.0	**36.3**			**108.5**	**106.4**	**18.0**	**17.8**
37.0	36.3			108.5	106.4	18.0	17.8
37.0	36.3			108.5	106.4	18.0	17.8
				350.0	**343.1**	**2500.0**	**2451.0**

10-9 农林牧渔

指标	晋源区		清徐县	
	按现行价格	按可比价格	按现行价格	按可比价格
农林牧渔业总产值（现价）	47807.2	41536.8	188979.4	169938.1
一、农业产值	27990.6	21912.0	128349.0	107809.7
1. 谷物及其他作物	4449.8	3714.5	26399.2	24686.9
(1) 谷物	3916.0	3396.4	23706.4	22155.5
# 小麦	74.2		1594.8	
稻谷	285.4			
玉米	2889.9		16512.2	
(2) 薯类	231.7	216.7	201.4	201.4
(3) 油料			68.4	68.4
# 花生			11.0	
油菜籽				
(4) 豆类	112.1	101.4	553.0	536.9
# 大豆	59.2		477.0	
(5) 棉花			399.0	387.4
(6) 其他农作物	190.0		1471.0	1337.3
2. 蔬菜、园艺作物	23169.1	17833.1	88373.1	70780.2
(1) 蔬菜（含菜用瓜）	23112.6	17778.9	87943.2	70354.6
(2) 花卉	18.0	17.5		
(3) 其他园艺作物	38.5	36.7	429.9	425.6
3. 水果、坚果、饮料及香料作物	371.7	364.4	13575.5	12341.4
# 水果、坚果（含果用瓜）	371.7	364.4	13575.5	12341.4
# 苹果	124.1		537.1	
梨	20.3		2772.2	
4. 中药材			1.2	1.2
二、林业产值	3195.8	3195.3	3152.6	2570.1
(一) 林木的培育和种植	3167.1	3167.1	2811.6	2312.8
1. 育种育苗	258.5	258.5	225.0	225.0
2. 造林	258.6	258.6	183.6	165.4
3. 抚育和管理	2650.0	2650.0	2403.0	1922.4

业总产值（二）

单位：万元

阳曲县		娄烦县		古交市		经济区	
按现行价格	按可比价格	按现行价格	按可比价格	按现行价格	按可比价格	按现行价格	按可比价格
53973.1	51161.1	15333.1	14813.2	20334.5	19358.7	825.2	767.9
25424.0	22817.7	7140.9	6614.0	8837.9	8068.4	512.0	465.7
15045.4	14076.0	5567.5	5223.0	4174.3	3966.7	512.0	465.7
12370.7	11454.4	1932.8	1858.5	1191.1	1123.7	512.0	465.7
						16.2	
8624.8		276.0		226.1		427.0	
1211.3	1187.5	2298.2	2205.6	1529.5	1496.1		
198.1	196.1	481.6	481.6	288.6	274.0		
9.8							
495.3	490.4	694.9	677.3	515.1	429.3		
360.7		529.2		380.5			
770.0	747.6	160.0		650.0	643.6		
9356.3	7735.4	1187.6	1032.7	4575.7	4013.8		
9339.6	7718.7	1187.6	1032.7	4575.7	4013.8		
16.7	16.7						
690.4	683.6	385.8	358.3	75.3	75.3		
690.4	683.6	385.8	358.3	75.3	75.3		
158.8		21.0		30.8			
58.0		1.6		8.0			
331.9	322.7			12.6	12.6		
4223.3	4059.2	3724.3	3691.1	4414.8	4389.6		
3875.0	3711.3	3689.1	3689.1	4405.7	4380.5		
350.2	350.2	220.5	220.5	207.7	201.7		
454.6	437.1	668.6	668.6	978.0	958.8		
3070.2	2924.0	2800.0	2800.0	3220.0	3220.0		

10-9 续表 2-1

指　标	晋源区		清徐县	
	按现行价格	按可比价格	按现行价格	按可比价格
（二）竹木采用	4.7	4.7	67.0	67.0
# 村及村以下	4.7		67.0	
（三）林产品	24.0	23.5	274.0	190.3
三、牧业产值	**14892.8**	**14740.0**	**52171.3**	**54539.1**
（一）牲畜饲养	4314.5	4227.8	17028.8	17630.7
1. 牛的饲养	62.0	61.2	7782.4	7629.8
2. 羊的饲养	795.8	752.9	3141.5	2908.8
3. 其他牲畜饲养				
4. 奶产品	3450.1	3407.2	6064.3	7051.5
# 牛奶	3450.1		6050.8	
5. 毛绒产品	6.6	6.5	40.6	40.6
# 羊毛	6.6		40.6	
羊绒				
（二）猪的饲养	5954.5	6136.7	27669.6	29729.9
1. 肉猪	5892.4	6074.6	27372.6	29432.9
2. 猪的副产品	62.1	62.1	297.0	297.0
（三）家禽饲养	4581.2	4332.9	7140.2	6859.1
1. 肉禽	1219.0	1161.0	1045.0	941.4
2. 禽蛋	3362.2	3171.9	6095.2	5917.7
（四）狩猎和捕捉动物	22.0	22.0	90.0	90.0
（五）其他禽牧业	20.6	20.6	242.7	229.4
# 兔	20.6		134.1	
四、渔业产值	**1248.0**	**1223.5**	**1306.5**	**1209.7**
养殖	1248.0	1223.5	1306.5	1209.7
鱼类	1248.0	1223.5	1306.5	1209.7
五、农林牧渔服务业	**480.0**	**466.0**	**4000.0**	**3809.5**

单位:万元

阳曲县		娄烦县		古交市		经济区	
按现行价格	按可比价格	按现行价格	按可比价格	按现行价格	按可比价格	按现行价格	按可比价格
22.8	22.4	33.2		4.7	4.7		
22.8		33.2		4.7			
325.5	325.5	2.0	2.0	4.4	4.4		
22707.0	22696.6	3777.9	3835.6	4147.8	4048.9	313.2	302.2
8377.2	8343.5	2788.5	2777.3	1733.3	1704.5	164.9	146.9
440.2	400.2	569.0	557.8	194.5	180.1		
2441.9	2417.7	2011.2	2011.2	1426.6	1412.5	18.0	
39.8	39.8	134.4	134.4	1.9	1.9		
5357.0	5394.8	9.8	9.8	31.9	31.6	146.9	146.9
5357.0		9.8		31.9		146.9	
98.3	91.0	64.1	64.1	78.4	78.4		
54.5		18.5		14.4			
43.8		45.6		64.0			
9242.9	9355.1	707.6	792.6	1121.6	1144.2	137.5	144.7
9237.9	9350.1	707.6	792.6	1107.8	1130.4	137.5	144.7
5.0	5.0			13.8	13.8		
4856.8	4776.2	228.2	212.1	1215.2	1123.0	10.8	10.6
617.0	578.4	67.0	67.0	213.2	177.7	4.8	4.8
4239.8	4197.8	161.2	145.1	1002.0	945.3	6.0	5.8
110.0	110.0	50.0	50.0	50.0	50.0		
120.1	111.8	3.6	3.6	27.7	27.2		
45.7		3.6		27.7			
18.8	19.0	90.0	90.0	84.0	84.8		
18.8	19.0	90.0	90.0	84.0	84.8		
18.8	19.0	90.0	90.0	84.0	84.8		
1600.0	1568.6	600.0	582.5	2850.0	2767.0		

10-10 农林牧

指标	合计	小店区	迎泽区	杏花岭区
农林牧渔业中间消耗合计	**217455**	**46940**	**3393**	**2509**
一、农业中间消耗合计	**120975**	**29450**	**77**	**255**
(一) 物质消耗	94915	22250	65	247
1. 用种量	15240	1579	14	95
2. 役畜用饲料、饲草	4145	30		17
3. 肥料	23028	5192	13	9
4. 燃料	13112	1959	3	49
5. 农药	5773	460	8	16
6. 农用塑料薄膜	1837	205	2	3
7. 用电量	7586	725	8	45
8. 小农机具购置	5927	2700	6	1
9. 办公用品购置	8794	4400	3	7
10. 其他物质消耗	9473	5000	8	5
(二) 生产服务支出	26060	7200	12	8
二、林业中间消耗合计	**19752**	**1823**	**2881**	**966**
(一) 物质消耗	18185	1813	2831	954
1. 用种量	13126	1587	2539	706
2. 肥料	216	65	8	6
3. 燃料	421	122	4	11
4. 农药	170	18		6
5. 用电量	997	21	150	15

渔业中间消耗

单位:万元

尖草坪区	万柏林区	晋源区	清徐县	阳曲县	娄烦县	古交市	经济区
17380	**5495**	**20055**	**78351**	**26348**	**7113**	**9587**	**284**
9940	**1045**	**11136**	**48930**	**12558**	**3248**	**4203**	**133**
5740	895	8136	37930	12378	3138	4003	133
1388	218	1086	7103	1728	1060	874	95
58	2	25	82	2347	604	980	
1485	14	1605	9453	3999	746	499	13
674	11	848	6780	1861	118	809	
104	40	62	4870	160	23	30	
169	4	91	462	640	155	106	
212	376	500	4930	293	234	238	25
400	40	884	1500	200	53	143	
550	90	1420	1500	600	65	159	
700	100	1615	1250	550	80	165	
4200	150	3000	11000	180	110	200	
3038	**2311**	**1452**	**1531**	**1954**	**1744**	**2039**	**13**
2218	2231	1412	1516	1654	1604	1939	13
919	1708	659	1057	1189	1333	1429	
45	2	36	23	5	7	6	13
26	3	157	13	7	6	72	
7		20	70	42	5	2	
56	118	300	113	1	23	200	

10-10 续表 1-1

指　标	合　计	小店区	迎泽区	杏花岭区
6. 林业小农机具购置费	1085		30	70
7. 办公用品购置	1100		40	80
8. 其他物质消耗	1070		60	60
（二）生产服务支出	1567	10	50	12
三、牧业中间消耗合计	**68401**	**14365**	**417**	**1288**
（一）物质消耗	67756	14165	412	1268
1. 用种量	477	121	2	3
2. 饲料、饲草	63083	12438	359	1222
3. 燃料	1090	488	4	28
4. 用电量	1897	518	25	
5. 畜牧用药品	451	100	20	
6. 其他物质消耗	628	500	1	15
（二）生产服务支出	645	200	5	20
四、渔业中间消耗合计	**1349**	**52**	**18**	
（一）物质消耗	1125	47	13	
1. 饲料	354	30		
2. 燃料	170	5	1	
3. 用电量	324	10	5	
4. 办公用品购置	132	1	4	
5. 其他物质消耗	145	1	3	
（二）生产服务支出	224	5	5	
五、农林牧渔服务业消耗合计	**6978**	**1250**		

单位：万元

尖草坪区	万柏林区	晋源区	清徐县	阳曲县	娄烦县	古交市	经济区
570	110	95	20	60	80	50	
330	170	80	120	150	50	80	
265	120	65	100	200	100	100	
820	80	40	15	300	140	100	
4191	**980**	**6687**	**25519**	**11028**	**1819**	**1969**	**138**
4161	950	6677	25319	10948	1799	1919	138
14		231	57	40	1	8	
3537	771	6278	24424	10566	1650	1700	138
261	5	13	101	42	106	42	
259	94	50	637	195	19	100	
40	50	70	50	70	10	41	
40	10	20	20	10	8	4	
30	30	10	200	80	20	50	
51	**9**	**560**	**571**	**8**	**44**	**36**	
33	9	474	475	8	38	28	
	3	130	180	3	8		
2	1	8	132	2	4	15	
7	3	175	103	3	11	7	
8	1	85	20		10	3	
16	1	76	40		5	3	
18		86	96		6	8	
160	**1150**	**220**	**1800**	**800**	**258**	**1340**	

10-11 林业渔业

指　标	单　位	合　计	小店区	迎泽区
林业生产情况				
一、当年造林面积	公顷	19488	200	77
（一）按造林方式分				
1. 人工造林	公顷	9860	200	77
2. 飞播造林	公顷			
3. 封山育林	公顷	9628		
（二）按林种用途分				
1. 经济林	公顷	1066	73	27
2. 防护林	公顷	17620	127	
3. 特种用途林	公顷			
二、零星植树	万株	952.90	100.70	122.60
三、育苗面积	公顷	1705.3	239.0	20.0
# 本年新育	公顷	815.6	100.0	13.3
四、村及村以下木材采伐量	立方米	4018	396	
渔业生产情况				
1. 养殖面积	公顷	2369	24	167
2. 水产品产量	吨	2410	100	35

生 产 情 况

杏花岭区	尖草坪区	万柏林区	晋源区	清徐县	阳曲县	娄烦县	古交市
1353	1754	1080	974	827	2043	5834	5346
86	687	713	641	827	910	2869	2850
1267	1067	367	333		1133	2965	2496
53	80	60	27	33	200	353	160
1300	1674	1020	947	794	1793	5210	4755
126.00	86.00	126.00	52.50	118.10	75.00	68.00	78.00
33.3	231.3	60.0	300.0	242.0	220.0	151.7	208.0
20.0	122.7	33.3	107.0	100.0	120.0	98.0	101.3
	143		47	2232	455	664	81
	151	15	623	380	37	957	15
	80	15	1040	1005	15	50	70

10-12 农民主要

指　标	单　位	太原市	小店区	迎泽区	杏花岭区
家庭轿车	辆	25151	4761	693	674
摩托车	辆	87276	12999	1599	2658
自行车	辆	390780	64356	4436	10846
电脑	台	35805	6630	2814	820
家庭影院	套	73943	14260	2436	3304
VCD 类	台	105925	19396	3963	4035
电视机	台	337440	47609	7927	10896
#彩电	台	319203	46902	7777	10763
摄象机	部	5981	991	786	240
照相机	架	50691	7554	2903	2414
空调	台	17478	2551	1063	649
电风扇	台	179230	32651	3666	5782
电冰箱	台	128991	21165	4905	5702
家庭电话	部	246826	46493	8701	4054
#手机	部	269211	43586	9353	6815
洗衣机	台	217559	37157	5596	8471
缝纫机	台	136134	17308	1563	2489
各种淋浴器	台	46449	8343	3085	1819

生 活 用 品

尖草坪区	万柏林区	晋源区	清徐县	阳曲县	娄烦县	古交市	经济区
2448	1881	4605	7262	1146	359	929	393
8980	2052	10790	35926	9841	1194	1129	108
49211	17529	47087	130122	41142	10630	14260	1161
4007	4680	5657	8563	1155	446	718	315
8160	4314	11281	17316	8748	1588	2195	341
12254	8938	13500	24264	12826	2377	3893	479
37557	21751	40149	86219	41781	16401	25825	1325
36011	21142	38000	80884	37394	14626	24379	1325
1177	853	839	668	147	54	150	76
7999	6045	8070	9273	2481	880	2794	278
3138	2373	2783	3904	375	32	502	108
20111	8483	24550	56531	14509	2928	9140	879
18521	12276	20488	29115	6656	3239	6185	739
29644	22641	26059	68209	16789	8203	14677	1356
35058	25717	39956	61125	24062	8777	13384	1378
25671	14526	28246	58453	20226	4619	13759	835
12611	4014	17073	41441	20438	5379	13523	295
7263	5239	7813	10135	1272	823	119	538

10-13 农村经济

指 标	单 位	太原市	小店区	迎泽区	杏花岭区
一、农村经济总收入	万元	5508769.21	837704	234838.8	138244
#出售产品收入	万元	2657480.3	321609	106706	58111
1. 农业收入	万元	285736.33	88982.5	614.4	947
2. 林业收入	万元	15121.84	4384.5	11.5	
3. 牧业收入	万元	121050.74	15033.2	937.9	2981
4. 渔业收入	万元	1917			
5. 工业收入	万元	2924856.26	326361.8	52032.4	81009
6. 建筑业收入	万元	225607.82	48544	3560.1	8778
7. 运输业收入	万元	572105.64	56856.5	8836.6	24843
8. 商饮业收入	万元	753537.55	98798.7	125930.4	9858
9. 服务业收入	万元	344344.57	125429.3	30341.7	8502
10. 其他收入	万元	264491.46	73313.5	12573.8	1326
二、总费用	万元	4464928.29	693563.32	213889.1	110878.82
三、净收入	万元	1043840.92	144140.68	20949.7	27365.18
四、投资收益	万元	3003.3	789.3	150	
五、农民外出劳务收入	万元	81727.43	9150.3	5596	2304.6
六、可分配净收入总额	万元	1128571.65	154080.28	26695.7	29669.78
1. 国家税金	万元	243192.56	8454.39	4187.3	2738.5
2. 上交有关部门	万元	7256	473	170	16
3. 外来投资分利	万元	18042.4	615	390	32
4. 外来人员带走劳务收入	万元	96236.52	10188.4	1195.5	1687.3
5. 企业各项留利	万元	44003.88	2644.8	1716	679.05
6. 乡村集体所得	万元	29238.61	9719.3	315	765.6
7. 农民经营所得	万元	690601.68	121985.39	18721.9	23751.33
七、农民从乡镇集体企业得到收入	万元	3493	310		
八、农民从集体再分配得到收入	万元	37245.01	12903.83	397.1	402
九、农民所得总额	万元	731339.69	135199.22	19119	24153.33
十、农民人均所得	元	6761	9224	8589	7982

收益分配

尖草坪区	万柏林区	晋源区	清徐县	阳曲县	娄烦县	古交市
361948.18	789094.73	486770	1560894.5	200656	61891	836728
140309.6	193566.7	113857	1044339	71424	17385	590173
15989.1	2929.33	26476	107749	23084	11164	7801
668	207.84	2226	1893	1433	1243	3055
8696.38	1260.26	13022	51680	18246	2633	6561
		1694	108	4	111	
159532.96	157000.1	196593	1131085	104617	23890	692735
15304.72	29076	39277	64346	10361	4953	1408
62926.54	62632	97836	143627	18924	6466	89158
66456.45	320275	58025	30432	13688	3020	27054
14409.57	120489	17343	13288	4249	1890	8403
17964.46	95225.2	34278	16686.5	6050	6521	553
281698.66	641948.89	394912	1270836.5	131559	33210	692432
80249.52	147145.84	91858	290058	69097	28681	144296
678	310	653	261		162	
12581.12	5023.21	4662	17332.2	9515	5862	9701
93508.64	152479.05	97173	307651.2	78612	34705	153997
15461.97	12418.4	16545	79536	28686	2024	73141
165	2146	860	1548	425	286	1167
322	8086.4	260	2481	2240	894	2722
4667.32	49820	3713	10959	3362	2293	8351
6123.03	3203	3026	14202	3699	434	8277
1853.21	14890.5	634	126	2	911	22
64916.11	61914.75	72135	198799.2	40198	27863	60317
42	3141					
5651.51	8062.57	6379	1134	433	1109	773
70609.62	73118.32	78514	199933.2	40631	28972	61090
6563	8660	6495	7865	3580	2866	6060

10-14 乡镇企业主要经济指标

单位:个、人、万元

指标	企业个数	从业人员	增加值	总产值	营业收入	利润总额	上交税金	劳动者报酬
总 计	**7568**	**186315**	**1350327**	**5596609**	**5060491**	**288702**	**257474**	**205812**
一、按登记注册类型分组								
1. 内资企业小计	7565	185717	1346654	5580867	5044802	288286	257222	204722
(1) 集体企业	301	13978	82087	365355	334562	16913	9244	12655
(2) 股份合作企业	138	3604	24588	122265	108617	5373	2753	3484
(3) 联营企业	21	1064	2888	13595	8365	958	137	586
(4) 有限责任公司	1663	35208	319970	1321377	1152765	64842	54945	43713
(5) 股份有限公司	397	8535	48664	206701	211140	10329	4769	7260
(6) 私营企业	5045	123328	868457	3551574	3229353	189871	185374	137024
2. 外商投资企业	3	598	3673	15742	15689	416	252	1090
二、按国民经济行业分组								
1. 农、林、牧、渔业	142	1400	12557	63028	51163	2183	843	1560
2. 工业	2197	107414	996742	3981287	3520123	234230	222708	145124
# 采矿业	88	4088	16377	61880	53243	3478	1745	4943
制造业	2003	93991	729287	3053903	2669371	112594	143471	112485
电力、燃气及水的生产和供应业	106	9335	251078	865504	797509	118158	77492	27696
3. 建筑业	286	9469	44854	208375	186037	8860	4235	7092
# 资质等级以外企业	37	645	3764	12282	11664	223	308	632
4. 交通运输仓储业	1088	6991	42622	200290	163794	6398	4179	12954
5. 批发零售业	2292	37842	163657	761870	692019	24370	13916	21690
6. 住宿及餐饮业	454	8002	40497	183370	192737	7200	5178	7452
# 餐饮业	274	4576	17612	86368	86447	3517	2786	3812
7. 居民服务、其他服务业和娱乐业	983	13009	38617	182784	201198	4387	4873	8738
8. 其他	126	2188	10781	15605	53420	1074	1542	1202

第十一篇

工业、交通运输和邮电

GONGYEJIAOTONGYUNSHUHEYOUDIAN

资料整理、审核

俞静燕　　亢会明　　高　宏

孟国丽　　张　越　　张明敏

11-1 全市工业企业单位数

单位：个

指 标	2009	2008
全部工业企业单位数总计	4078	4440
#规模以上工业企业数	484	515
在总计中：国有及国有控股	95	100
(一) 按隶属关系分		
中央企业	29	27
省属企业	38	38
市属企业	43	44
县及县以下	374	406
(二) 按轻重工业分		
轻工业	109	109
重工业	375	406
(三) 按登记注册类型分组:		
国有企业	46	52
集体企业	44	56
股份合作企业	1	5
联营企业		
有限责任公司	131	135
股份有限公司	22	18
私营企业	207	215
其他企业	2	1
港、澳、台商投资企业	5	10
外商投资企业	26	23
(四) 按企业规模分		
大型企业	22	25
中型企业	81	78
小型企业	381	412

11-2 全社会主要工业产品产量

指 标	单 位	2009	2008
原煤	万吨	3502.7	4195.27
洗煤	万吨	2726.47	4084.08
# 洗精煤	万吨	2133.21	3180.39
生铁	万吨	735.61	701.07
粗钢	万吨	841.77	814.78
钢材	万吨	827.21	835.00
焦炭	万吨	1077.63	1363.16
水泥	万吨	511.37	340.43
氢氧化钠（烧碱）（折 100%）	万吨	4.16	9.62
机制纸及纸板	万吨	8.6	17.53
罐头	吨	10	1620
白酒（折 65 度，商品量）	千升	5772	6449
饮料酒	千升	13363	14840
精制食用植物油	万吨	2.35	2.08

11-3 规模以上工业企业主要产品产量

指　标	单　位	2009
原煤	万吨	3502.7
洗煤	万吨	2726.47
# 洗精煤	万吨	2133.21
发电量	亿千瓦小时	207.03
小麦粉	万吨	2.74
配混合饲料	万吨	18.86
精制食用植物油	万吨	2.22
白酒（折65度，商品量）	千升	3067
啤酒	千升	10296.4
软饮料	万吨	13.71
卷烟	亿支	145
家具	万件	9.14
机制纸及纸板	万吨	8.6
焦炭	万吨	1077.63
合成氨	万吨	9.5
烧碱（折100%）	万吨	4.16
涂料（油漆）	万吨	3.53

11-3 续表 1-1

指 标	单 位	2009
橡胶轮胎外胎	万条	137.38
水泥	万吨	454.99
商品混凝土	万立方米	130.32
平板玻璃	万重量箱	304.31
生铁	万吨	721.61
粗钢	万吨	841.77
钢材	万吨	826.69
铁合金	万吨	15.94
原铝（电解铝）	万吨	0
金属镁	万吨	4.43
钕铁硼	吨	3191.61
铝材	万吨	1.54
工业锅炉	蒸发量吨	1176.65
金属切削机床	台	981
起重机	吨	74117
采矿专用设备	吨	92896.55
交流电动机	万千瓦	63.66
变压器	万千伏安	10.38

11-4 规模以上工业主要产品生产能力

指 标	单 位	生产能力
原煤	吨	46200000
发电设备容量总计／发电量	万千瓦／万千瓦小时	367
卷烟	万支	2592000
化学纤维	吨	15200
棉纺锭／纺纱量	锭／吨	6000
焦炭	吨	19183500
农用氮、磷、钾化学肥料总计（折纯）	吨	78543
水泥	吨	7570000
水泥熟料	吨	3920000
# 窑外分解窑熟料	吨	3920000
平板玻璃	重量箱	2580000
# 浮法玻璃	重量箱	2580000
生铁	吨	6800000
粗钢	吨	8229100
钢材	吨	10746337
铁合金	吨	265000
原铝（电解铝）	吨	100000
金属切削机床	台	2050
汽车	辆	15000

11-5 规模以上工业

指　标	企业单位数(个)	亏损企业	工业总产值（当年价格）	新产品产值	工业销售产值（当年价格）	出口交货值
总　计	**484**	**165**	**15668103.8**	**2335651.2**	**15472062.9**	**1020303.3**
一、按登记注册类型分组：						
内资企业	453	152	14369539.7	1831810.5	14276762.1	602933.8
国有企业	46	19	634839.0	32886.4	627948.6	962.7
中央企业	9	2	386506.8	29282.6	383353.0	140.0
地方企业	37	17	248332.2	3603.8	244595.6	822.7
集体企业	44	9	129062.4	261.6	126649.5	
股份合作企业	1		3106.2		3106.2	
有限责任公司	131	47	11433521.9	1719013.3	11312736.2	588482.8
国有独资公司	10	3	7255593.7	1463649.0	7226501.2	488037.0
其他有限责任公司	121	44	4177928.2	255364.3	4086235.0	100445.8
股份有限公司	22	9	528812.8	13007.4	534165.5	4825.4
私营企业	207	68	1624409.2	66641.8	1658256.1	8662.9
私营独资企业	15	7	50028.6		47247.4	
私营合作企业	3	1	9104.1		8776.5	
私营有限责任公司	184	60	1560203.0	66641.8	1596434.8	8662.9
私营股份有限公司	5		5073.5		5797.4	
其他企业	2		15788.2		13900.0	
港、澳、台商投资企业	5	2	36515.0	24492.7	36556.5	679.8
合资经营企业（港或澳、台资）	2	1	7772.5		8480.8	679.8
港澳台商独资经营企业	3	1	28742.5	24492.7	28075.7	
外商投资企业	26	11	1262049.1	479348.0	1158744.3	416689.7
中外合资经营企业	16	7	444678.9	32652.6	397056.1	4987.5

主要经济指标（一）

单位：万元

资产总计	流动资产合计	应收帐款	存货	产成品	固定资产合计	固定资产原价	累计折旧	固定资产净值
27107565.3	12364969.4	1884310.7	3252571.7	1129351.7	10376453.6	15287761.7	6114176.1	9150829.2
25299732.6	11600482.8	1706889.5	3048190.6	1081597.5	9456134.4	14118858.3	5636574.1	8459527.8
1620133.3	624845.2	106329.5	116146.3	52586.8	844335.4	1330375.4	611520.2	718855.2
698524.1	210034.9	52570.2	38505.4	9682.3	468749.8	790865.0	401844.4	389020.6
921609.2	414810.3	53759.3	77640.9	42904.5	375585.6	539510.4	209675.8	329834.6
107094.7	77154.5	22041.6	15446.6	6308.7	26750.5	39433.9	15584.3	23849.6
3432.7	2126.5	1456.7	183.7		1306.2	2063.8	757.6	1306.2
19387164.4	8796170.4	1204080.8	2408555.3	707985.9	7372322.4	11405832.2	4699585.5	6683490.3
11840101.7	4876784.5	790304.0	1624376.3	400656.8	4559873.9	6968228.7	2601384.1	4366844.6
7547062.7	3919385.9	413776.8	784179.0	307329.1	2812448.5	4437603.5	2098201.4	2316645.7
1059818.6	512349.6	84142.5	80858.0	25998.8	416844.7	476830.5	98923.0	377907.5
3094837.3	1564598.4	284037.2	426802.6	288717.3	790561.8	859158.1	209008.7	650149.4
84114.0	50512.6	16828.1	18034.9	10152.0	17347.1	19478.7	4865.2	14613.5
9058.6	6487.0	37.6	2260.1	1346.3	2571.6	3240.0	678.8	2561.2
2996369.6	1504059.3	265983.6	405077.2	276368.6	768992.2	833879.6	202555.8	631323.8
5295.1	3539.5	1187.9	1430.4	850.4	1650.9	2559.8	908.9	1650.9
27251.6	23238.2	4801.2	198.1		4013.4	5164.4	1194.8	3969.6
28925.4	12362.2	6081.8	3147.7	1756.0	12514.4	17064.7	5060.5	12004.2
21545.6	9909.7	5009.7	2555.4	1559.7	7645.4	10849.0	3223.5	7625.5
7379.8	2452.5	1072.1	592.3	196.3	4869.0	6215.7	1837.0	4378.7
1778907.3	752124.4	171339.4	201233.4	45998.2	907804.8	1151838.7	472541.5	679297.2
660836.2	388611.0	49418.1	76683.1	25169.8	248373.9	360543.4	123736.4	236807.0

11-5 续表 1-1

指标	企业单位数(个)	亏损企业	工业总产值（当年价格）	新产品产值	工业销售产值（当年价格）	出口交货值
外资企业	8	4	718242.1	441327.6	670025.1	411702.2
外商投资股份有限公司	2		99128.1	5367.8	91663.1	
二、按经济组织类型分组						
独资企业	116	40	1560914.6	498968.3	1499946.3	412664.9
国有企业	46	19	634839.0	32886.4	627948.6	962.7
集体企业	44	9	129062.4	261.6	126649.5	
私营独资企业	15	7	50028.6		47247.4	
港澳台商独资经营企业	3	1	28742.5	24492.7	28075.7	
外资企业	8	4	718242.1	441327.6	670025.1	411702.2
合作、合伙企业	6	1	27998.5		25782.7	
股份合作企业	1		3106.2		3106.2	
私营合伙企业	3	1	9104.1		8776.5	
其他企业（内资）	2		15788.2		13900.0	
股份有限公司	29	9	633014.4	18375.2	631626.0	4825.4
股份有限公司（内资）	22	9	528812.8	13007.4	534165.5	4825.4
私营股份有限公司	5		5073.5		5797.4	
外商投资股份有限公司	2		99128.1	5367.8	91663.1	
有限责任公司	333	115	13446176.3	1818307.7	13314707.9	602813.0
国有独资公司	10	3	7255593.7	1463649.0	7226501.2	488037.0
私营有限责任公司	184	60	1560203.0	66641.8	1596434.8	8662.9
合资经营企业（港或澳、台资）	2	1	7772.5		8480.8	679.8
中外合资经营企业	16	7	444678.9	32652.6	397056.1	4987.5

单位:万元

资产总计	流动资产合计	应收帐款	存货	产成品	固定资产合计	固定资产原价	累计折旧	固定资产净值
1063066.9	351501.1	119132.9	120415.7	20222.0	642739.6	769651.3	343852.4	425798.9
55004.2	12012.3	2788.4	4134.6	606.4	16691.3	21644.0	4952.7	16691.3
2881788.7	1106465.9	265404.2	270635.8	89465.8	1536041.6	2165155.0	977659.1	1187495.9
1620133.3	624845.2	106329.5	116146.3	52586.8	844335.4	1330375.4	611520.2	718855.2
107094.7	77154.5	22041.6	15446.6	6308.7	26750.5	39433.9	15584.3	23849.6
84114.0	50512.6	16828.1	18034.9	10152.0	17347.1	19478.7	4865.2	14613.5
7379.8	2452.5	1072.1	592.3	196.3	4869.0	6215.7	1837.0	4378.7
1063066.9	351501.1	119132.9	120415.7	20222.0	642739.6	769651.3	343852.4	425798.9
39742.9	31851.7	6295.5	2641.9	1346.3	7891.2	10468.2	2631.2	7837.0
3432.7	2126.5	1456.7	183.7		1306.2	2063.8	757.6	1306.2
9058.6	6487.0	37.6	2260.1	1346.3	2571.6	3240.0	678.8	2561.2
27251.6	23238.2	4801.2	198.1		4013.4	5164.4	1194.8	3969.6
1120117.9	527901.4	88118.8	86423.0	27455.6	435186.9	501034.3	104784.6	396249.7
1059818.6	512349.6	84142.5	80858.0	25998.8	416844.7	476830.5	98923.0	377907.5
5295.1	3539.5	1187.9	1430.4	850.4	1650.9	2559.8	908.9	1650.9
55004.2	12012.3	2788.4	4134.6	606.4	16691.3	21644.0	4952.7	16691.3
23065915.8	10698750.4	1524492.2	2892871.0	1011084.0	8397333.9	12611104.2	5029101.2	7559246.6
11840101.7	4876784.5	790304.0	1624376.3	400656.8	4559873.9	6968228.7	2601384.1	4366844.6
2996369.6	1504059.3	265983.6	405077.2	276368.6	768992.2	833879.6	202555.8	631323.8
21545.6	9909.7	5009.7	2555.4	1559.7	7645.4	10849.0	3223.5	7625.5
660836.2	388611.0	49418.1	76683.1	25169.8	248373.9	360543.4	123736.4	236807.0

11-5 续表 1-2

指　标	企业单位数(个)	亏损企业	工业总产值(当年价格)	新产品产值	工业销售产值(当年价格)	出口交货值
其他有限责任公司	121	44	4177928.2	255364.3	4086235.0	100445.8
三、在总计中：亏损企业	165	165	2446586.4	214725.5	2450078.1	120058.5
在总计中：国有控股企业	95	35	11671890.8	1680927.7	11552692.0	587872.9
在总计中：农村工业	9	2	41610.5		42700.0	
在总计中：轻工业	109	29	1093317.4	99573.4	1054087.2	3071.2
重工业	375	136	14574786.4	2236077.8	14417975.7	1017232.1
在总计中：大型企业	22	6	11093148.6	2030794.6	10973852.9	953475.3
中型企业	81	34	2768415.1	149476.7	2678033.5	51655.5
小型企业	381	125	1806540.1	155379.9	1820176.5	15172.5
四、按行业分组：						
煤炭开采和洗选业	35	18	1937959.9		1910507.5	
黑色金属矿采选业	7	6	15022.7		10853.7	
农副食品加工业	14	4	162401.2		159975.7	703.9
食品制造业	14	2	190097.8	10816.8	177308.1	46.5
饮料制造业	5	1	70441.0	22245.8	68510.6	
烟草制品业	1		238371.2		228507.5	
纺织业	3	2	18837.5	2154.0	15671.7	679.8
纺织服装、鞋、帽制造业	2		31435.2		31149.4	
家具制造业	4	1	6282.9		4791.8	
造纸及纸制品业	5	2	27809.8		27746.2	
印刷业和记录媒介的复制	12	3	42384.4	907.0	43216.0	
文教体育用品制造业	1		17050.8		17050.8	934.5

单位:万元

资产总计	流动资产合计	应收帐款	存货		固定资产合计	固定资产原价	累计折旧	固定资产净值
				产成品				
7547062.7	3919385.9	413776.8	784179.0	307329.1	2812448.5	4437603.5	2098201.4	2316645.7
5899070.7	2495185.8	351788.7	725192.2	392670.0	2328815.2	3235130.5	1238513.7	1996616.8
19880588.0	8764665.5	1216273.2	2227272.4	638477.9	7993957.8	12397506.1	5171668.0	7203081.7
33318.5	18394.3	2312.9	8393.9	7017.0	10516.7	16093.9	6313.4	9780.5
1302840.7	588098.1	91774.7	156809.7	64769.5	532519.2	641748.2	183913.6	457834.6
25804724.6	11776871.3	1792536.0	3095762.0	1064582.2	9843934.4	14646013.5	5930262.5	8692994.6
19338833.8	8174643.8	1173601.4	2174108.5	637724.7	7627996.2	11646894.3	4903929.7	6720208.2
4946917.6	2713278.1	391165.0	621862.0	278170.1	1921801.7	2599773.3	899523.4	1700249.9
2821813.9	1477047.5	319544.3	456601.2	213456.9	826655.7	1041094.1	310723.0	730371.1
3788269.6	2046529.6	140517.2	119246.2	39302.9	1255576.7	2236542.5	1228326.0	1008216.5
60841.8	26298.0	4986.2	12534.7	6488.8	33373.2	36827.7	8671.9	28155.8
174082.0	82169.1	8373.7	20770.8	8731.8	80563.5	77060.9	15012.3	62048.6
167604.4	62715.0	13353.3	19001.8	9758.9	71448.2	85083.6	17693.2	67390.4
73867.2	24276.9	716.0	14710.9	7313.7	46959.0	63822.6	18819.8	45002.8
150704.2	60060.9	3493.2	23824.4	3004.5	90209.6	98114.4	26260.6	71853.8
36069.8	24734.4	4783.9	15388.6	8062.6	7393.6	9863.8	3005.2	6858.6
18127.3	14099.8	2101.3	3344.7	1371.8	4027.4	6289.3	2284.3	4005.0
5785.6	2978.4	878.3	1860.7	522.6	2176.2	3694.5	1578.3	2116.2
37328.3	12499.7	2786.7	5466.0	1245.6	20502.8	26041.5	5538.7	20502.8
75888.8	38588.5	11046.5	7303.6	3174.6	30623.7	48046.5	23184.5	24862.0
8420.1	8170.8	7704.8			249.3	210.7	19.1	191.6

11-5 续表 1-3

指　标	企业单位数(个)	亏损企业	工业总产值(当年价格)	新产品产值	工业销售产值(当年价格)	出口交货值
石油加工、炼焦及核燃料加工业	19	14	1561988.3		1528729.5	4853.6
化学原料及化学制品制造业	32	8	804648.9	64756.2	803887.3	14791.0
医药制造业	22	8	79495.5	10477.6	77658.7	706.5
化学纤维制造业	2	1	7572.3		8578.6	
橡胶制品业	3	1	148861.1		147860.8	35155.8
塑料制品业	16	1	59171.4	17576.2	55679.3	
非金属矿物制品业	38	15	267975.8	12945.9	263939.8	4668.4
黑色金属冶炼及压延加工业	22	12	5650596.6	992763.7	5684726.6	308522.5
有色金属冶炼及压延加工业	19	13	103913.7	1280.0	111828.4	
金属制品业	36	8	138333.2	91.6	144823.4	28.5
通用设备制造业	52	10	206455.3	26713.2	199249.3	1119.7
专用设备制造业	38	12	1928440.4	602285.7	1861408.8	231922.8
交通运输设备制造业	24	5	327934.3	39099.3	301694.4	23.0
电气机械及器材制造业	10	4	66016.1	21481.5	63088.8	78.5
通信设备、计算机及其他电子设备制造业	19	7	789843.1	453052.3	756475.3	415394.4
仪器仪表及文化、办公用机械制造业	18	1	133409.8	54263.3	132080.8	673.9
工艺品及其他制造业	2	1	4551.1	2246.9	4464.6	
电力、热力的生产和供应业	6	5	432154.4	494.2	431986.5	
燃气生产和供应业	1		148894.7		148894.7	
水的生产和供应业	2		49753.4		49718.3	

单位:万元

资产总计	流动资产合计	应收帐款	存货	产成品	固定资产合计	固定资产原价	累计折旧	固定资产净值
3595800.3	1638403.4	164132.2	348690.0	237304.7	1266882.5	1447701.4	426209.1	998735.9
1343923.0	582495.2	110226.5	138573.6	48497.5	714748.6	833655.4	266612.6	567042.8
184375.0	88621.2	11379.5	23301.1	11169.7	64865.4	70368.5	20853.5	49515.0
4420.8	4162.5	226.7	1971.2	1661.1	258.3	215.8	2.3	213.5
246500.0	127745.1	18132.2	29790.4	13331.2	108639.6	95967.6	14255.5	81712.1
76780.8	30664.8	6058.9	10801.2	8651.2	37815.8	49431.8	11801.1	37630.7
456516.8	235611.9	71500.4	46673.7	14460.8	207044.6	296634.7	112869.4	183765.3
9254532.7	3232168.6	127622.0	1380688.2	360909.7	3651601.3	5876569.3	2240695.0	3635874.3
223307.7	134606.1	14135.2	39729.6	11422.2	84371.3	120113.1	38969.9	81143.2
149683.1	121840.3	29811.5	51976.7	25387.6	24462.9	43829.5	22402.7	21426.8
353371.4	267229.9	52428.0	117060.3	56969.5	65636.5	95685.4	34749.6	60935.8
2842335.8	1922954.8	682659.8	519376.3	194658.0	671731.9	940436.0	321319.3	619116.7
426725.9	272429.3	91939.7	63702.4	15772.5	117752.8	121550.3	35582.9	85967.4
84436.4	60221.9	24475.0	14914.1	6675.3	22519.1	27534.5	9287.6	18246.9
1368972.8	577962.2	149617.0	175804.7	26369.3	699921.8	887857.2	408749.5	479107.7
335951.8	219707.6	69369.9	29564.7	6040.7	57069.1	74941.3	22489.5	52451.8
3371.9	2417.3	1424.8	556.8	196.3	415.6	629.8	248.2	381.6
1006794.1	232570.1	52475.4	13833.0		755232.5	1390654.1	732184.6	658469.5
311631.0	111831.7	3676.0	1073.9	895.2	117936.1	132709.3	14773.2	117936.1
241144.9	98204.4	2278.9	1037.4	1.4	64444.7	89678.7	29726.7	59952.0

11-5 规模以上工业

指 标	负债合计	流动负债合计	应付账款	长期负债合计
总 计	17788039.6	11838202.4	3176101.7	5415234.8
一、按登记注册类型分组：				
内资企业	16712511.2	10890081.0	2974147.1	5290285.5
国有企业	1335332.0	611765.4	202857.7	696919.3
中央企业	643689.9	197693.4	128644.5	425167.6
地方企业	691642.1	414072.0	74213.2	271751.7
集体企业	79379.3	77502.1	33710.2	1608.4
股份合作企业	1665.1	1535.1	1455.0	130.0
有限责任公司	12241592.1	7876956.6	2111619.1	4270718.2
国有独资公司	7505924.4	4619808.0	1059415.7	2797456.8
其他有限责任公司	4735667.7	3257148.6	1052203.4	1473261.4
股份有限公司	873931.5	758648.4	113630.2	113921.4
私营企业	2161484.1	1544656.1	507095.2	206988.5
私营独资企业	57791.9	53979.7	21458.0	493.5
私营合作企业	5137.6	5137.6	197.0	
私营有限责任公司	2095752.1	1483086.3	484570.1	206145.0
私营股份有限公司	2802.5	2452.5	870.1	350.0
其他企业	19127.1	19017.3	3779.7	-0.3
港、澳、台商投资企业	11026.6	10875.0	4353.5	151.6
合资经营企业（港或澳、台资）	6471.6	6471.6	134.1	
港澳台商独资经营企业	4555.0	4403.4	4219.4	151.6
外商投资企业	1064501.8	937246.4	197601.1	124797.7
中外合资经营企业	376957.5	340002.8	61756.6	36950.6

主要经济指标（二）

单位：万元

所有者权益合计	实收资本	国家资本	集体资本	法人资本	个人资本	港澳台资本
9323958.0	3693127.3	1246956.6	50534.5	1545362.2	397772.1	292587.5
8592066.7	3136720.5	1243849.2	50534.5	1472858.0	369478.8	
292225.9	103520.1	76250.0	394.1	26876.0		
67258.5	31206.0	8718.0		22488.0		
224967.4	72314.1	67532.0	394.1	4388.0		
27715.0	22275.9		19254.1	3005.8	16.0	
1767.6	1600.0				1600.0	
7144784.5	2539556.7	1146272.2	28051.9	1260280.8	104951.8	
4334177.3	894822.6	865991.2		28831.4		
2810607.2	1644734.1	280281.0	28051.9	1231449.4	104951.8	
185886.6	117529.0	19789.8	1627.5	61923.0	34188.7	
931562.6	345158.8	1537.2	1206.9	115772.4	226642.3	
25234.3	14701.6			2300.0	12401.6	
3921.0	2708.4			100.0	2608.4	
899914.8	325540.0	1537.2	1206.9	112763.6	210032.3	
2492.5	2208.8			608.8	1600.0	
8124.5	7080.0			5000.0	2080.0	
17898.6	20087.8			13280.0	450.0	6357.8
15074.0	14320.0			13280.0	450.0	590.0
2824.6	5767.8					5767.8
713992.7	536319.0	3107.4		59224.2	27843.3	286229.7
283878.4	148447.6	3107.4		56220.2	27843.3	6236.0

11-5 续表 2-1

指　标	负债合计	流动负债合计		长期负债合计
			应付账款	
外资企业	671555.7	584588.6	129987.1	86967.1
外商投资股份有限公司	15988.6	12655.0	5857.4	880.0
二、按经济组织类型分组				
独资企业	2148613.9	1332239.2	392232.4	786139.9
国有企业	1335332.0	611765.4	202857.7	696919.3
集体企业	79379.3	77502.1	33710.2	1608.4
私营独资企业	57791.9	53979.7	21458.0	493.5
港澳台商独资经营企业	4555.0	4403.4	4219.4	151.6
外资企业	671555.7	584588.6	129987.1	86967.1
合作、合伙企业	25929.8	25690.0	5431.7	129.7
股份合作企业	1665.1	1535.1	1455.0	130.0
私营合伙企业	5137.6	5137.6	197.0	
其他企业（内资）	19127.1	19017.3	3779.7	-0.3
股份有限公司	892722.6	773755.9	120357.7	115151.4
股份有限公司（内资）	873931.5	758648.4	113630.2	113921.4
私营股份有限公司	2802.5	2452.5	870.1	350.0
外商投资股份有限公司	15988.6	12655.0	5857.4	880.0
有限责任公司	14720773.3	9706517.3	2658079.9	4513813.8
国有独资公司	7505924.4	4619808.0	1059415.7	2797456.8
私营有限责任公司	2095752.1	1483086.3	484570.1	206145.0
合资经营企业（港或澳、台资）	6471.6	6471.6	134.1	
中外合资经营企业	376957.5	340002.8	61756.6	36950.6

单位:万元

所有者权益合计	实收资本	国家资本	集体资本	法人资本	个人资本	港澳台资本
391098.7	373200.4					279993.7
39015.6	14671.0			3004.0		
739098.5	519465.8	76250.0	19648.2	32181.8	12417.6	285761.5
292225.9	103520.1	76250.0	394.1	26876.0		
27715.0	22275.9		19254.1	3005.8	16.0	
25234.3	14701.6			2300.0	12401.6	
2824.6	5767.8					5767.8
391098.7	373200.4					279993.7
13813.1	11388.4			5100.0	6288.4	
1767.6	1600.0				1600.0	
3921.0	2708.4			100.0	2608.4	
8124.5	7080.0			5000.0	2080.0	
227394.7	134408.8	19789.8	1627.5	65535.8	35788.7	
185886.6	117529.0	19789.8	1627.5	61923.0	34188.7	
2492.5	2208.8			608.8	1600.0	
39015.6	14671.0			3004.0		
8343651.7	3027864.3	1150916.8	29258.8	1442544.6	343277.4	6826.0
4334177.3	894822.6	865991.2		28831.4		
899914.8	325540.0	1537.2	1206.9	112763.6	210032.3	
15074.0	14320.0			13280.0	450.0	590.0
283878.4	148447.6	3107.4		56220.2	27843.3	6236.0

11-5 续表 2-2

指　　标	负债合计	流动负债合计	应付账款	长期负债合计
其他有限责任公司	4735667.7	3257148.6	1052203.4	1473261.4
三、在总计中：亏损企业	4881669.4	3043766.0	822877.4	1425493.5
在总计中：国有控股企业	12669037.6	7941578.4	2115057.0	4609661.0
在总计中：农村工业	17322.2	15332.9	2877.4	644.5
在总计中：轻工业	689898.3	554443.5	155839.3	122634.3
重工业	17098141.3	11283758.9	3020262.4	5292600.5
在总计中：大型企业	12054133.5	7358525.4	2059363.8	4206948.5
中型企业	3739196.1	2883186.6	672071.0	833816.7
小型企业	1994710.0	1596490.4	444666.9	374469.6
四、按行业分组：				
煤炭开采和洗选业	2217323.0	1557979.3	575748.9	658359.7
黑色金属矿采选业	40628.4	40518.4	14694.1	110.0
农副食品加工业	93729.8	76908.9	10219.8	11820.9
食品制造业	71612.0	54741.2	14663.1	10487.2
饮料制造业	48207.1	42498.4	13761.7	5708.7
烟草制品业	42506.8	42506.8	39299.5	
纺织业	21772.1	21770.4	155.2	
纺织服装、鞋、帽制造业	13382.2	13382.2	902.3	
家具制造业	1324.2	915.4	213.1	403.8
造纸及纸制品业	30044.7	27656.0	7336.0	2388.7
印刷业和记录媒介的复制	38384.5	36283.4	11260.6	2079.0
文教体育用品制造业	7737.7	7737.7	7708.1	

单位：万元

所有者权益合计	实收资本	国家资本	集体资本	法人资本	个人资本	港澳台资本
2810607.2	1644734.1	280281.0	28051.9	1231449.4	104951.8	
1028121.1	743348.8	61604.0	25745.7	369408.8	191244.0	1332.0
7217796.3	2409853.4	1236547.3	4280.6	1128063.2	19402.3	
15996.1	7197.2		1244.4	5736.8	216.0	
606314.5	347477.6	99130.0	24926.4	121630.3	57231.9	12593.8
8717643.5	3345649.7	1147826.6	25608.1	1423731.9	340540.2	279993.7
7297119.4	2329434.6	1065548.0	2007.6	914579.9	1128.4	279993.7
1206949.7	735107.6	121266.5	5683.8	403950.4	150717.2	6236.0
819888.9	628585.1	60142.1	42843.1	226831.9	245926.5	6357.8
1570946.5	812670.7	24538.6		765360.4	22771.7	
20213.4	5320.0			2800.0	2520.0	
80352.2	42551.0	5235.2	3667.0	11180.0	17649.1	
95992.3	38828.8	700.1		19021.7	7440.0	
25659.9	29909.5	1875.0	14500.0	2076.8	221.7	11236.0
108197.4	61319.6	61319.6				
14297.6	14620.0			12430.0	1600.0	590.0
4745.1	977.7		489.3	488.4		
4461.0	3496.2	467.2	186.9	384.1	2458.0	
7283.5	8960.4			6060.0	2900.4	
31331.3	25514.6	9196.0	5229.1	8063.8	3025.7	
641.5	500.0				500.0	

11-5 续表 2-3

指　标	负债合计	流动负债合计	应付账款	长期负债合计
石油加工、炼焦及核燃料加工业	2450160.3	1668564.1	445583.6	381596.2
化学原料及化学制品制造业	812624.2	700476.8	59623.8	112147.3
医药制造业	132082.2	117655.0	16719.7	13019.2
化学纤维制造业	2783.9	1474.4	397.2	1309.5
橡胶制品业	177078.9	72710.1	24791.2	104368.8
塑料制品业	50738.3	48678.0	7760.0	2048.2
非金属矿物制品业	247483.8	183060.5	70996.3	60707.6
黑色金属冶炼及压延加工业	5965283.6	3087036.2	566676.6	2874804.7
有色金属冶炼及压延加工业	194730.5	175052.8	45084.7	19665.5
金属制品业	96792.7	92108.8	35542.9	3585.0
通用设备制造业	275786.8	246187.5	56212.2	29437.3
专用设备制造业	1834516.8	1566022.0	661667.0	179716.8
交通运输设备制造业	271655.6	232669.4	94398.4	37532.6
电气机械及器材制造业	61769.3	53005.8	33475.7	8737.2
通信设备、计算机及其他电子设备制造业	968650.0	866756.0	164193.4	80100.5
仪器仪表及文化、办公用机械制造业	197275.1	188754.0	37810.2	8520.9
工艺品及其他制造业	1546.6	98.4	85.9	1448.2
电力、热力的生产和供应业	1031956.1	295946.4	141951.3	735707.0
燃气生产和供应业	265442.3	265442.3	5350.8	
水的生产和供应业	123030.1	53605.8	11818.4	69424.3

单位:万元

所有者权益合计	实收资本	国家资本	集体资本	法人资本	个人资本	港澳台资本
1145639.7	304410.9	44562.2		129289.5	107469.0	
531298.5	208270.2	136376.8	120.0	26799.6	22760.3	
52292.5	63761.9	788.0	590.0	47198.9	13357.0	
1636.9	1700.0			500.0	1200.0	
69421.1	58619.8	15989.0		42630.8		
25629.6	25409.9	1121.2	494.1	3008.8	9323.0	25.8
209032.4	96118.2	16560.1	2859.7	31861.7	43336.7	
3289249.1	751017.2	649371.9	5515.0	70739.0	25391.3	
28577.0	61108.3	800.0		26627.2	31816.8	
52590.0	26922.7	2703.3	4163.6	6603.6	12572.0	
77584.0	53958.6	12599.2	7928.7	19895.1	11548.1	
1007584.9	302122.8	205707.9	593.8	71021.9	14299.2	
154928.2	93726.8	5388.8	2539.8	80208.5	5589.7	
22667.1	14256.6	2636.1	130.0	7290.0	4200.5	
399637.7	421539.9	5494.3		62650.5	7224.4	279993.7
138676.7	38868.9	5519.8	1527.5	19524.1	10347.5	
1825.3	1242.0				500.0	742.0
-12737.7	79078.8	6381.0		71647.8	1050.0	
46188.5	30000.0	15300.0			14700.0	
118114.8	16325.3	16325.3				

11-5 规模以上工业

指　标	外商资本	主营业务收入	主营业务成本	主营业务税金及附加	其他业务收入
总　计	159914.4	16015937.7	13524735.0	196551.1	262701.1
一、按登记注册类型分组：					
内资企业		14866982.7	12563494.1	195388.2	234785.4
国有企业		667739.4	631521.4	4448.7	10289.4
中央企业		412336.9	407865.7	2011.0	2778.7
地方企业		255402.5	223655.7	2437.7	7510.7
集体企业		124937.8	113528.1	943.8	2353.2
股份合作企业		3094.2	2691.4	13.5	12.0
有限责任公司		11964372.2	9894498.5	171838.2	175108.1
国有独资公司		7829582.9	6922288.3	21490.7	74517.2
其他有限责任公司		4134789.3	2972210.2	150347.5	100590.9
股份有限公司		531164.8	460021.4	2114.8	16402.3
私营企业		1561790.2	1449399.8	15964.0	29334.9
私营独资企业		44791.5	42976.9	209.1	770.6
私营合作企业		8712.9	7091.8	128.3	
私营有限责任公司		1500635.6	1392843.3	15577.0	28563.1
私营股份有限公司		7650.2	6487.8	49.6	1.2
其他企业		13884.1	11833.5	65.2	1285.5
港、澳、台商投资企业		36531.8	24849.3		6.1
合资经营企业（港或澳、台资）		7747.8	6641.3		
港澳台商独资经营企业		28784.0	18208.0		6.1
外商投资企业	159914.4	1112423.2	936391.6	1162.9	27909.6
中外合资经营企业	55040.7	452420.2	363569.4	1158.6	2483.2

主要经济指标（三）

单位：万元

其他业务利润	营业费用	管理费用	税金	财务费用	利息支出	营业利润	投资收益
4737.9	379988.6	1237886.4	46590.5	347937.6	310017.8	546998.9	149144.9
-1043.5	336595.1	1168329.1	43401.7	323405.2	289069.3	418967.9	58213.9
5268.9	11291.8	59891.3	2993.2	37266.0	37905.6	-61440.8	10454.6
794.7	2723.3	16014.6	1287.1	25836.2	25781.9	-41569.2	-337.0
4474.2	8568.5	43876.7	1706.1	11429.8	12123.7	-19871.6	10791.6
244.5	1035.3	9426.1	135.7	109.4	-3.6	2063.0	-94.5
12.0	51.7	270.2	7.9			79.4	
-17005.1	240495.2	997655.3	35866.9	217997.0	188457.8	526886.5	48422.2
2.8	146919.2	500209.3	19238.0	152673.5	126014.2	239995.7	55989.7
-17007.9	93576.0	497446.0	16628.9	65323.5	62443.6	286890.8	-7567.5
1461.1	22075.3	30550.4	1389.3	26106.2	25483.2	17198.8	8.0
8446.9	61409.9	69465.6	2994.4	41420.2	36930.7	-66552.2	-576.4
	1105.6	660.7	46.4	1145.7	1105.0	-1575.0	10.3
	215.3	804.7	0.7	254.0	200.0	267.0	
8445.7	60020.4	67780.6	2940.5	39936.6	35544.5	-65285.0	-586.7
1.2	68.6	219.6	6.8	83.9	81.2	40.8	
528.2	235.9	1070.2	14.3	506.4	295.6	733.2	
-1.3	177.4	1008.0	3.4	504.8	461.5	353.8	
	144.4	738.7	3.4	501.0	456.3	-273.1	
-1.3	33.0	269.3		3.8	5.2	626.9	
5782.7	43216.1	68549.3	3185.4	24027.6	20487.0	127677.2	90931.0
183.1	27661.5	21735.9	480.7	10691.6	8741.9	124696.2	90255.0

11-5 续表 3-1

指　　标	外商资本	主营业务收入	主营业务成本	主营业务税金及附加	其他业务收入
外资企业	93206.7	597504.4	524101.7	4.3	24887.2
外商投资股份有限公司	11667.0	62498.6	48720.5		539.2
二、按经济组织类型分组					
独资企业	93206.7	1463757.1	1330336.1	5605.9	38306.5
国有企业		667739.4	631521.4	4448.7	10289.4
集体企业		124937.8	113528.1	943.8	2353.2
私营独资企业		44791.5	42976.9	209.1	770.6
港澳台商独资经营企业		28784.0	18208.0		6.1
外资企业	93206.7	597504.4	524101.7	4.3	24887.2
合作、合伙企业		25691.2	21616.7	207.0	1297.5
股份合作企业		3094.2	2691.4	13.5	12.0
私营合伙企业		8712.9	7091.8	128.3	
其他企业（内资）		13884.1	11833.5	65.2	1285.5
股份有限公司	11667.0	601313.6	515229.7	2164.4	16942.7
股份有限公司（内资）		531164.8	460021.4	2114.8	16402.3
私营股份有限公司		7650.2	6487.8	49.6	1.2
外商投资股份有限公司	11667.0	62498.6	48720.5		539.2
有限责任公司	55040.7	13925175.8	11657552.5	188573.8	206154.4
国有独资公司		7829582.9	6922288.3	21490.7	74517.2
私营有限责任公司		1500635.6	1392843.3	15577.0	28563.1
合资经营企业（港或澳、台资）		7747.8	6641.3		
中外合资经营企业	55040.7	452420.2	363569.4	1158.6	2483.2

单位:万元

其他业务利润	营业费用	管理费用	税金	财务费用	利息支出	营业利润	投资收益
5589.5	8539.4	45059.2	2704.7	13261.8	11608.4	-1674.4	676.0
10.1	7015.2	1754.2		74.2	136.7	4655.4	
11101.6	22005.1	115306.6	5880.0	51786.7	50620.6	-62000.3	11046.4
5268.9	11291.8	59891.3	2993.2	37266.0	37905.6	-61440.8	10454.6
244.5	1035.3	9426.1	135.7	109.4	-3.6	2063.0	-94.5
	1105.6	660.7	46.4	1145.7	1105.0	-1575.0	10.3
-1.3	33.0	269.3		3.8	5.2	626.9	
5589.5	8539.4	45059.2	2704.7	13261.8	11608.4	-1674.4	676.0
540.2	502.9	2145.1	22.9	760.4	495.6	1079.6	
12.0	51.7	270.2	7.9			79.4	
	215.3	804.7	0.7	254.0	200.0	267.0	
528.2	235.9	1070.2	14.3	506.4	295.6	733.2	
1472.4	29159.1	32524.2	1396.1	26264.3	25701.1	21895.0	8.0
1461.1	22075.3	30550.4	1389.3	26106.2	25483.2	17198.8	8.0
1.2	68.6	219.6	6.8	83.9	81.2	40.8	
10.1	7015.2	1754.2		74.2	136.7	4655.4	
-8376.3	328321.5	1087910.5	39291.5	269126.2	233200.5	586024.6	138090.5
2.8	146919.2	500209.3	19238.0	152673.5	126014.2	239995.7	55989.7
8445.7	60020.4	67780.6	2940.5	39936.6	35544.5	-65285.0	-586.7
	144.4	738.7	3.4	501.0	456.3	-273.1	
183.1	27661.5	21735.9	480.7	10691.6	8741.9	124696.2	90255.0

11-5 续表 3-2

指　标	外商资本	主营业务收入	主营业务成本	主营业务税金及附加	其他业务收入
其他有限责任公司		4134789.3	2972210.2	150347.5	100590.9
三、在总计中：亏损企业	94014.3	2400239.9	2360723.0	16753.7	44192.5
在总计中：国有控股企业	21560.0	12211948.5	10088431.5	172570.2	185963.3
在总计中：农村工业		37702.4	32601.6	138.1	923.2
在总计中：轻工业	31965.2	1001294.0	728180.8	101816.0	10635.7
重工业	127949.2	15014643.7	12796554.2	94735.1	252065.4
在总计中：大型企业	66177.0	11538050.8	9652464.7	71652.2	203310.4
中型企业	47253.7	2733878.6	2330167.7	112126.1	15517.8
小型企业	46483.7	1744008.3	1542102.6	12772.8	43872.9
四、按行业分组：					
煤炭开采和洗选业		1942604.8	1192524.0	41466.2	63755.3
黑色金属矿采选业		10633.7	10411.9	719.3	213.7
农副食品加工业	4819.7	160203.3	147448.0	266.4	175.4
食品制造业	11667.0	138834.5	105012.8	864.4	1205.2
饮料制造业		80149.7	54749.3	490.7	248.1
烟草制品业		234794.8	92604.1	98544.3	152.0
纺织业		15507.7	14164.0	35.8	
纺织服装、鞋、帽制造业		30296.9	29464.7	336.0	877.2
家具制造业		4021.4	3264.4	18.6	24.0
造纸及纸制品业		24157.1	22693.7	94.0	
印刷业和记录媒介的复制		41265.7	33878.7	294.1	1365.0
文教体育用品制造业		19672.5	19419.5	61.0	

单位:万元

其他业务利润	营业费用	管理费用	税金	财务费用	利息支出	营业利润	投资收益
-17007.9	93576.0	497446.0	16628.9	65323.5	62443.6	286890.8	-7567.5
3549.7	67247.0	156808.2	7578.7	121926.2	111441.6	-287168.2	1714.1
-11629.5	236942.0	1018324.9	37863.2	239513.3	213284.5	552951.7	58911.6
168.7	918.9	2236.9	0.3	985.8	850.2	1345.8	
2201.0	51364.9	71374.1	2164.1	11364.5	10855.5	42002.7	10425.3
2536.9	328623.7	1166512.3	44426.4	336573.1	299162.3	504996.2	138719.6
-8081.0	214772.0	971507.4	36775.8	227812.9	200864.3	511152.2	57327.7
4606.4	104193.7	172521.3	6835.6	97722.7	88383.3	22997.3	92351.5
8212.5	61022.9	93857.7	2979.1	22402.0	20770.2	12849.4	-534.3
-11167.6	32176.6	332725.3	7768.2	25185.3	24254.3	281308.3	-9918.9
-11.2	174.1	1714.0	34.2	2.9	6.8	-3181.3	
165.9	6176.7	6815.3	96.6	2987.6	2923.8	-199.4	
374.3	14677.9	5751.1	167.9	1536.5	1246.5	9134.4	
199.9	12897.8	3685.4	238.4	373.6	271.3	1633.6	
19.1	3293.6	20743.7	663.4	-312.2	-316.7	19940.3	
	656.5	1134.7		544.1	491.8	-947.0	
	33.3	1700.3	49.4	-6.3	-4.6	295.8	
	225.8	379.0	14.1	21.7	19.7	253.9	
	206.7	737.9	57.1	704.3	698.4	-278.8	
355.7	373.3	4935.6	74.3	514.9	512.1	254.8	98.5
	0.8	244.9		0.2		1840.0	-600.0

11-5 续表 3-3

指 标	外商资本	主营业务收入	主营业务成本	主营业务税金及附加	其他业务收入
石油加工、炼焦及核燃料加工业	23090.2	1533613.3	1383321.3	16300.3	29242.6
化学原料及化学制品制造业	22213.5	877295.4	777178.6	2222.8	2610.4
医药制造业	1828.0	67641.8	52471.8	254.4	492.3
化学纤维制造业		8578.6	8215.8	15.6	240.1
橡胶制品业		151023.7	131887.1	599.1	1501.8
塑料制品业	11437.0	49115.7	40961.4	191.3	5231.9
非金属矿物制品业	1500.0	256507.2	224085.4	1935.3	6114.8
黑色金属冶炼及压延加工业		6212681.5	5584296.8	15533.0	73716.8
有色金属冶炼及压延加工业	1864.3	127911.7	130094.5	1753.4	120.3
金属制品业	880.2	156116.8	139866.9	427.0	757.7
通用设备制造业	1987.5	170535.0	142241.0	1852.4	10903.0
专用设备制造业	10500.0	1849815.3	1523351.5	6692.6	18367.3
交通运输设备制造业		302405.1	259642.2	1032.8	17268.0
电气机械及器材制造业		57636.9	47524.2	169.4	582.3
通信设备、计算机及其他电子设备制造业	66177.0	714532.0	609447.5	380.3	20706.8
仪器仪表及文化、办公用机械制造业	1950.0	141270.5	97124.5	1021.8	1949.7
工艺品及其他制造业		3435.1	3327.7	1.5	0.4
电力、热力的生产和供应业		432975.6	479779.3	2316.4	4538.2
燃气生产和供应业		150982.1	123314.6	361.8	
水的生产和供应业		49722.3	40967.8	299.1	340.8

单位:万元

其他业务利润	营业费用	管理费用	税金	财务费用	利息支出	营业利润	投资收益
-845.0	78575.3	70614.5	7203.1	57511.7	50170.5	48820.8	90812.5
-679.2	14223.5	51154.5	1755.9	12444.9	12079.1	49809.1	55.6
170.6	4554.3	6545.0	187.8	1316.4	952.8	1536.2	173.6
8.8	101.5	255.3		208.0	203.9	-208.7	
-0.4	4869.5	3315.2	114.3	3496.8	2817.7	6941.3	
282.1	1827.8	1960.3	118.1	764.3	719.2	822.3	10.3
691.9	7930.1	18043.6	610.3	1221.9	3978.4	3448.6	80.9
338.8	110366.3	384139.2	14463.4	134380.1	106671.6	128102.8	51620.5
51.5	754.7	13949.3	410.7	3462.9	2905.0	-23166.1	
60.4	2168.3	8839.5	627.6	1209.3	1192.7	3799.3	-95.3
2149.7	5998.1	18247.8	752.6	2820.1	2380.0	220.2	
1668.1	44457.6	139568.5	4778.3	17141.6	17205.7	77880.5	5942.7
1785.2	5767.6	27797.0	807.0	3123.2	2663.8	12002.4	84.6
222.3	2133.8	8166.2	192.5	220.0	224.6	-1859.6	0.3
5560.8	8759.9	58404.6	3138.1	24604.1	23237.6	-10322.1	-393.0
63.8	5379.9	18088.5	480.9	2639.9	2553.1	17415.1	637.4
-1.3	95.2	262.5		5.0	5.2	-196.9	
2932.9		14145.1	1358.0	42318.1	41982.2	-92640.3	17.6
	8472.2	3424.2		4845.2	4882.4	10826.2	
340.8	2659.9	10398.4	428.3	2651.5	3088.9	3713.2	10617.6

11-5 规模以上工业

指 标	补贴收入	营业外收入	营业外支出	利润总额	应交所得税
总 计	23322.2	90059.2	94797.8	544409.8	132498.0
一、按登记注册类型分组：					
内资企业	23020.6	89346.4	90356.6	419380.2	111858.8
国有企业	9180.6	17135.7	4287.0	-48207.1	1344.6
中央企业	287.6	6353.0	918.8	-36135.0	704.2
地方企业	8893.0	10782.7	3368.2	-12072.1	640.4
集体企业	1240.4	687.5	135.2	2630.3	632.6
股份合作企业		4.4	0.7	83.1	20.8
有限责任公司	8692.9	66680.9	80508.0	513705.8	101309.2
国有独资公司	2700.7	23198.2	44250.9	218943.0	10128.9
其他有限责任公司	5992.2	43482.7	36257.1	294762.8	91180.3
股份有限公司	1091.4	673.6	466.0	17406.4	4225.7
私营企业	2546.7	4163.1	4947.2	-66960.2	4173.8
私营独资企业		11.4	357.6	-1921.2	73.8
私营合作企业			6.5	260.5	10.7
私营有限责任公司	2546.7	4151.7	4583.1	-65340.3	4080.5
私营股份有限公司				40.8	8.8
其他企业	268.6	1.2	12.5	721.9	152.1
港、澳、台商投资企业	217.9	219.4	29.9	543.3	84.8
合资经营企业（港或澳、台资）	200.0	203.4	45.2	-114.9	72.9
港澳台商独资经营企业	17.9	16.0	-15.3	658.2	11.9
外商投资企业	83.7	493.4	4411.3	124486.3	20554.4
中外合资经营企业		783.0	4331.8	121147.4	19274.8

主要经济指标（四）

单位：万元

亏损企业亏损总额	利税总额	本年应付工资总额	本年应付福利费总额	本年应交增值税	本年进项税额	本年销项税额	全部从业人员年平均人数（人）
277104.0	**1461009.7**	**1612110.5**	**73010.4**	**720048.8**	**2021884.7**	**2564025.4**	**333793**
262455.9	1309577.1	1444178.7	63882.2	694808.7	1927572.0	2457231.7	284312
60592.7	-12989.1	66617.6	3071.8	30769.3	52320.5	75399.2	21534
42339.2	-17504.6	28311.7	476.7	16619.4	32156.8	40828.8	7376
18253.5	4515.5	38305.9	2595.1	14149.9	20163.7	34570.4	14158
831.4	10075.9	14084.8	1159.3	6501.8	14140.8	19206.0	8593
	214.3	164.8	12.5	117.7	410.4	528.1	80
101764.1	1237290.0	1209562.4	37506.8	551746.0	1647457.7	2104106.8	208004
4551.0	396531.2	452645.3	28026.6	156097.5	1250984.4	1375815.1	69839
97213.1	840758.8	756917.1	9480.2	395648.5	396473.3	728291.7	138165
5585.7	37605.5	24639.7	18770.3	18084.3	34332.8	44478.5	10299
93682.0	36256.0	127268.1	3263.5	87252.2	176802.9	211102.1	35300
2244.9	1005.1	3176.1	31.0	2717.2	3856.5	6526.0	1745
14.7	874.0	246.4	14.8	485.2	995.9	1481.1	147
91422.4	34192.0	123531.4	3151.1	83955.3	171332.2	202383.7	33179
	184.9	314.2	66.6	94.5	618.3	711.3	229
	1124.5	1841.3	98.0	337.4	2106.9	2411.0	502
538.2	1573.1	1570.4	24.6	1029.8	2512.5	3292.2	402
357.0	417.0	541.4	14.3	531.9	818.9	1108.5	228
181.2	1156.1	1029.0	10.3	497.9	1693.6	2183.7	174
14109.9	149859.5	166361.4	9103.6	24210.3	91800.2	103501.5	49079
4614.3	141885.0	28259.8	2149.0	19579.0	47394.8	65870.1	5740

11-5 续表 4-1

指　标	补贴收入	营业外收入	营业外支出	利润总额	应交所得税
外资企业	83.7	-369.3	79.5	-1396.2	927.7
外商投资股份有限公司		79.7		4735.1	351.9
二、按经济组织类型分组					
独资企业	10522.6	17481.3	4844.0	-48236.0	2990.6
国有企业	9180.6	17135.7	4287.0	-48207.1	1344.6
集体企业	1240.4	687.5	135.2	2630.3	632.6
私营独资企业		11.4	357.6	-1921.2	73.8
港澳台商独资经营企业	17.9	16.0	-15.3	658.2	11.9
外资企业	83.7	-369.3	79.5	-1396.2	927.7
合作、合伙企业	268.6	5.6	19.7	1065.5	183.6
股份合作企业		4.4	0.7	83.1	20.8
私营合伙企业			6.5	260.5	10.7
其他企业（内资）	268.6	1.2	12.5	721.9	152.1
股份有限公司	1091.4	753.3	466.0	22182.3	4586.4
股份有限公司（内资）	1091.4	673.6	466.0	17406.4	4225.7
私营股份有限公司				40.8	8.8
外商投资股份有限公司		79.7		4735.1	351.9
有限责任公司	11439.6	71819.0	89468.1	569398.0	124737.4
国有独资公司	2700.7	23198.2	44250.9	218943.0	10128.9
私营有限责任公司	2546.7	4151.7	4583.1	-65340.3	4080.5
合资经营企业（港或澳、台资）	200.0	203.4	45.2	-114.9	72.9
中外合资经营企业		783.0	4331.8	121147.4	19274.8

单位：万元

亏损企业亏损总额	利税总额	本年应付工资总额	本年应付福利费总额	本年应交增值税	本年进项税额	本年销项税额	全部从业人员年平均人数（人）
9495.6	1089.1	135300.3	6720.4	2481.0	38261.3	32527.4	42957
	6885.4	2801.3	234.2	2150.3	6144.1	5104.0	382
73345.8	337.1	220207.8	10992.8	42967.2	110272.7	135842.3	75003
60592.7	-12989.1	66617.6	3071.8	30769.3	52320.5	75399.2	21534
831.4	10075.9	14084.8	1159.3	6501.8	14140.8	19206.0	8593
2244.9	1005.1	3176.1	31.0	2717.2	3856.5	6526.0	1745
181.2	1156.1	1029.0	10.3	497.9	1693.6	2183.7	174
9495.6	1089.1	135300.3	6720.4	2481.0	38261.3	32527.4	42957
14.7	2212.8	2252.5	125.3	940.3	3513.2	4420.2	729
	214.3	164.8	12.5	117.7	410.4	528.1	80
14.7	874.0	246.4	14.8	485.2	995.9	1481.1	147
	1124.5	1841.3	98.0	337.4	2106.9	2411.0	502
5585.7	44675.8	27755.2	19071.1	20329.1	41095.2	50293.8	10910
5585.7	37605.5	24639.7	18770.3	18084.3	34332.8	44478.5	10299
	184.9	314.2	66.6	94.5	618.3	711.3	229
	6885.4	2801.3	234.2	2150.3	6144.1	5104.0	382
198157.8	1413784.0	1361895.0	42821.2	655812.2	1867003.6	2373469.1	247151
4551.0	396531.2	452645.3	28026.6	156097.5	1250984.4	1375815.1	69839
91422.4	34192.0	123531.4	3151.1	83955.3	171332.2	202383.7	33179
357.0	417.0	541.4	14.3	531.9	818.9	1108.5	228
4614.3	141885.0	28259.8	2149.0	19579.0	47394.8	65870.1	5740

11-5 续表 4-2

指　标	补贴收入	营业外收入	营业外支出	利润总额	应交所得税
其他有限责任公司	5992.2	43482.7	36257.1	294762.8	91180.3
三、在总计中：亏损企业	10067.5	22238.0	12915.8	-277104.0	-467.8
在总计中：国有控股企业	16402.8	80805.8	81100.6	553041.9	112222.8
在总计中：农村工业	15.0		33.8	1327.0	158.4
在总计中：轻工业	4365.2	4119.4	2183.9	44463.2	8452.3
重工业	18957.0	85939.8	92613.9	499946.6	124045.7
在总计中：大型企业	7917.7	68323.2	71197.1	508278.3	96949.6
中型企业	10499.6	15947.5	18462.8	21540.7	26985.9
小型企业	4904.9	5788.5	5137.9	14590.8	8562.5
四、按行业分组：					
煤炭开采和洗选业		26103.1	18076.8	289334.6	71679.9
黑色金属矿采选业		47.1	475.3	-3609.5	79.5
农副食品加工业	1198.0	804.1	43.0	880.6	266.3
食品制造业	22.0	112.4	14.9	9231.9	654.0
饮料制造业		598.4	410.0	1822.0	24.3
烟草制品业		150.6	337.2	19753.7	5072.0
纺织业	206.2	204.4	28.7	-771.3	105.0
纺织服装、鞋、帽制造业	997.8	489.6	57.7	727.7	2.9
家具制造业	10.0	12.0	3.1	272.8	34.5
造纸及纸制品业	40.0	365.7	35.4	51.5	14.0
印刷业和记录媒介的复制	217.0	372.1	61.4	565.5	185.7
文教体育用品制造业		80.0		1920.0	

单位：万元

亏损企业亏损总额	利税总额	本年应付工资总额	本年应付福利费总额	本年应交增值税	本年进项税额	本年销项税额	全部从业人员年平均人数（人）
97213.1	840758.8	756917.1	9480.2	395648.5	396473.3	728291.7	138165
277104.0	-70458.9	225001.4	23737.1	184941.4	240642.5	305720.5	67891
106200.2	1227324.5	1224851.5	39745.2	501712.4	1609697.9	2054195.2	213029
68.1	2456.4	3192.2	186.9	991.3	3512.4	4296.1	2222
10299.0	195893.6	89112.6	3861.9	49614.4	90465.2	134794.7	25063
266805.0	1265116.1	1522997.9	69148.5	670434.4	1931419.5	2429230.7	308730
76006.2	1047062.5	1241019.9	40645.2	467132.0	1555179.8	1964231.5	228515
155412.0	265548.1	265439.5	26723.5	131881.3	279424.5	357139.5	63796
45685.8	148399.1	105651.1	5641.7	121035.5	187280.4	242654.4	41482
6519.7	566791.1	533066.1	861.7	235990.3	175815.1	409712.1	83286
3609.5	-2066.6	1063.6	75.6	823.6	1303.5	1105.1	528
3820.3	2967.3	5800.9	432.4	1820.3	7451.4	9167.3	2439
338.3	14292.0	11755.3	478.4	4195.7	15618.8	16227.9	4041
975.5	4911.0	5072.0	736.5	2598.3	8649.5	10966.5	1962
	144276.0	22767.9	797.2	25978.0	14960.0	40031.5	1242
1064.7	-135.5	1201.2	14.3	600.0	2021.7	2381.6	880
	2996.3	3286.4	80.6	1932.6	2836.3	4774.9	1721
88.6	421.8	639.4	28.0	130.4	296.7	391.8	247
19.0	849.1	1246.3	8.6	703.6	3350.8	4101.5	1006
812.6	2718.0	4340.4	244.5	1858.4	4592.5	6709.5	2510
	2496.0	133.6		515.0	3084.6	3581.6	100

11-5 续表 4-3

指　　标	补贴收入	营业外收入	营业外支出	利润总额	应交所得税
石油加工、炼焦及核燃料加工业	3982.5	10910.9	10699.0	49759.7	25439.6
化学原料及化学制品制造业	86.5	2359.3	29913.3	22255.1	6199.1
医药制造业	588.1	−297.6	440.9	961.6	346.7
化学纤维制造业			4.4	−213.1	0.6
橡胶制品业		585.8	17.6	7509.5	
塑料制品业		75.6	22.7	875.2	49.5
非金属矿物制品业	323.9	1237.6	1038.1	3813.9	2483.4
黑色金属冶炼及压延加工业	−3.1	13296.5	9088.0	132311.3	5407.3
有色金属冶炼及压延加工业	191.6	87.3	812.7	−23891.5	84.9
金属制品业	47.2	237.5	331.5	3752.5	785.6
通用设备制造业	1470.1	1200.4	146.7	1990.6	450.0
专用设备制造业	4409.0	13107.6	16680.7	74307.4	4282.7
交通运输设备制造业	110.0	1755.0	2722.6	11034.8	1624.6
电气机械及器材制造业	61.0	104.6	27.1	−1782.1	973.9
通信设备、计算机及其他电子设备制造业	389.6	1434.2	1396.4	−10284.3	990.4
仪器仪表及文化、办公用机械制造业	806.7	474.2	513.9	17375.4	2137.4
工艺品及其他制造业	17.9	0.6	−17.6	−178.7	
电力、热力的生产和供应业	7150.2	13142.2	910.3	−80408.4	
燃气生产和供应业				10826.2	3123.8
水的生产和供应业	1000.0	1008.0	506.0	4215.2	0.4

单位:万元

亏损企业亏损总额	利税总额	本年应付工资总额	本年应付福利费总额	本年应交增值税	本年进项税额	本年销项税额	全部从业人员年平均人数(人)
80388.3	184582.5	152143.7	22803.6	118522.5	173724.1	245085.0	32513
11683.3	39212.4	67714.5	14622.7	14734.5	27777.0	36807.7	19796
1764.2	3768.6	10138.1	335.1	2552.6	7936.1	10518.1	3421
215.6	-133.6	434.3	5.9	63.9	1358.1	1371.0	280
4.7	8266.0	6090.1	515.1	157.4	26253.1	25929.2	2766
220.6	2359.2	2484.1	110.1	1292.7	5622.8	6974.1	1176
4360.6	19762.7	32077.8	1527.4	14013.5	16488.4	27132.6	10615
20892.1	33648.8	317868.0	11637.3	185804.5	1150582.5	1253874.4	34493
25377.9	-20673.9	15772.2	314.6	1464.2	13679.5	14776.4	4244
1082.8	7779.5	12348.0	779.1	3600.0	20305.3	23372.6	7302
962.1	9661.2	20324.5	869.7	5818.2	24493.4	29353.3	10780
4180.2	136194.1	141731.2	4252.2	55194.1	183630.5	238533.6	32030
4140.8	1976.0	30519.5	1220.3	7708.4	34589.1	34795.6	8484
3917.3	-472.4	7807.8	629.7	1140.3	8528.1	9793.5	2081
19654.2	-6544.8	147808.1	7818.5	3359.2	42665.3	37323.1	49551
419.2	22160.8	14681.1	537.9	3763.6	10489.4	13748.0	4447
181.2	6.8	790.3	20.8	184.0	763.2	965.9	153
80410.7	-59140.9	30501.8	593.4	1895.1	33017.9	41630.5	7199
	12780.4	1599.5	283.6	1592.4			199
	7499.8	8902.8	375.6	2985.5		2889.5	2301

11-6 国有控股工业

指　标	企业单位数(个)	亏损企业	工业总产值（当年价格）	新产品产值	工业销售产值（当年价格）	出口交货值
总　计	95	35	11671890.8	1680927.7	11552692.0	587872.9
煤炭开采和洗选业	7	2	1798397.4		1735472.1	
农副食品加工业	2	1	2641.1		2637.7	630.9
食品制造业	1		1751.9		1620.4	
饮料制造业	1		3241.0		2170.2	
烟草制品业	1		238371.2		228507.5	
家具制造业	1		876.8		866.8	
印刷业和记录媒介的复制	7	2	26252.9		27084.5	
石油加工、炼焦及核燃料加工业	1		427148.6		428000.7	
化学原料及化学制品制造业	8	3	670265.3	47657.0	668912.4	8512.0
医药制造业	2	1	10298.2	1693.0	14877.4	
橡胶制品业	3	1	148861.1		147860.8	35155.8
塑料制品业	3		6108.8		6696.5	
非金属矿物制品业	11	6	97994.4	3118.6	93225.5	4668.4
黑色金属冶炼及压延加工业	1		5377770.0	992499.2	5411433.0	308316.0
有色金属冶炼及压延加工业	1		43222.0		42922.0	
金属制品业	2	1	14853.5	91.6	14822.9	28.5
通用设备制造业	6	1	87127.3	24455.7	85489.8	297.2
专用设备制造业	14	8	1787633.8	554040.8	1714408.7	229322.1
交通运输设备制造业	7	2	195815.4	21181.0	193194.0	23.0
电气机械及器材制造业	3	2	22510.0	298.0	22022.8	78.5
通信设备、计算机及其他电子设备制造业	3	1	49991.6	28283.7	49378.3	166.6
仪器仪表及文化、办公用机械制造业	3		36290.1	7609.1	36822.6	673.9
电力、热力的生产和供应业	4	4	425820.3		425652.4	
燃气生产和供应业	1		148894.7		148894.7	
水的生产和供应业	2		49753.4		49718.3	

企业主要经济指标

单位：万元

资产总计	流动资产合计	应收帐款	存货	产成品	固定资产合计	固定资产原价	累计折旧	固定资产净值
19880588.0	8764665.5	1216273.2	2227272.4	638477.9	7993957.8	12397506.1	5171668.0	7203081.7
3506787.5	1905884.2	101308.1	87318.2	30077.5	1182382.8	2139067.3	1197562.8	941504.5
14664.1	8743.4	884.0	1330.0	1296.2	5900.7	7383.5	2896.8	4486.7
2919.0	1733.0	3.0	1548.0	135.8	934.1	1899.0	964.9	934.1
12961.4	10167.6		7560.5	4324.6	2793.8	3503.0	1354.4	2148.6
150704.2	60060.9	3493.2	23824.4	3004.5	90209.6	98114.4	26260.6	71853.8
1230.7	621.1		468.7	51.4	609.6	1074.0	464.4	609.6
58247.2	28655.3	8357.5	6132.0	3127.6	22918.1	35145.2	17336.5	17808.7
774684.0	293408.2	40759.9	52537.3	16309.8	481275.8	578081.4	231581.2	323743.8
1211746.7	489984.7	87005.7	112404.5	36952.7	689771.5	785089.6	238602.4	546487.2
23138.7	12259.0	1987.5	3025.4	2065.8	6099.8	12540.8	6441.6	6099.2
246500.0	127745.1	18132.2	29790.4	13331.2	108639.6	95967.6	14255.5	81712.1
5701.3	3081.7	385.8	1809.7	1429.8	2618.4	3860.7	1242.6	2618.1
237184.7	123140.3	28010.6	20789.9	5738.1	107066.9	166194.4	70919.1	95275.3
8648685.2	2938733.9	103283.9	1205118.8	269144.0	3535371.0	5740285.0	2204914.0	3535371.0
13317.1	12171.2	642.9	287.4	287.4	853.5	5262.3	4808.8	453.5
39707.5	34546.6	6876.4	17086.7	6590.6	4343.8	8140.2	5305.4	2834.8
197496.8	160747.5	17156.1	99377.5	50265.9	32293.3	44959.2	16709.0	28250.2
2627175.3	1780598.4	639546.1	484769.0	176752.8	614929.0	858572.2	285857.5	572714.7
261778.5	166060.6	61973.8	28341.0	7436.8	73397.6	71865.3	25397.0	46468.3
34787.8	25900.8	11259.7	7863.8	4908.5	8774.7	14620.2	6961.5	7658.7
158942.7	91366.7	5464.7	16319.4	3190.4	59345.2	81967.0	27762.6	54204.4
112423.7	54490.1	23181.0	4211.6	1159.9	37306.1	49553.6	15134.2	34419.4
987028.0	224529.1	50606.2	13246.9		743742.1	1371972.2	724435.3	647536.9
311631.0	111831.7	3676.0	1073.9	895.2	117936.1	132709.3	14773.2	117936.1
241144.9	98204.4	2278.9	1037.4	1.4	64444.7	89678.7	29726.7	59952.0

11-6 续表 1-1

指　标	负债合计	流动负债合计		长期负债合计
			应付账款	
总　计	**12669037.6**	**7941578.4**	**2115057.0**	**4609661.0**
煤炭开采和洗选业	2063461.1	1419179.1	522023.5	643569.0
农副食品加工业	13529.1	5063.0	872.1	3466.1
食品制造业	2052.0	1927.0	114.2	12.5
饮料制造业	11794.0	11734.0	2917.8	60.0
烟草制品业	42506.8	42506.8	39299.5	
家具制造业	95.7	95.7		
印刷业和记录媒介的复制	26134.2	24393.1	7664.9	1739.0
石油加工、炼焦及核燃料加工业	363175.8	257660.5	61155.9	105515.3
化学原料及化学制品制造业	734634.7	637178.2	48252.5	97456.5
医药制造业	5735.7	5032.3	1130.6	703.4
橡胶制品业	177078.9	72710.1	24791.2	104368.8
塑料制品业	3909.5	3554.6	125.6	354.9
非金属矿物制品业	93902.1	72158.5	17795.1	20226.4
黑色金属冶炼及压延加工业	5432930.4	2832610.9	458264.5	2600319.5
有色金属冶炼及压延加工业	5166.8	5166.8	241.1	
金属制品业	36659.6	33749.2	12423.6	2905.0
通用设备制造业	172181.0	145038.0	23399.6	27127.8
专用设备制造业	1694899.1	1456147.8	624387.1	149991.7
交通运输设备制造业	170631.4	141158.8	67001.9	28472.6
电气机械及器材制造业	30599.9	24794.2	13168.3	5805.7
通信设备、计算机及其他电子设备制造业	118773.7	91206.6	20962.0	6893.9
仪器仪表及文化、办公用机械制造业	65639.4	60097.8	18779.4	5541.6
电力、热力的生产和供应业	1015074.3	279367.3	133117.4	735707.0
燃气生产和供应业	265442.3	265442.3	5350.8	
水的生产和供应业	123030.1	53605.8	11818.4	69424.3

单位:万元

所有者权益合计	实收资本	国家资本	集体资本	法人资本	个人资本
7217796.3	2409853.4	1236547.3	4280.6	1128063.2	19402.3
1443326.5	779233.6	24217.6		753887.6	1128.4
1135.0	1228.8	1228.8			
867.0	700.1	700.1			
1167.4	1875.0	1875.0			
108197.4	61319.6	61319.6			
1135.0	1038.2	467.2	186.9	384.1	
25940.0	17235.5	9196.0		7563.8	475.7
411508.2	127989.9	44562.2		83427.7	
477112.0	178906.0	136376.8		20043.0	2486.2
17403.0	17525.6	276.7		17248.9	
69421.1	58619.8	15989.0		42630.8	
1791.8	1885.3	1121.2	264.1	500.0	
143282.5	35560.5	16560.1		17500.4	
3215754.8	649371.9	649371.9			
8150.3	5121.2			5121.2	
3047.9	2703.3	2703.3			
25315.7	19063.8	12599.2	2007.6	4397.0	
932271.2	250018.4	205707.9		44247.3	63.2
91147.1	51029.5	5108.0	1692.0	44229.5	
4187.9	3127.4	2636.1	130.0		361.3
40168.9	23932.5	5494.3		18250.7	187.5
46784.3	5863.4	1030.0		4833.4	
-15622.0	70178.8	6381.0		63797.8	
46188.5	30000.0	15300.0			14700.0
118114.8	16325.3	16325.3			

11-6 续表 1-2

指　标	外商资本	主营业务收入	主营业务成本	主营业务税金及附加	其他业务收入
总　计	**21560.0**	**12211948.5**	**10088431.5**	**172570.2**	**185963.3**
煤炭开采和洗选业		1775379.9	1048639.0	38056.1	57773.1
农副食品加工业		2687.7	2669.7		94.4
食品制造业		1283.0	906.0	6.0	59.7
饮料制造业		2261.3	1616.4	317.3	
烟草制品业		234794.8	92604.1	98544.3	152.0
家具制造业		866.8	605.5	8.0	
印刷业和记录媒介的复制		25991.8	20448.3	178.2	491.6
石油加工、炼焦及核燃料加工业		414326.0	302454.9	7065.2	16196.2
化学原料及化学制品制造业	20000.0	756441.0	674659.5	1573.5	1782.9
医药制造业		12753.5	9742.1	88.9	13.6
橡胶制品业		151023.7	131887.1	599.1	1501.8
塑料制品业		6078.5	5403.3	15.1	
非金属矿物制品业	1500.0	92278.5	73983.3	1067.6	3084.8
黑色金属冶炼及压延加工业		5931017.0	5286316.9	14450.8	62899.2
有色金属冶炼及压延加工业		38516.6	34643.4	35.7	
金属制品业		30678.3	28697.8	68.4	
通用设备制造业	60.0	66263.8	52197.8	191.8	1504.7
专用设备制造业		1711149.3	1411398.7	5986.1	18279.8
交通运输设备制造业		189069.7	161846.4	799.3	16767.3
电气机械及器材制造业		16941.1	14884.3	56.5	486.4
通信设备、计算机及其他电子设备制造业		81700.6	65708.7	35.8	63.1
仪器仪表及文化、办公用机械制造业		45177.6	32643.1	462.5	1051.7
电力、热力的生产和供应业		424563.6	470192.8	2303.1	3420.2
燃气生产和供应业		150982.1	123314.6	361.8	
水的生产和供应业		49722.3	40967.8	299.1	340.8

单位：万元

其他业务利润	营业费用	管理费用		财务费用		营业利润	投资收益
			税金		利息支出		
-11629.5	236942.0	**1018324.9**	**37863.2**	**239513.3**	**213284.5**	**552951.7**	**58911.6**
-14661.5	22569.6	324264.7	7661.3	22351.8	22225.5	284174.4	-9919.3
89.1	190.3	216.1	27.8	6.8		-306.0	
49.2	87.6	305.2	16.2	24.0	24.0	3.4	
	23.9	406.6		60.3		-163.3	
19.1	3293.6	20743.7	663.4	-312.2	-316.7	19940.3	
	95.2	84.6	7.6	-0.3	-0.3	73.7	
339.5	58.3	3446.5	47.7	195.7	210.0	403.3	101.2
-4215.0	24020.3	26953.3	3999.4	4475.0	4754.9	42217.0	0.6
-1169.4	7659.1	44806.4	1632.2	11068.4	10940.6	45870.8	-80.0
13.6	1461.9	1341.8	1.1	73.3	72.2	232.7	173.6
-0.4	4869.5	3315.2	114.3	3496.8	2817.7	6941.3	
	388.0	291.8	28.7	47.0	27.8	-16.7	
302.8	4024.3	10692.0	485.7	-471.2	-555.5	2401.5	80.9
	107145.6	377060.0	14245.2	130179.8	104347.4	147740.9	51620.5
	129.5	899.6		29.1	35.2	1384.3	
	625.2	1420.1	516.8	-7.7		-199.6	
983.8	3250.8	10651.6	507.6	1599.2	1615.7	-725.6	
1595.9	39963.2	125779.8	4341.4	15029.1	15309.0	74665.2	5942.7
1468.2	4082.1	19612.6	624.1	1529.5	1563.4	5049.6	84.6
222.2	775.7	5106.1	185.1	34.6	30.6	-3836.9	
49.3	223.7	6278.7	545.4	81.9	40.1	-1278.7	-393.0
63.8	872.5	7056.2	437.9	279.6	256.7	4682.7	670.6
2879.5		13769.7	1346.0	42246.1	41914.9	-90842.0	11.6
	8472.2	3424.2		4845.2	4882.4	10826.2	
340.8	2659.9	10398.4	428.3	2651.5	3088.9	3713.2	10617.6

11-6 续表 1-3

指　标	补贴收入	营业外收入	营业外支出	利润总额	应交所得税
总　计	**16402.8**	**80805.8**	**81100.6**	**553041.9**	**112222.8**
煤炭开采和洗选业		26017.8	16713.4	293478.8	71331.2
农副食品加工业	193.7	217.0	5.7	–94.7	
食品制造业			1.9	1.5	0.4
饮料制造业		178.7	15.2	0.2	
烟草制品业		150.6	337.2	19753.7	5072.0
家具制造业				73.7	18.4
印刷业和记录媒介的复制		149.4	44.6	508.1	169.2
石油加工、炼焦及核燃料加工业	2650.0	8295.3	7229.2	43283.1	13329.1
化学原料及化学制品制造业	6.0	2006.1	29334.2	18542.7	4958.0
医药制造业		0.1	377.8	–145.0	33.7
橡胶制品业		585.8	17.6	7509.5	
塑料制品业		40.0	0.6	22.7	3.8
非金属矿物制品业	128.1	964.1	516.3	2849.3	1790.4
黑色金属冶炼及压延加工业		13241.1	8389.7	152592.3	6137.5
有色金属冶炼及压延加工业	30.3			1384.3	76.0
金属制品业			7.7	–207.3	
通用设备制造业	385.0	927.4	86.0	500.8	71.7
专用设备制造业	4349.6	12660.5	16464.4	70861.3	3717.3
交通运输设备制造业		542.3	113.3	5478.6	1102.8
电气机械及器材制造业		74.9	7.2	–3769.2	455.0
通信设备、计算机及其他电子设备制造业	306.9	427.7	21.8	–872.8	23.4
仪器仪表及文化、办公用机械制造业	203.0	334.0	12.9	5003.8	808.7
电力、热力的生产和供应业	7150.2	12985.0	897.9	–78754.9	
燃气生产和供应业				10826.2	3123.8
水的生产和供应业	1000.0	1008.0	506.0	4215.2	0.4

单位：万元

亏损企业亏损总额	利税总额	本年应付工资总额	本年应付福利费总额	本年应交增值税	本年进项税额	本年销项税额	全部从业人员年平均人数（人）
106200.2	1227324.5	1224851.5	39745.2	501712.4	1609697.9	2054195.2	213029
1062.3	555716.1	528778.3	554.9	224181.2	161956.9	384407.4	80161
98.0	–94.7	283.9			344.7	241.9	176
	66.5	171.9	22.8	59.0	15.5	21.8	189
	515.1	398.6		197.6			396
	144276.1	22767.9	797.2	25978.0	14960.0	40031.5	1242
	151.9	180.5		70.2	77.1	147.3	126
493.7	1924.2	2865.0	147.7	1237.9	2642.0	4155.2	1605
	87329.0	70414.5	3833.6	36980.7	40831.7	77812.4	14834
11145.0	31496.6	59243.5	14445.3	11380.4	12728.0	19116.6	17251
534.8	673.8	3398.7	33.5	729.9	1438.8	2168.7	683
4.7	8266.0	6090.1	515.1	157.4	26253.1	25929.2	2766
	143.3	390.1	14.0	105.5	705.6	885.3	260
1700.5	11068.2	9240.0	960.5	7151.3	5453.0	11543.8	5311
	276503.6	306530.5	11439.6	109460.5	1108768.7	1187010.0	30934
	1678.2	1149.4	124.2	258.2			64
277.9	547.5	2224.9	108.6	686.4	4699.7	5263.2	1059
48.8	2401.1	9110.2	287.6	1708.5	9139.7	10831.6	4708
1612.4	126811.4	125931.7	3794.2	49964.0	170047.7	220210.8	28547
4060.5	12925.2	15368.6	574.2	6647.3	12671.6	14650.8	5436
3770.8	–3218.9	2177.9	460.4	493.8	2421.4	2915.3	1421
2635.9	–557.2	11119.2	354.1	279.8	1044.6	1235.3	4156
	5985.9	7086.5	35.4	519.6	1735.8	2629.6	2318
78754.9	–57564.5	29427.3	583.1	18887.3	31762.3	40098.0	6886
	12780.4	1599.5	283.6	1592.4			199
	7499.8	8902.8	375.6	2985.5		2889.5	2301

11-7 集体工业企业

指 标	企业单位数（个）	亏损企业	工业总产值（当年价格）	新产品产值	工业销售产值（当年价格）
总 计	44	9	129062.4	261.6	126649.5
煤炭开采和洗选业	2		7200.0		7200.0
纺织服装、鞋、帽制造业	2		31435.2		31149.4
印刷业和记录媒介的复制	1		4559.2		4559.2
化学原料及化学制品制造业	2		2847.7		3011.1
塑料制品业	2		1799.7	261.6	1654.8
非金属矿物制品业	2		5422.0		4987.0
黑色金属冶炼及压延加工业	2		2229.7		2199.1
金属制品业	9	2	29796.1		29467.1
通用设备制造业	17	5	38101.0		36707.0
专用设备制造业	3	1	2161.7		2139.7
交通运输设备制造业	2	1	3510.1		3575.1

主要经济指标

单位:万元

资产总计	流动资产合计	应收帐款	存货	产成品	固定资产合计	固定资产原价	累计折旧	固定资产净值
107094.7	77154.5	22041.6	15446.6	6308.7	26750.5	39433.9	15584.3	23849.6
4993.6	2542.6	390.3	608.5	589.8	2120.2	1462.5	395.1	1067.4
18127.3	14099.8	2101.3	3344.7	1371.8	4027.4	6289.3	2284.3	4005.0
3216.5	2692.7	578.3	126.3	47.0	523.8	1206.2	682.4	523.8
2089.3	1754.6	970.6	194.5	120.5	213.2	384.8	171.6	213.2
4955.7	2520.1	492.2	1296.3	1131.1	2433.6	2834.7	401.1	2433.6
3223.6	572.8	104.4	89.9	57.0	2501.8	2315.0	263.2	2051.8
6685.1	3174.7	476.1	304.5	242.9	3510.4	4291.4	781.0	3510.4
20393.7	15619.4	2961.0	4362.1	1847.7	4598.9	7257.2	3648.9	3608.3
32896.8	26106.5	10971.9	3756.5	854.4	4379.4	9489.7	5486.6	4003.1
5990.6	4221.0	1106.7	829.4	45.6	1769.6	2346.1	585.3	1760.8
4522.5	3850.3	1888.8	533.9	0.9	672.2	1557.0	884.8	672.2

11-7 续表 1-1

指　标	负债合计	流动负债合计	应付账款
总　计	**79379.3**	**77502.1**	**33710.2**
煤炭开采和洗选业	4532.1	3456.9	278.0
纺织服装、鞋、帽制造业	13382.2	13382.2	902.3
印刷业和记录媒介的复制	2529.3	2509.3	2508.7
化学原料及化学制品制造业	1610.0	1469.8	335.1
塑料制品业	4682.1	4441.0	1165.0
非金属矿物制品业	576.2	312.2	247.2
黑色金属冶炼及压延加工业	3387.9	3387.9	690.5
金属制品业	15447.2	15347.2	7527.9
通用设备制造业	24948.8	24912.1	16295.4
专用设备制造业	5497.4	5497.4	2232.7
交通运输设备制造业	2786.1	2786.1	1527.4

单位:万元

长期负债合计	所有者权益合计	实收资本	集体资本	法人资本	个人资本
1608.4	27715.0	22275.9	19254.1	3005.8	16.0
875.2	461.5	1180.0		1180.0	
	4745.1	977.7	489.3	488.4	
	687.2	5229.1	5229.1		
140.2	479.2	120.0	120.0		
229.0	273.6	230.0	230.0		
264.0	2647.4	1292.4	1244.4	32.0	16.0
	3297.2	515.0	515.0		
100.0	4946.5	4663.6	4063.6	600.0	
	7947.9	6626.5	5921.1	705.4	
	493.1	593.8	593.8		
	1736.3	847.8	847.8		

11-7 续表 1-2

指　标	主营业务收入	主营业务成本	主营业务税金及附加	其他业务收入
总　计	**124937.8**	**113528.1**	**943.8**	**2353.2**
煤炭开采和洗选业	7909.5	7205.9	16.7	
纺织服装、鞋、帽制造业	30296.9	29464.7	336.0	877.2
印刷业和记录媒介的复制	3704.3	3098.0	59.0	854.9
化学原料及化学制品制造业	3169.5	3084.7	17.1	
塑料制品业	1654.3	1561.0	3.6	
非金属矿物制品业	4987.0	4105.3	54.0	
黑色金属冶炼及压延加工业	2199.1	1948.8	40.1	
金属制品业	28337.7	24226.7	171.3	45.7
通用设备制造业	37000.2	34228.8	192.4	522.0
专用设备制造业	2058.1	1881.9	3.1	
交通运输设备制造业	3621.2	2722.3	50.5	53.4

单位：万元

其他业务利润	营业费用	管理费用	税金	财务费用	利息支出	营业利润	投资收益
244.5	1035.3	9426.1	135.7	109.4	–3.6	2063.0	–94.5
	253.2	89.0		93.8		182.4	
	33.3	1700.3	49.4	–6.3	–4.6	295.8	
–2.3	200.0	543.6	4.5	–10.4	–11.3	40.1	
	142.5	19.5		2.8	2.1	44.7	
	35.8	47.8	3.0	–0.1	–0.1	7.8	
	44.1	269.3	0.3	24.1		554.2	
	42.6	109.9	0.5			57.7	
	150.3	2547.8	45.0	8.9	11.8	1125.9	–94.5
243.2	127.2	2992.6	31.4	17.7	19.8	–179.3	
		215.9				–43.0	
3.6		890.4	1.6	–21.1	–21.3	–23.3	

11-7 续表 1-3

指　标	补贴收入	营业外收入	营业外支出	利润总额	应交所得税
总　计	**1240.4**	**687.5**	**135.2**	**2630.3**	**632.6**
煤炭开采和洗选业				182.4	
纺织服装、鞋、帽制造业	997.8	489.6	57.7	727.7	2.9
印刷业和记录媒介的复制		2.1	5.4	36.8	9.2
化学原料及化学制品制造业	80.5			44.7	2.0
塑料制品业		0.4	1.0	7.2	1.5
非金属矿物制品业				554.2	134.0
黑色金属冶炼及压延加工业				57.7	14.4
金属制品业	15.0	108.6	41.0	1208.5	395.3
通用设备制造业	147.1	68.4	29.0	-139.9	60.7
专用设备制造业				-43.0	5.8
交通运输设备制造业		18.4	1.1	-6.0	6.8

单位:万元

亏损企业亏损总额	利税总额	本年应付工资总额	本年应付福利费总额	本年应交增值税	本年进项税额	本年销项税额	全部从业人员年平均人数（人）
831.4	10075.9	14084.8	1159.3	6501.8	14140.8	19206.0	8593
	332.3	76.5	10.6	133.2	1415.4	1548.6	43
	2996.3	3286.4	80.6	1932.6	2836.3	4774.9	1721
	421.4	490.2	50.3	325.6	310.7	629.7	419
	227.9	159.8	10.2	166.1	372.7	538.8	102
	44.2	74.0	2.0	33.4	173.1	206.5	125
	742.8	408.3	10.2	134.6		44.0	321
	138.4	232.8	11.6	40.6	333.1	373.7	94
376.8	2801.6	3970.2	230.7	1421.8	3462.8	4530.3	2206
370.5	2034.0	4073.5	257.1	1981.5	4396.6	5933.3	3006
53.4	-19.1	243.9	4.9	20.8	365.8	349.6	186
30.7	356.1	1069.2	491.1	311.6	474.3	276.6	370

11-8 私营工业企业

指标	企业单位数(个)	亏损企业	工业总产值(当年价格)	新产品产值	工业销售产值(当年价格)	出口交货值
总计	207	68	1624409.2	66641.8	1658256.1	8662.9
煤炭开采和洗选业	21	12	117564.0		152526.9	
黑色金属矿采选业	3	3	8087.6		4952.3	
农副食品加工业	8	3	89054.9		84634.1	73.0
食品制造业	5		25402.1	8472.8	22754.9	
纺织业	2	1	12965.0	2154.0	9090.9	
家具制造业	4	1	6282.9		4791.8	
造纸及纸制品业	5	2	27809.8		27746.2	
印刷业和记录媒介的复制	4	1	11572.3	907.0	11572.3	
文教体育用品制造业	1		17050.8		17050.8	934.5
石油加工、炼焦及核燃料加工业	12	11	692025.7		700017.9	
化学原料及化学制品制造业	14	3	58994.4	17099.2	58251.1	
医药制造业	9	4	15253.4	2055.5	14410.8	706.5
化学纤维制造业	1		5253.0		6002.7	
塑料制品业	7	1	26450.8		26212.1	
非金属矿物制品业	17	5	110817.6	9827.3	111194.1	
黑色金属冶炼及压延加工业	10	5	85945.8		85991.2	206.5
有色金属冶炼及压延加工业	8	4	52536.6	1280.0	61100.7	
金属制品业	16	3	63012.6		67900.9	
通用设备制造业	22	4	53871.6	1220.7	51987.9	788.4
专用设备制造业	9		29177.8		30998.6	
交通运输设备制造业	5	1	20721.8	743.2	19356.6	
电气机械及器材制造业	6	1	41548.5	21183.5	39190.1	
通信设备、计算机及其他电子设备制造业	10	3	39638.8	755.6	36659.3	5954.0
仪器仪表及文化、办公用机械制造业	7		11766.1	943.0	12256.6	
工艺品及其他制造业	1		1605.3		1605.3	

主要经济指标

单位：万元

资产总计	流动资产合计	应收帐款	存货	产成品	固定资产合计	固定资产原价	累计折旧	固定资产净值
3094837.3	1564598.4	284037.2	426802.6	288717.3	790561.8	859158.1	209008.7	650149.4
153436.7	87449.7	27970.1	19310.1	4840.8	40625.0	48810.5	12941.1	35869.4
27147.7	13234.0	1893.6	9200.7	5346.8	13908.7	18101.7	4375.9	13725.8
97008.2	48943.9	3338.1	10966.8	5387.4	46433.7	46680.7	5935.6	40745.1
31682.9	14973.3	4874.1	4762.4	3309.1	12334.7	16421.5	4170.1	12251.4
17805.5	16662.4	17.1	12916.7	6554.1	1104.1	811.5	224.3	587.2
5785.6	2978.4	878.3	1860.7	522.6	2176.2	3694.5	1578.3	2116.2
37328.3	12499.7	2786.7	5466.0	1245.6	20502.8	26041.5	5538.7	20502.8
14425.1	7240.5	2110.7	1045.3		7181.8	11695.1	5165.6	6529.5
8420.1	8170.8	7704.8			249.3	210.7	19.1	191.6
1980920.7	869048.6	99957.0	214285.5	187565.3	458299.4	445806.8	89909.4	355897.4
47480.2	30282.1	10158.3	11946.2	6123.1	9253.2	9643.4	3996.9	5646.5
34311.7	20947.3	4168.1	5252.3	1284.1	11708.9	14521.1	3219.4	11301.7
1946.3	1884.2	-334.9	1477.0	1262.7	62.1	30.8		30.8
31637.2	15597.7	3249.7	7052.4	5565.6	8465.1	10483.9	2201.8	8282.1
122424.0	70853.3	35270.6	11103.5	4940.8	45195.0	64205.7	26284.6	37921.1
110297.5	83824.5	9715.9	41169.7	27470.8	22912.0	30025.5	10578.0	19447.5
101567.0	78927.2	5321.5	24314.9	5974.0	21790.3	30104.4	10076.0	20028.4
39731.6	33491.3	12086.5	11835.3	8648.5	5767.8	7616.6	1849.0	5767.6
71301.2	43865.7	14287.7	11321.8	4619.8	17324.2	25159.0	7972.7	17186.3
36251.3	22626.3	10219.4	3628.5	1938.8	12227.2	14168.5	2570.3	11598.2
22640.1	10164.1	2516.0	3693.2	1488.5	9598.4	8990.2	2162.4	6827.8
48319.8	33420.0	13146.4	6293.1	1043.0	13316.7	12237.1	2076.6	10160.5
26517.4	16657.5	4135.7	5791.1	2700.0	6778.5	9618.3	5024.7	4593.6
24626.2	19650.4	7813.5	1946.3	885.9	3266.2	3978.2	1083.8	2894.4
1825.0	1205.5	752.3	163.1		80.5	100.9	54.4	46.5

11-8 续表 1-1

指　标	负债合计	流动负债合计	应付账款	长期负债合计
总　计	**2161484.1**	**1544656.1**	**507095.2**	**206988.5**
煤炭开采和洗选业	109766.3	101591.4	50137.1	8104.0
黑色金属矿采选业	21596.2	21596.2	14022.7	
农副食品加工业	52120.3	48065.5	2847.2	4054.8
食品制造业	14441.6	9681.5	1978.0	489.0
纺织业	16342.5	16340.8	231.1	
家具制造业	1324.2	915.4	213.1	403.8
造纸及纸制品业	30044.7	27656.0	7336.0	2388.7
印刷业和记录媒介的复制	9721.0	9381.0	1087.0	340.0
文教体育用品制造业	7737.7	7737.7	7708.1	
石油加工、炼焦及核燃料加工业	1393615.8	845553.0	255925.0	148062.8
化学原料及化学制品制造业	23537.1	23461.4	8118.3	75.6
医药制造业	23712.4	22408.7	4651.9	913.3
化学纤维制造业	1410.7	101.2	55.4	1309.5
塑料制品业	21624.5	20899.5	3581.5	725.0
非金属矿物制品业	76920.8	68429.5	30684.4	6292.9
黑色金属冶炼及压延加工业	96208.5	70973.2	22120.7	24599.6
有色金属冶炼及压延加工业	101524.6	100516.5	30926.2	1000.0
金属制品业	23361.3	22267.8	8751.2	
通用设备制造业	44249.7	42469.9	10616.7	1779.8
专用设备制造业	23574.1	23180.6	8754.9	375.5
交通运输设备制造业	10303.0	10303.0	3263.1	
电气机械及器材制造业	30195.3	27729.8	20355.5	2439.2
通信设备、计算机及其他电子设备制造业	16114.8	14716.1	9066.3	278.4
仪器仪表及文化、办公用机械制造业	10687.0	8627.0	4610.4	2060.0
工艺品及其他制造业	1350.0	53.4	53.4	1296.6

单位：万元

所有者权益合计	实收资本	国家资本	集体资本	法人资本	个人资本
931562.6	345158.8	1537.2	1206.9	115772.4	226642.3
43670.2	24938.4			7010.0	17928.4
5551.4	1450.0			900.0	550.0
44887.9	24069.1	1070.0		10430.0	12569.1
17241.3	7480.0			5000.0	2480.0
1462.9	2100.0			500.0	1600.0
4461.0	3496.2	467.2	186.9	384.1	2458.0
7283.5	8960.4			6060.0	2900.4
4704.1	3050.0			500.0	2550.0
641.5	500.0				500.0
587304.6	91555.0			22200.0	69355.0
23942.9	14872.8			3750.0	11122.8
10599.1	10041.5			7941.5	2100.0
535.6	500.0			500.0	
10012.4	9631.8			758.8	8873.0
45502.8	40282.0		1020.0	8769.3	30492.7
14089.1	13612.3			9300.0	4312.3
42.4	25252.5			4519.0	20733.5
16070.1	10846.0			2980.0	7866.0
27051.1	15396.8			5992.7	9404.1
12448.4	7962.6			4048.0	3914.6
12206.4	4650.0			2615.0	2035.0
18124.5	10600.0			7290.0	3310.0
9315.2	9353.9			4324.0	5029.9
13939.2	4057.5				4057.5
475.0	500.0				500.0

11-8 续表 1-2

指　标	主营业务收入	主营业务成本	主营业务税金及附加	其他业务收入
总　计	**1561790.2**	**1449399.8**	**15964.0**	**29334.9**
煤炭开采和洗选业	132955.8	120961.7	2787.5	5372.1
黑色金属矿采选业	4888.7	5866.5	295.8	
农副食品加工业	79074.2	76427.9	45.3	32.3
食品制造业	20546.7	13383.3	579.0	374.2
纺织业	9744.2	9053.4	35.8	
家具制造业	4021.4	3264.4	18.6	24.0
造纸及纸制品业	24157.1	22693.7	94.0	
印刷业和记录媒介的复制	11569.6	10332.4	56.9	18.5
文教体育用品制造业	19672.5	19419.5	61.0	
石油加工、炼焦及核燃料加工业	673888.9	651689.7	7919.9	10851.8
化学原料及化学制品制造业	49456.4	41493.0	530.9	557.2
医药制造业	14913.6	11966.5	43.1	32.5
化学纤维制造业	6002.7	5622.2	7.7	236.8
塑料制品业	25743.7	22605.6	166.1	309.2
非金属矿物制品业	103857.7	93795.1	599.1	3030.0
黑色金属冶炼及压延加工业	78623.4	74665.3	213.8	257.7
有色金属冶炼及压延加工业	61485.2	67010.3	1050.5	32.7
金属制品业	64518.5	58342.9	154.8	48.4
通用设备制造业	42650.1	35478.4	742.5	7438.4
专用设备制造业	28242.3	24987.6	176.8	7.8
交通运输设备制造业	17161.9	15357.7	90.9	59.7
电气机械及器材制造业	38742.1	30600.7	111.3	
通信设备、计算机及其他电子设备制造业	35837.5	26108.2	48.3	651.6
仪器仪表及文化、办公用机械制造业	12430.7	6790.2	132.9	
工艺品及其他制造业	1605.3	1483.6	1.5	

单位：万元

其他业务利润	营业费用	管理费用		财务费用		营业利润	投资收益
			税金		利息支出		
8446.9	61409.9	69465.6	2994.4	41420.2	36930.7	-66552.2	-576.4
3029.6	8223.6	3191.0	55.3	2133.4	1424.2	-1692.0	
	174.1	914.0	24.0	7.4	6.8	-2358.1	
32.3	2890.1	2685.1	32.7	2375.8	2372.8	-2747.0	
374.2	2152.8	785.3	6.7	398.2	262.4	3473.3	
	554.3	549.6		42.7	35.5	-411.2	
	225.8	379.0	14.1	21.7	19.7	253.9	
	206.7	737.9	57.1	704.3	698.4	-278.8	
18.5	115.0	945.5	22.1	329.6	313.4	-188.6	-2.7
	0.8	244.9		0.2		1840.0	-600.0
3370.0	32655.8	29718.5	2231.1	26328.5	21242.2	-67338.3	
444.8	2738.0	2619.3	55.4	745.1	584.3	1583.1	16.5
32.5	1183.0	1376.3	22.5	471.3	212.3	304.3	
5.5	100.6	193.3		80.0	78.9	4.4	
176.4	868.9	952.2	5.3	312.8	304.9	-25.1	10.3
389.1	1861.3	4096.7	122.7	1482.8	4350.0	2663.9	
257.7	440.1	1875.5	40.0	2159.0	2098.3	-471.2	
10.0	458.2	1479.6	37.8	2361.8	1811.9	-10956.8	
47.0	916.9	2504.9	33.9	207.7	182.9	2035.2	-0.8
242.1	2224.9	2502.4	154.6	588.3	344.7	314.2	
3.5	444.7	1437.0	20.2	127.4	101.0	1132.1	
13.6	578.0	1331.6	27.1	146.3	130.3	2451.2	
	1333.2	3027.2	5.8	185.5	194.0	2122.2	0.3
0.1	461.3	2068.3	23.8	177.7	131.8	-442.0	
	536.7	3782.1	2.2	32.5	30.0	2176.6	
	65.1	68.4		0.2		2.5	

11-8 续表 1-3

指 标	补贴收入	营业外收入	营业外支出	利润总额	应交所得税
总 计	**2546.7**	**4163.1**	**4947.2**	**-66960.2**	**4173.8**
煤炭开采和洗选业		22.7	735.7	-2405.0	163.2
黑色金属矿采选业		47.1	379.3	-2690.3	
农副食品加工业	878.6	452.9	5.8	-1981.0	255.3
食品制造业		0.1	2.2	3471.2	55.8
纺织业	6.2	1.0	4.1	-414.3	62.4
家具制造业	10.0	12.0	3.1	272.8	34.5
造纸及纸制品业	40.0	365.7	35.4	51.5	14.0
印刷业和记录媒介的复制	217.0	220.6	11.4	20.6	7.3
文教体育用品制造业		80.0		1920.0	
石油加工、炼焦及核燃料加工业	202.3	2213.4	2370.3	-67495.2	1166.1
化学原料及化学制品制造业		12.6	40.4	1555.3	346.0
医药制造业	62.2	6.2	18.7	291.8	135.9
化学纤维制造业			1.9	2.5	0.6
塑料制品业		20.8	1.4	-5.7	9.9
非金属矿物制品业	45.0	270.2	449.1	2500.0	464.5
黑色金属冶炼及压延加工业		2.1	30.3	-499.4	106.5
有色金属冶炼及压延加工业	94.7	10.7	40.6	-10986.7	2.3
金属制品业	32.2	122.9	193.5	1996.8	334.5
通用设备制造业	207.7	145.1	14.6	444.7	151.5
专用设备制造业		1.5	10.2	1123.4	127.2
交通运输设备制造业	110.0	104.7	14.8	2541.1	91.0
电气机械及器材制造业	61.0	29.7	19.9	2132.0	518.9
通信设备、计算机及其他电子设备制造业	50.0	7.1	377.1	-812.0	13.2
仪器仪表及文化、办公用机械制造业	529.8	14.0	187.4	2003.2	113.2
工艺品及其他制造业				2.5	

单位:万元

亏损企业亏损总额	利税总额	本年应付工资总额	本年应付福利费总额	本年应交增值税	本年进项税额	本年销项税额	全部从业人员年平均人数(人)
93682.0	36256.0	127268.1	3263.5	87252.2	176802.9	211102.1	35300
3027.5	10072.1	1922.9	177.3	9689.6	11852.7	21179.7	1336
2690.3	-2091.0	394.5	40.6	303.5	837.6	829.6	167
3722.3	-1856.5	2242.7	70.9	79.2	3127.3	3204.9	1058
	4279.5	2551.5	118.2	229.3	637.6	529.1	612
707.7	-131.3	798.8	2.0	247.2	1406.6	1656.0	702
88.6	421.8	639.4	28.0	130.4	296.7	391.8	247
19.0	849.1	1246.3	8.6	703.6	3350.8	4101.5	1006
318.9	372.4	985.2	46.5	294.9	1639.8	1924.6	486
	2496.0	133.6		515.0	3084.6	3581.6	100
68321.1	1162.2	52152.7	821.7	60737.5	82510.5	93422.9	11733
175.7	3370.1	6254.4	81.3	1283.9	6262.5	7393.4	1400
423.5	1060.5	1693.8	111.0	725.6	1876.5	2570.2	801
	10.2	312.3	5.9		983.9	1060.7	172
220.6	651.9	1119.3	68.8	491.5	1888.5	2381.2	425
252.4	7560.3	16740.4	477.0	4461.2	4972.3	8115.7	3036
892.3	1210.8	3197.5	109.3	1496.4	6647.1	7578.7	933
10999.1	-9199.2	12902.6	32.8	737.0	9579.5	10204.4	3159
401.6	3088.5	2859.5	238.0	936.9	9016.9	9922.5	1766
542.8	2484.0	4044.8	131.6	1296.8	7281.9	8174.7	1887
	2150.4	2733.6	47.1	850.2	3320.0	4233.3	802
8.1	2751.9	2897.2	14.2	119.9	7203.3	7857.5	800
1.6	2874.4	5556.4	169.3	631.1	5773.6	6529.8	591
868.9	-168.7	2842.1	338.9	595.0	2572.8	2820.1	1722
	2820.6	971.4	114.0	684.5	419.0	1165.3	313
	16.0	75.2	10.5	12.0	260.9	272.9	46

11-9 外商投资和港澳台商投资

指　标	企业单位数(个)	亏损企业	工业总产值(当年价格)	新产品产值	工业销售产值(当年价格)	出口交货值
总　计	31	13	1298564.1	503840.7	1195300.8	417369.5
农副食品加工业	2		38659.8		38483.1	
食品制造业	1		90652.9		83187.9	
饮料制造业	2		61396.9	22245.8	60935.0	
纺织业	1	1	5872.5		6580.8	679.8
石油加工、炼焦及核燃料加工业	3	1	224269.0		175914.0	4853.6
化学原料及化学制品制造业	2		109217.0		108854.1	
医药制造业	1	1	1535.5		1217.7	
塑料制品业	3		23545.4	17314.6	19968.8	
非金属矿物制品业	1	1	2049.8		1894.9	
有色金属冶炼及压延加工业	4	4	100.0		60.0	
金属制品业	1		3243.5		4311.9	
通用设备制造业	2	1	1190.7		1435.7	168.0
专用设备制造业	2	2	10743.1		9413.3	2394.3
交通运输设备制造业	2		55087.7	5367.8	35997.3	
通信设备、计算机及其他电子设备制造业	2	1	635401.9	424013.0	611534.4	409273.8
仪器仪表及文化、办公用机械制造业	1		32652.6	32652.6	32652.6	
工艺品及其他制造业	1	1	2945.8	2246.9	2859.3	

工业企业主要经济指标

单位：万元

资产总计	流动资产合计	应收帐款	存货	产成品	固定资产合计	固定资产原价	累计折旧	固定资产净值
1807832.7	764486.6	177421.2	204381.1	47754.2	920319.2	1168903.4	477602.0	691301.4
15528.2	6604.9	914.2	4009.0	1478.9	8678.6	12968.4	4289.8	8678.6
45857.1	7144.6	2480.6	1151.5	123.3	13233.1	16857.4	3624.3	13233.1
40018.6	11054.0	536.8	5224.1	2907.3	28906.2	42540.1	14944.9	27595.2
18264.3	8072.0	4766.8	2471.9	1508.5	6289.5	9052.3	2780.9	6271.4
400605.1	273352.6	8728.3	39378.8	13758.4	98816.6	132652.2	37857.3	94794.9
135076.8	32918.3	11865.2	4495.1	1104.9	101789.6	158339.2	56549.6	101789.6
17195.5	10966.8	741.7	1960.0	1815.4	2639.6	2873.0	2304.7	568.3
31972.6	8091.3	1666.2	508.8	462.7	23158.7	31026.8	7869.9	23156.9
6386.2	1760.3	27.5	1510.3		3328.0	6200.8	2872.8	3328.0
16814.1	9803.3	992.1	2572.0	732.7	6954.4	8892.7	1938.3	6954.4
1086.2	498.6		217.1	163.3	587.6	825.7	238.1	587.6
3842.1	2815.9	309.4	585.9	423.4	995.3	2060.2	1064.9	995.3
24766.3	11848.3	3162.4	2545.2	2450.2	12450.9	16100.9	10616.3	5484.6
76856.1	55081.3	14106.8	23321.6	5854.7	19432.7	21598.6	2693.4	18905.2
950804.4	306906.2	116473.0	111374.2	12112.3	589428.5	703091.4	327105.9	375985.5
21212.2	16356.4	9977.7	2661.9	2661.9	3294.8	3294.8	657.1	2637.7
1546.9	1211.8	672.5	393.7	196.3	335.1	528.9	193.8	335.1

11-9 续表 1-1

指 标	负债合计	流动负债合计	应付账款	长期负债合计
总 计	**1075528.4**	**948121.4**	**201954.6**	**124949.3**
农副食品加工业	6781.8	4881.8	3133.5	1900.0
食品制造业	11946.3	9066.3	4092.2	880.0
饮料制造业	27273.2	21624.5	9620.3	5648.7
纺织业	5429.6	5429.6	-75.9	
石油加工、炼焦及核燃料加工业	268957.4	227534.0	50691.3	41423.4
化学原料及化学制品制造业	53321.4	53321.4	5790.4	
医药制造业	16665.2	16665.2	289.7	
塑料制品业	18372.2	17632.9	2801.9	739.3
非金属矿物制品业	4208.2	4208.2	178.7	
有色金属冶炼及压延加工业	9350.0	9345.9	2844.7	
金属制品业	498.5	498.5		
通用设备制造业	628.6	628.6	182.4	
专用设备制造业	6993.2	6993.2	734.2	
交通运输设备制造业	56911.9	48458.3	9258.6	8000.0
通信设备、计算机及其他电子设备制造业	582496.6	516624.1	111056.5	65872.5
仪器仪表及文化、办公用机械制造业	5497.7	5163.9	1323.6	333.8
工艺品及其他制造业	196.6	45.0		151.6

单位：万元

所有者权益合计	实收资本	国家资本	法人资本	个人资本	港澳台资本	外商资本
731891.3	556406.8	3107.4	72504.2	28293.3	292587.5	159914.4
8746.4	8506.1	2936.4	750.0			4819.7
33910.8	11667.0					11667.0
12745.2	13312.8		2076.8		11236.0	
12834.7	12520.0		11930.0		590.0	
131647.7	48598.0		3007.8	22500.0		23090.2
81755.4	44340.1		22126.6			22213.5
530.3	1828.0					1828.0
13187.8	13262.8		1350.0	450.0	25.8	11437.0
2178.0	5000.0		3500.0			1500.0
7464.0	7207.6			5343.3		1864.3
587.7	880.2					880.2
3213.4	2167.5	171.0	9.0			1987.5
17773.1	17200.0		6700.0			10500.0
19944.2	18004.0		18004.0			
368307.8	346170.7				279993.7	66177.0
15714.5	5000.0		3050.0			1950.0
1350.3	742.0				742.0	

11-9 续表 1-2

指　标	主营业务收入	主营业务成本	主营业务税金及附加	其他业务收入
总　计	**1148955.0**	**961240.9**	**1162.9**	**27915.7**
农副食品加工业	35405.9	30995.8		45.7
食品制造业	52543.5	40072.4		539.2
饮料制造业	75217.3	51525.1		80.5
纺织业	5763.5	5110.6		
石油加工、炼焦及核燃料加工业	215653.5	204438.9	489.0	2194.6
化学原料及化学制品制造业	108713.3	72536.7		133.1
医药制造业	1729.5	804.6		
塑料制品业	14439.2	10448.5		4878.7
非金属矿物制品业	1962.4	1589.0	35.7	
有色金属冶炼及压延加工业	9025.4	9389.9	607.5	49.7
金属制品业	4311.9	4171.0		
通用设备制造业	1431.9	1169.4		1.7
专用设备制造业	11223.5	10198.1		
交通运输设备制造业	37547.8	30446.8		
通信设备、计算机及其他电子设备制造业	539504.0	466939.6		19992.1
仪器仪表及文化、办公用机械制造业	32652.6	19560.4	30.7	
工艺品及其他制造业	1829.8	1844.1		0.4

单位:万元

其他业务利润	营业费用	管理费用	税金	财务费用	利息支出	营业利润	投资收益
5781.4	43393.5	69557.3	3188.8	24532.4	20948.5	128031.0	90931.0
41.5	1218.3	2177.9	35.0	198.0	191.5	857.5	
10.1	6960.2	1242.5		74.2	-22.6	4204.2	
54.3	12644.0	2858.5	238.4	311.2	271.3	2725.8	
	102.2	585.1		501.4	456.3	-535.8	
	10360.6	6460.0	141.3	8100.4	6718.5	78050.0	90811.9
95.4	2493.3	3680.5	107.0	1717.6	1727.6	28381.5	119.1
		431.8				-118.7	
61.7	420.1	488.5	68.0	404.6	386.6	741.8	
	76.8	195.8	55.5	130.0	119.5	-20.5	
8.2	88.7	753.1		-46.6		-1586.9	
	68.5	44.5		16.2	18.1	25.0	
0.1	55.1	153.7	19.7	16.0		40.3	
	356.9	2828.5		662.8	314.0	-2491.1	
	939.7	2214.8		1296.1	897.1	2768.1	
5511.4	6012.8	42732.6	2502.5	11155.7	9878.5	6199.3	
	1566.2	2515.4	21.4	-10.0	-13.1	8989.9	
-1.3	30.1	194.1		4.8	5.2	-199.4	

11-9 续表 1-3

指　标	补贴收入	营业外收入	营业外支出	利润总额	应交所得税
总　计	**301.6**	**712.8**	**4441.2**	**125029.6**	**20639.2**
农副食品加工业		0.8	4.6	853.7	
食品制造业		79.7		4283.9	351.9
饮料制造业		408.1	386.3	2747.6	11.9
纺织业	200.0	203.4	24.6	-357.0	42.6
石油加工、炼焦及核燃料加工业	51.0	402.2	1056.8	78122.4	10717.9
化学原料及化学制品制造业		24.5	170.1	28235.9	7482.0
医药制造业			5.4	-124.1	
塑料制品业		11.4	19.4	733.8	30.3
非金属矿物制品业				-20.5	
有色金属冶炼及压延加工业			445.1	-2032.0	
金属制品业		1.5		26.5	
通用设备制造业			0.3	40.0	9.7
专用设备制造业		1.0	0.9	-2491.0	
交通运输设备制造业		6.0	2322.9	451.2	
通信设备、计算机及其他电子设备制造业	32.7	-426.4	22.4	5750.5	918.0
仪器仪表及文化、办公用机械制造业				8989.9	1074.9
工艺品及其他制造业	17.9	0.6		-181.2	

单位:万元

亏损企业亏损总额	利税总额	本年应付工资总额	本年应付福利费总额	本年应交增值税	本年进项税额	本年销项税额	全部从业人员年平均人数（人）
14648.1	**151432.6**	**167931.8**	**9128.2**	**25240.1**	**94312.7**	**106793.7**	**49481**
	855.4	874.2	74.7	1.7		1.7	308
	6434.2	2490.8	234.2	2150.3	6144.1	5104.0	232
	5067.6	4314.0	725.7	2320.0	8156.0	10466.3	1389
357.0	-4.2	402.4	12.3	352.8	615.1	725.6	178
7645.8	88524.5	18540.2	165.0	9913.1	25129.1	35248.3	3035
	36464.0	3277.5	618.2	8228.1	10350.9	18506.7	822
124.1	-32.4	166.5	5.3	91.7	119.4	208.3	113
	1345.1	749.3	15.2	611.3	2696.6	3291.1	298
20.5	55.5	123.4	19.8	40.3			60
2032.0	-1422.8	177.3		1.7	1517.8	1503.8	67
	81.0	66.7	3.3	54.5	691.0	733.0	31
48.8	142.9	152.9	67.5	102.9	130.8	209.7	65
2491.0	-2491.0	2528.0	133.1				432
	451.2	7105.5	250.6		5906.6	4693.1	506
1747.7	6228.0	124482.8	6636.4	477.5	31835.0	24168.9	41510
	9742.8	1765.2	156.6	722.2	518.0	1240.2	328
181.2	-9.2	715.1	10.3	172.0	502.3	693.0	107

11-10 大中型工业企业

指　标	企业单位数(个)	亏损企业	工业总产值（当年价格）	新产品产值	工业销售产值（当年价格）	出口交货值
总　计	103	40	13861563.7	2180271.3	13651886.4	1005130.8
煤炭开采和洗选业	5	1	1807142.7		1744495.2	
农副食品加工业	2	1	58725.7		55152.6	
食品制造业	3		60080.4	2344.0	57563.7	46.5
饮料制造业	1		36345.7		36432.6	
烟草制品业	1		238371.2		228507.5	
纺织业	1	1	10483.7		7235.7	
纺织服装、鞋、帽制造业	2		31435.2		31149.4	
造纸及纸制品业	1	1	16049.3		15905.9	
印刷业和记录媒介的复制	1	1	4068.4		4492.0	
石油加工、炼焦及核燃料加工业	16	11	1440004.4		1402471.1	4853.6
化学原料及化学制品制造业	7	2	696185.8	47657.0	693077.3	8355.0
医药制造业	3	3	29735.3		32474.0	
橡胶制品业	2		147157.9		146245.7	35155.8
非金属矿物制品业	9	3	183081.0	12945.9	183552.1	4668.4
黑色金属冶炼及压延加工业	3	1	5476420.8	992499.2	5507816.4	308316.0
有色金属冶炼及压延加工业	5	4	45796.4		55521.3	
金属制品业	2		22246.9		24671.0	
通用设备制造业	6		107462.8	24455.7	103184.0	163.3
专用设备制造业	9	2	1804487.8	554040.8	1736293.4	229322.1
交通运输设备制造业	6	1	258459.8	30381.2	236284.5	23.0
电气机械及器材制造业	3	1	44048.1	16609.5	41398.3	78.5
通信设备、计算机及其他电子设备制造业	6	3	764558.5	449332.4	731306.8	413614.7
仪器仪表及文化、办公用机械制造业	4		104385.1	50005.6	102028.1	533.9
电力、热力的生产和供应业	4	4	425820.3		425652.4	
水的生产和供应业	1		49010.5		48975.4	

主要经济指标

单位：万元

资产总计	流动资产合计	应收帐款	存货	产成品	固定资产合计	固定资产原价	累计折旧	固定资产净值
24285751.4	**10887921.9**	**1564766.4**	**2795970.5**	**915894.8**	**9549797.9**	**14246667.6**	**5803453.1**	**8420458.1**
3543450.0	1932650.0	110207.9	90064.4	32241.7	1192797.0	2160250.0	1207892.5	952357.5
81425.8	39630.8	575.0	7392.2	3315.5	39063.2	40310.0	4865.9	35444.1
70910.6	30463.3	4106.7	9382.0	5141.5	37935.6	41668.0	7380.8	34287.2
34926.2	10530.8	536.5	5039.3	2907.3	24395.3	36911.3	13336.7	23574.6
150704.2	60060.9	3493.2	23824.4	3004.5	90209.6	98114.4	26260.6	71853.8
15229.5	14651.8	35.0	12060.9	6271.7	577.7	623.8	138.8	485.0
18127.3	14099.8	2101.3	3344.7	1371.8	4027.4	6289.3	2284.3	4005.0
23801.1	4755.6	83.1	2864.2	295.1	17465.8	22197.2	4731.4	17465.8
13296.8	4243.3	1678.0	966.1	391.9	8610.8	14041.0	8451.2	5589.8
3528757.8	1607296.5	161238.4	335538.3	225038.9	1241467.9	1418657.0	420073.7	975826.9
1225382.1	501596.4	95029.2	114357.7	37758.3	691552.8	792858.1	244584.5	548273.6
52855.5	23093.7	2408.8	8176.8	5188.6	18454.8	26883.9	9952.6	16931.3
244280.8	125529.1	17468.3	29196.3	12883.3	108636.4	95455.9	13747.0	81708.9
304571.3	155782.5	39362.0	28331.4	6660.5	145374.6	197295.5	72177.7	125117.8
8681988.8	2963402.5	108547.1	1221553.3	276052.1	3543706.8	5752057.5	2208372.4	3543685.1
152208.4	81692.7	6116.8	29851.7	8210.3	67913.3	92916.4	27831.2	65085.2
29251.6	27064.8	6667.3	11795.4	10316.5	1111.3	6748.7	5754.3	994.4
219638.2	173627.9	22545.9	99599.6	50781.7	40290.8	55129.0	17907.7	37221.3
2651198.1	1803700.8	645764.5	496624.0	182886.6	615808.7	872535.3	298857.6	573677.7
347468.6	220189.0	71192.6	48580.7	13055.5	95753.9	96838.0	28460.0	68378.0
54738.9	34658.2	13116.7	11940.9	5286.0	20080.6	24302.5	7639.9	16662.6
1332891.6	559441.8	143803.2	168729.1	23110.2	689786.0	871420.0	400263.2	471156.8
282774.4	178164.1	55836.1	22474.2	3725.3	47752.0	63133.8	18901.6	44232.2
987028.0	224529.1	50606.2	13246.9		743742.1	1371972.2	724435.3	647536.9
238845.8	97066.5	2246.6	1036.0		63283.5	88058.8	29152.2	58906.6

11-10 续表 1-1

指　标	负债合计	流动负债合计	应付账款	长期负债合计
总　计	**15793329.6**	**10241712.0**	**2731434.8**	**5040765.2**
煤炭开采和洗选业	2024319.2	1376445.7	518316.8	647873.4
农副食品加工业	47018.5	46518.5	3090.6	500.0
食品制造业	34710.6	26257.3	5112.7	8453.3
饮料制造业	23002.6	17353.9	5510.6	5648.7
烟草制品业	42506.8	42506.8	39299.5	
纺织业	15198.4	15198.4	4.1	
纺织服装、鞋、帽制造业	13382.2	13382.2	902.3	
造纸及纸制品业	19059.0	17784.7	4190.0	1274.3
印刷业和记录媒介的复制	5875.3	5168.5	557.1	704.7
石油加工、炼焦及核燃料加工业	2419775.7	1645414.7	440832.8	374361.0
化学原料及化学制品制造业	737638.3	643612.0	50958.0	94026.3
医药制造业	33506.1	30041.1	9290.2	3465.0
橡胶制品业	175203.5	70834.7	24615.8	104368.8
非金属矿物制品业	156205.5	108482.7	44861.4	46205.5
黑色金属冶炼及压延加工业	5462401.8	2862082.3	472818.7	2600319.5
有色金属冶炼及压延加工业	148145.8	129790.3	34987.9	18355.5
金属制品业	22353.5	22353.5	12064.4	
通用设备制造业	181073.5	154160.5	24488.7	26913.0
专用设备制造业	1709552.0	1446741.8	625293.5	174150.6
交通运输设备制造业	227315.4	189782.8	70993.1	37532.6
电气机械及器材制造业	41999.2	34193.5	19684.1	7805.7
通信设备、计算机及其他电子设备制造业	947587.7	848457.0	155032.2	78457.5
仪器仪表及文化、办公用机械制造业	168289.9	162993.5	23594.5	5296.3
电力、热力的生产和供应业	1015074.3	279367.3	133117.4	735707.0
水的生产和供应业	122134.8	52788.3	11818.4	69346.5

单位：万元

所有者权益合计	实收资本	国家资本	集体资本	法人资本	个人资本	港澳台资本	外商资本
8504069.1	3064542.2	1186814.5	7691.4	1318530.3	151845.6	286229.7	113430.7
1519130.7	782331.4	23042.2		755987.6	3301.6		
34407.3	13667.0		3667.0	10000.0			
36200.0	12171.7			12171.7			
11923.5	8312.8			2076.8		6236.0	
108197.4	61319.6	61319.6					
31.0	1600.0				1600.0		
4745.1	977.7		489.3	488.4			
4742.1	6060.0			6060.0			
6248.3	5080.5	3536.5		1163.8	380.2		
1108981.8	292775.9	44562.2		122709.5	102414.0		23090.2
487743.8	181676.4	136336.3		22126.6	1000.0		22213.5
19349.3	24748.9			24748.9			
69077.3	58068.4	15437.6		42630.8			
148365.5	41478.5	7810.1		15800.4	17868.0		
3219587.0	654871.9	649371.9		2000.0	3500.0		
4062.6	34520.5			18600.0	15920.5		
6898.1	3324.8	1200.0		2124.8			
38564.7	25930.5	10534.9	2007.6	11388.0	2000.0		
941641.0	247798.9	199425.8		48373.1			
120153.2	72129.5			72129.5			
12739.7	8297.4	2636.1		5300.0	361.3		
385706.2	412429.0	4931.8		61326.5		279993.7	66177.0
114484.5	28993.4	4489.8	1527.5	17526.1	3500.0		1950.0
-15622.0	70178.8	6381.0		63797.8			
116711.0	15798.7	15798.7					

11-10 续表 1-2

指　标	主营业务收入	主营业务成本	主营业务税金及附加	其他业务收入
总　计	**14271929.4**	**11982632.4**	**183778.3**	**218828.2**
煤炭开采和洗选业	1795432.6	1057445.1	38621.0	55998.3
农副食品加工业	58079.7	53676.8	184.8	32.3
食品制造业	52094.2	41674.8	257.5	
饮料制造业	48859.9	35519.9		74.8
烟草制品业	234794.8	92604.1	98544.3	152.0
纺织业	7235.7	7939.7	3.7	
纺织服装、鞋、帽制造业	30296.9	29464.7	336.0	877.2
造纸及纸制品业	13279.8	12538.8	63.5	
印刷业和记录媒介的复制	7232.4	5014.7	40.8	325.5
石油加工、炼焦及核燃料加工业	1407554.9	1263424.1	14266.6	29242.6
化学原料及化学制品制造业	780433.1	692502.5	1563.3	1818.5
医药制造业	26914.6	23418.3	105.7	331.4
橡胶制品业	149415.2	130776.0	582.5	1485.9
非金属矿物制品业	176789.0	153281.0	1349.4	3574.3
黑色金属冶炼及压延加工业	6021470.6	5377127.3	15087.7	62899.2
有色金属冶炼及压延加工业	60326.7	66245.6	1074.5	27.8
金属制品业	40942.1	37635.1	58.1	621.7
通用设备制造业	84037.9	67307.5	937.0	1514.1
专用设备制造业	1739129.0	1434144.9	6168.5	17596.9
交通运输设备制造业	228249.8	195988.9	760.5	16893.2
电气机械及器材制造业	35883.0	29224.7	64.8	486.4
通信设备、计算机及其他电子设备制造业	690122.9	588082.8	308.6	20135.8
仪器仪表及文化、办公用机械制造业	109811.6	76906.9	801.8	979.3
电力、热力的生产和供应业	424563.6	470192.8	2303.1	3420.2
水的生产和供应业	48979.4	40495.4	294.6	340.8

单位：万元

其他业务利润	营业费用	管理费用	税金	财务费用	利息支出	营业利润	投资收益
-3474.6	318965.7	1144028.7	43611.4	325535.6	289247.6	534149.5	149679.2
-14954.7	23363.7	327145.4	7695.1	22925.7	22775.7	285374.1	-9919.3
32.3	4064.8	3101.1		1819.8	1819.8	-2735.3	
	4090.4	2501.6	134.9	862.8	808.3	624.5	
54.3	12644.0	2858.4	238.4	311.9	271.3	1900.8	
19.1	3293.6	20743.7	663.4	-312.2	-316.7	19940.3	
		18.4		31.1	31.1	-707.7	
	33.3	1700.3	49.4	-6.3	-4.6	295.8	
	122.3	424.9	50.9	468.7	468.7	-338.6	
223.6	48.6	1345.6	12.4	26.2	38.3	-478.2	
-845.0	74489.6	68421.2	6781.2	57269.8	49972.5	50888.4	90812.5
-1150.5	10393.6	46785.0	1658.4	11158.5	10957.7	47256.8	39.1
127.7	1898.0	2669.9	122.2	85.2	56.5	-936.6	173.6
	4788.8	2910.8	114.3	3496.8	2817.7	6946.0	
111.3	6519.6	13266.9	409.5	257.8	132.1	1297.4	19.4
	109261.1	378324.0	14245.2	130181.4	104347.4	144824.3	51620.5
25.0	454.2	11299.5	396.4	3058.7	2829.0	-21781.0	
	526.1	1725.2	9.8	842.6	847.7	702.8	
891.1	3287.0	10524.8	513.0	1824.5	1623.0	1058.6	
1372.4	40466.7	127142.6	4338.3	16336.8	16633.5	76988.8	5942.7
1624.2	4140.4	22654.4	707.6	2815.3	2339.5	7668.1	84.6
222.2	789.4	6084.0	185.1	229.3	221.5	-1945.6	
5560.7	8032.5	56175.5	3100.3	24403.1	23073.9	-9882.9	-393.0
-8.6	3645.9	12263.1	422.7	2549.4	2498.8	14320.2	669.9
2879.5		13769.7	1346.0	42246.1	41914.9	-90842.0	11.6
340.8	2612.1	10172.7	416.9	2652.6	3090.0	3710.5	10617.6

11-10 续表 1-3

指　标	补贴收入	营业外收入	营业外支出	利润总额	应交所得税
总　计	**18417.3**	**84270.7**	**89659.9**	**529819.0**	**123935.5**
煤炭开采和洗选业		24793.7	17289.8	292878.0	71516.3
农副食品加工业	30.0	36.5	7.7	-2706.5	
食品制造业	22.0	32.0	3.6	652.9	223.3
饮料制造业		392.7	379.5	1914.0	
烟草制品业		150.6	337.2	19753.7	5072.0
纺织业				-707.7	16.2
纺织服装、鞋、帽制造业	997.8	489.6	57.7	727.7	2.9
造纸及纸制品业	40.0	360.3	30.0	-8.3	
印刷业和记录媒介的复制		94.9	11.8	-395.1	46.7
石油加工、炼焦及核燃料加工业	3780.2	10891.8	10673.6	51833.6	25241.1
化学原料及化学制品制造业	6.0	2016.8	29453.2	19820.4	5675.3
医药制造业	30.0	86.6	366.6	-1216.6	
橡胶制品业		585.8	17.6	7514.2	
非金属矿物制品业	30.0	923.4	560.0	1660.8	1858.9
黑色金属冶炼及压延加工业		13263.0	8899.5	149187.8	5286.4
有色金属冶炼及压延加工业	161.3	87.3	41.4	-21735.1	
金属制品业			27.2	675.6	20.0
通用设备制造业	600.3	47.2	95.1	1342.4	229.0
专用设备制造业	4229.9	12624.0	16463.4	73149.4	3753.6
交通运输设备制造业		1425.7	2401.9	6691.9	1260.4
电气机械及器材制造业		104.3	8.1	-1849.4	951.8
通信设备、计算机及其他电子设备制造业	339.6	1427.0	1048.4	-9504.3	957.1
仪器仪表及文化、办公用机械制造业		448.4	87.9	14680.7	1824.5
电力、热力的生产和供应业	7150.2	12985.0	897.9	-78754.9	
水的生产和供应业	1000.0	1004.1	500.8	4213.8	

单位：万元

亏损企业亏损总额	利税总额	本年应付工资总额	本年应付福利费总额	本年应交增值税	本年进项税额	本年销项税额	全部从业人员年平均人数（人）
231418.2	1312610.6	1506459.4	67368.7	599013.3	1834604.3	2321371.0	292311
2060.6	557208.9	529823.3	554.4	225709.9	161458.0	385574.5	81112
3484.0	-1096.6	3705.8	299.8	1425.1	2086.7	3511.8	1167
	2293.1	5293.6	70.3	1382.7	7104.4	8493.2	2236
	3923.4	4099.0	725.7	2009.4	7102.3	9111.7	1352
	144276.0	22767.9	797.2	25978.0	14960.0	40031.5	1242
707.7	-687.8	575.8	2.0	16.2	1207.4	1230.0	630
	2996.3	3286.4	80.6	1932.6	2836.3	4774.9	1721
8.3	560.7	548.5	2.1	505.5	1752.0	2257.5	520
395.1	-206.6	890.3		147.7	639.1	1024.4	719
78314.4	181243.3	147651.4	22747.2	115143.1	154771.5	223789.8	32053
11110.3	34205.6	61668.1	14445.3	12821.9	15472.3	23228.8	17864
1216.6	-174.9	5491.1	103.8	936.0	3687.7	4620.9	1657
	8110.5	5868.1	264.5	13.8	26120.6	25653.1	2684
3167.1	13353.7	23690.3	1010.5	10343.5	12083.9	20052.3	7009
3427.8	275495.0	311765.2	11471.5	111219.5	1119633.2	1200112.4	32489
21738.5	-19695.4	11796.9	167.4	965.2	9162.2	10090.0	3602
	1505.3	2885.0	276.6	771.6	4895.0	5543.7	1829
	4701.5	11009.9	326.2	2422.1	11467.9	13889.9	4914
896.0	131243.9	127869.4	3859.1	51926.0	172954.4	225036.9	28724
3959.4	13516.3	24123.2	653.7	6063.9	19468.2	19812.6	6283
3651.0	-1341.5	6372.6	578.9	443.1	5676.3	6082.5	1734
18526.5	6627.9	145082.3	7701.1	2567.8	39850.9	34266.0	48364
	17925.1	12084.3	324.6	2442.6	8451.7	10241.8	3317
78754.9	-57564.5	29427.3	583.1	18887.3	31762.3	40098.0	6886
	7447.2	8683.7	323.1	2938.8		2842.8	2203

11-11 民用汽车拥有量

单位:辆

指 标	2009	2008	比 2008 年增长（%）
总 计	**549755**	**466264**	**17.9**
一、汽车	510779	426005	19.9
# 载客汽车	409106	331219	23.5
载货汽车	86179	77676	10.9
其他汽车	15494	17110	-9.4
# 个人汽车	374565	294682	27.1
二、电车	187	184	1.6
三、摩托车	25833	29081	-11.2
四、拖拉机	7702	6923	11.3
五、挂车	5035	3861	30.4
六、其他类型	219	210	4.3

11-12 公路运输线路长度

单位:公里

指 标	2009	2008
公路线路里程	**6092.50**	**6013.41**
#等级公路	5937	5815.00
#晴雨通车里程	5978.00	5861.26
#高速公路	165.00	165.00
小 店 区	940.47	950.51
迎 泽 区	105.40	105.51
杏花岭区	284.55	274.81
尖草坪区	488.94	493.55
万柏林区	341.99	341.60
晋 源 区	361.80	357.84
清 徐 县	1187.43	1170.88
阳 曲 县	925.98	885.33
娄 烦 县	576.47	567.52
古 交 市	879.56	865.86
每百平方公里平均里程	87.20	86.05

11-13 旅客运输量及周转量

指标	2009	比2008年增长（%）
旅客发送量总计（万人）	**4627**	**6.1**
铁 路	1883.8	22.9
公 路	2280	-4.8
民 航	463.2	7.4
旅客周转量总计（百万人公里）	**10361.7**	**-20.6**
铁 路	4561.7	4.6
公 路	5800	-33.2

注：交通部从2008年起公路运输统计从全面调查变为抽样推算。

11-14 货物运输量及周转量

指标	2009	比2008年增长（%）
货物运输量总计（万吨）	**13558.9**	**-15.1**
铁 路	4955.5	-19.7
公 路	8600	-12.2
民 航	3.4	6.3
货物周转量总计（百万吨公里）	**43769.9**	**-11.3**
铁 路	33070.2	-10.3
公 路	10699.7	-14.1

11-15 全社会公路分货类运输量

单位：万吨

指 标	2009	2008
总 计	**8600.00**	**9798.00**
煤炭及制品	3763.36	4287.60
石油天然气及制品	47.30	53.89
金属矿石	27.52	31.35
钢 铁	253.70	289.04
矿建材料	835.06	951.39
水 泥	1258.18	1433.45
木 材	62.78	71.52
非金属矿石	9.46	10.78
化肥及农药	22.36	25.47
盐	16.34	18.62
粮 食	96.32	109.74
机械、设备、电器	212.42	242.01
化工原料及制品	67.94	77.40
有色金属	8.60	9.80
轻工、医药产品	36.98	42.13
农林牧渔业产品	190.92	217.52
其他	1690.76	1926.29

11-16 铁路线路长度

线路名称	市内起点	正线延展里程（公里）	营业里程（公里）
太原铁路局		**4688.85**	**2760.17**
北同蒲线	大同	629.39	335.48
南同蒲线	榆次	809.07	478.73
石 太 线	赛鱼	244.10	123.94
京 包 线	郭磊庄	311.00	155.50
京 原 线	灵丘	185.15	184.58
太 焦 线	修文	190.80	190.80
大 秦 线	韩家岭	1322.98	652.00
侯 西 线	侯马	76.17	76.11
侯 月 线	侯马北	301.11	150.60
忻 河 线	忻州	50.58	39.67
西山支线	太北四场	26.92	23.60
兰村支线	汾河	12.40	12.66
介西支线	介休	58.23	46.91
二峰山支线	翼城东	4.24	4.23
礼垣支线	礼元	44.01	44.28
口泉支线	平旺	15.36	9.73
宁岢支线	宁武	95.92	95.37
太岚支线	太北一场	55.19	55.36

11-17 邮电局(所)邮电线路及通信工具拥有量

指　标	单　位	2009	2008	比 2008 年增长%
邮电局所总数（包括代办点）	个	1178	997	18.2
设在农村	个	594	461	28.9
邮路总条数	条	63	76	-17.1
邮路总长度	公里	42611	42139	1.1
汽车邮路	公里	9559	8497	12.5
铁路邮路	公里	7650	6869	11.4
航空邮路	公里	25050	26768	-6.4
已通电话的行政村	个	971	945	2.8
局用电话交换机容量	门	1449756	1370528	5.8
接入网交换机容量	门	236248	208438	13.3
软交换接入设备容量	门	175340	137604	27.4

注:电话交换机容量口径与去年不同。

11-18 邮电业务量

指　标	单　位	2009	2008	比 2008 年增长%
邮电业务总量	**万　元**	**1544961**	**1044498.5**	**47.9**
函　件	万　件	13987.7	13386.2	4.5
包　裹	万　件	258.4	275.3	-6.1
特快专递	万　件	1017.8	854.3	19.1
汇票	万　笔	174.1	171.5	1.5
订销报纸	万　份	8353.2	9765.0	-14.5
订销杂志	万　份	666.6	439.2	51.8
长途电话通话时长	万分钟	64038	66981	-4.4
固定电话用户	户	1340963	1351321	-0.8
# 住宅电话	户	862935	833931	3.5
无线市话	户	287762	327907	-12.2
公用电话	部	181897	206529	-11.9
# IC 电话	部	14856	15725	-5.5
移动电话用户	户	4098427	3412401	20.1

第十二篇

企业调查

QIYEDIAOCHA

资料整理、审核

武景萍　　苏　菡

12-1 企业家信心指数

分　类	信心指数			
	一季度	二季度	三季度	四季度
企业家信心指数	**99.70**	**112.33**	**123.33**	**127.53**
按行业门类分				
工业	88.36	100.00	116.05	122.98
建筑业	161.80	163.10	148.35	145.47
交通运输、仓储和邮政业	62.52	93.53	124.30	106.01
批发和零售业	105.63	130.68	108.68	133.92
房地产业	95.96	108.70	134.78	139.13
社会服务业	100.00	120.00	133.33	127.78
信息传输、计算机服务和软件	158.33	130.80	146.35	154.68
住宿和餐饮业	97.20	114.39	147.37	136.84
按企业登记注册类型分				
国有企业	96.02	120.06	120.07	123.17
集体企业	83.33	83.33	91.67	100.00
股份合作企业	100.00	100.00	100.00	100.00
有限责任公司	111.15	118.93	135.47	138.25
股份有限公司	70.80	97.29	109.67	117.83
私营企业	101.90	77.78	108.40	141.73
外商及港、澳、台投资企业	100.87	124.46	125.00	123.52
按企业规模分				
特大型	91.56	91.56	100.00	100.00
大型	100.31	133.57	134.79	141.05
中型	103.45	112.07	132.58	136.36
小型	102.86	107.35	115.25	117.80
特殊分组				
国家重点企业	94.28	97.24	138.56	138.56
国家试点企业集团成员	100.00	100.00	100.00	100.00
乡镇企业	87.97	103.98	120.00	140.00
上市公司	61.92	114.71	112.63	118.85
国有控股企业	102.88	118.12	128.28	128.81

12-2 企业景气指数

分 类	景气指数			
	一季度	二季度	三季度	四季度
企业景气指数	**95.46**	**119.21**	**120.97**	**122.00**
按行业门类分				
工业	79.82	117.79	108.90	112.93
建筑业	119.17	139.44	145.02	140.07
交通运输、仓储和邮政业	93.53	75.24	105.55	105.79
批发和零售业	127.50	145.12	140.33	143.83
房地产业	113.04	121.74	139.13	121.74
社会服务业	95.00	110.00	138.89	122.22
信息传输、计算机服务和软件	130.80	130.80	145.34	162.02
住宿和餐饮业	107.26	123.05	142.11	131.58
按企业登记注册类型分				
国有企业	89.87	101.71	117.51	116.73
集体企业	100.00	91.67	100.00	91.67
股份合作企业	100.00	100.00	100.00	100.00
有限责任公司	96.08	125.67	131.44	129.27
股份有限公司	100.75	145.39	117.23	121.40
私营企业	106.55	139.88	102.71	144.44
外商及港、澳、台投资企业	107.03	102.10	125.00	120.23

12-2 续表 1-1

分 类	景气指数			
	一季度	二季度	三季度	四季度
按企业规模分				
特大型	72.40	134.76	100.00	100.00
大型	99.35	139.26	132.73	135.41
中型	100.86	115.52	130.34	132.95
小型	94.29	105.88	112.71	108.47
特殊分组				
国家重点企业	61.44	155.72	138.56	141.52
国家试点企业集团成员	100.00	200.00	100.00	100.00
乡镇企业	143.98	143.98	120.00	160.00
上市公司	119.99	184.77	111.97	118.25
国有控股企业	94.96	127.47	124.29	121.81
生产总量景气指数	57.01	125.90	134.20	105.33
盈利(亏损)变化景气指数	78.28	97.36	112.27	98.46
流动资金景气指数	73.68	74.48	78.18	73.84
货款拖欠景气指数	103.22	99.24	98.68	109.18
劳动力需求景气指数	77.64	98.30	103.52	105.08
固定资产投资景气指数	81.78	116.56	114.59	108.29

12-3 国民经济各行业企业景气指数

分 类	景气指数			
	一季度	二季度	三季度	四季度
一、工业				
煤炭采选业	73.31	127.50	178.18	199.55
非金属矿采选业	100.00	100.00	100.00	100.00
农副食品加工业	130.42	130.42	150.00	150.00
食品制造业	100.00	66.67	166.67	100.00
饮料制造业	100.00	100.00	100.00	100.00
烟草制品业	100.00	100.00	200.00	200.00
纺织业	100.00	100.00	100.00	100.00
家具制造业		100.00	100.00	100.00
造纸及纸制品业	100.00	100.00	100.00	100.00
印刷业和记录媒介的复制	50.00	150.00	100.00	100.00
文教体育用品制造业	100.00	100.00	100.00	100.00
石油加工、炼焦业及核燃料加工业	56.70	52.20	47.31	116.48
化学原料及化学制品制造业	100.00	100.00	100.00	114.29
医药制造业	71.43	85.71	114.29	100.00
橡胶制品业	100.00	100.00	100.00	100.00
塑料制品业	50.00	50.00	50.00	50.00
非金属矿物制品业	115.31	124.73	124.73	140.29
黑色金属冶炼及压延加工业	100.00	200.00	100.00	100.00
有色金属冶炼及压延加工业	50.00	50.00	50.00	40.00

12-3 续表 1-1

分 类	景气指数			
	一季度	二季度	三季度	四季度
金属制品业	50.00	50.00	50.00	50.00
通用设备制造业	86.00	102.11	120.06	110.87
专用设备制造业	134.60	134.60	135.72	140.03
交通运输设备制造业	81.45	99.40	151.37	142.86
电气机械及器材制造业	100.00	133.33	133.33	133.33
通信设备、计算机及其他电子设备制造业	76.20	98.86	75.00	93.27
仪器仪表及文化、办公用机械制造业	125.00	175.00	175.00	175.00
工艺品及其他制造业	200.00	200.00	200.00	200.00
电力、热力的生产和供应业	52.83	43.24	43.50	46.61
水的生产和供应业	200.00	100.00	200.00	200.00
二、建筑业				
房屋和土木工程建筑业	123.62	141.65	150.44	138.45
建筑安装业	100.00	133.33	133.33	166.67
建筑装饰业	100.00	100.00	100.00	100.00
其他建筑业	50.00	100.00	50.00	150.00
三、交通运输、仓储及邮政业				
铁路运输业	100.00	100.00	200.00	200.00
道路运输业	80.00	20.00	40.00	40.00

12-3 续表 1-2

分　类	景气指数			
	一季度	二季度	三季度	四季度
城市公共交通业				100.00
航空运输业	150.00	100.00	150.00	100.00
仓储业	80.00	120.00	100.00	100.00
邮政业		200.00	100.00	100.00
四、批发和零售业				
批发业	107.75	144.26	142.89	145.42
零售业	152.85	130.59	135.99	145.07
五、房地产业				
房地产业	113.04	121.74	139.13	121.74
六、社会服务业				
租赁业	100.00	100.00	100.00	100.00
商务服务业	93.33	113.33	146.15	130.77
公共设施管理业	100.00	100.00	100.00	100.00
居民服务业	100.00	100.00	125.00	75.00
七、信息传输和计算机服务及软件业				
信息传输业	192.39	192.39	192.39	192.39
软件业	114.29	114.29	128.57	157.14
八、住宿和餐饮业				
住宿业	101.41	121.41	140.00	133.33
餐饮业	125.00	125.00	150.00	125.00

第十三篇

国内外贸易和旅游

GUONEIWAIMAOYIHELUYOU

资料整理、审核

杨振宇　　李红令

郑慧华　　马　娜

13-1 社会消费品零售总额

单位:万元

指　标	2009	2008	比2008年增长(%)
社会消费品零售额	7052399	6260280	12.7
一、按销售地区分			
市的零售额	6761798	6008290	12.5
县的零售额	138770	117195	18.4
县以下的零售额	151831	134795	12.6
二、按行业分			
批发、零售贸易业	6416365	5661328	13.3
住宿和餐饮业	617198	575684	7.2
其他	18836	23268	-19.1

13-2 限额以上连锁零售餐饮业经营情况

指　标	单　位	总　计		
			直营店	加盟店
绝对量				
门店总数	个	1550	763	787
营业面积	平方米	604480	555714	48766
从业人员	人	21375	16380	4995
销售总额	万元	1218559.6	1151262.7	67296.9
#零售	万元	1007977.4	940680.5	67296.9
比2008年增长速度				
门店总数	%	16.6	31.2	5.2
营业面积	%	16.8	21.9	-22.2
从业人员	%	9.9	7.0	20.7
销售总额	%	23.3	23.0	28.7
#零售	%	38.9	39.7	28.7

13-3 限额以上批发零售贸易业

指　标	法人企业（人）	年末从业人数（人）	购进总额
总　计	**354**	**55007**	**14731601.6**
一、批发业	170	26995	11469027.4
1. 按登记注册类型分组			
内资	167	26330	11393350.2
国有	34	16537	7343947.8
集体	6	1776	179384.0
股份合作	1	18	1888.0
有限责任公司	31	3626	2010649.4
国有独资公司	3	596	116638.8
其他有限责任公司	28	3030	1894010.6
股份有限公司	8	789	169989.7
私营企业	86	3580	1678045.2
私营独资	1	12	1657.0
私营合伙	1	226	8001.0
私营有限责任公司	83	3310	1667788.8
私营股份有限公司	1	32	598.4
其他	1	4	9446.1
港澳台商投资企业	3	665	75677.2
与港澳台商合资经营	2	334	59242.5
港澳台商独资	1	331	16434.7

商品购进、销售、库存总额

进　口	销售总额	批　发	出　口	零　售	年末库存总额	年末零售营业面积（万平方米）
1704820.5	**15570853.3**	**12563481.6**	**441698.8**	**3007371.7**	**1114799.2**	**166.3**
1627333.6	11990567.8	11940185.4	441698.8	50382.4	713531.6	0.9
1627333.6	11908828.0	11858445.6	423262.3	50382.4	699874.2	0.9
1558294.6	7575995.7	7565599.8	147503.3	10395.9	316939.4	0.1
	214804.7	211817.4		2987.3	44989.6	
	1939.5	1939.5			0.1	
41253.0	2123049.1	2117231.3	113386.0	5817.8	144440.8	0.4
	112915.4	110038.5		2876.9	14146.7	
41253.0	2010133.7	2007192.8	113386.0	2940.9	130294.1	0.4
15997.8	186737.4	186737.4	4899.9		10079.6	
11788.2	1795458.9	1764277.5	157473.1	31181.4	182665.9	0.4
	1769.7	1769.7			334.3	
	7998.9	7998.9			746.6	
11788.2	1779447.9	1748266.5	157473.1	31181.4	179929.7	0.4
	6242.4	6242.4			1655.3	
	10842.7	10842.7			758.8	
	81739.8	81739.8	18436.5		13657.4	
	63303.3	63303.3			520.2	
	18436.5	18436.5	18436.5		13137.2	

13-3 续表 1-1

指　标	法人企业（人）	年末从业人数（人）	购进总额
2. 按国民经济行业分组			
农畜产品批发业	3	155	20687.6
食品、饮料及烟草制品批发业	16	3332	476202.4
烟草制品批发业	2	818	246389.3
纺织、服装及日用品批发业	8	639	43869.2
服装批发业	5	544	34907.8
文化、体育用品及器材批发业	4	551	184370.2
医药及医疗器材批发业	23	1360	348473.1
矿产品、建材及化工产品批发业	83	16587	9825884.1
煤炭及制品批发业	28	14233	6031673.7
石油及制品批发业	6	617	88765.9
金属及金属矿批发业	32	1014	2900181.1
建材批发业	9	328	598831.3
化肥批发业	1	200	146844.5
机械设备、五金交电及电子产品批发	25	3986	505870.7
汽车、摩托车及零配件批发业	1	8	257.0
家用电器批发业	10	1610	282813.7
计算机、软件及辅助设备批发业	1	10	485.3
贸易经纪与代理	1	113	22453.5
其他批发业	7	272	41216.6

进口	销售总额	批发	出口	零售	年末库存总额	年末零售营业面积（万平方米）
	19628.5	19628.5			3396.8	
	620454.2	609641.8	27737.3	10812.4	40430.3	
	345320.6	342333.3		2987.3	18034.6	
	52424.5	51537.1	18436.5	887.4	21191.0	0.1
	42757.4	42757.4	18436.5		20531.4	
	189375.1	186498.2	27768.5	2876.9	16063.7	
	381723.6	380901.0		822.6	30667.6	0.1
1604880.1	10044448.8	10030371.5	249002.6	14077.3	543305.0	0.3
35953.3	6157258.4	6145023.5	122209.5	12234.9	236699.9	0.0
	127515.2	125672.8		1842.4	15639.4	0.3
1557138.6	2948976.5	2948976.5	123433.0		210040.9	
11770.9	605532.2	605532.2			40660.0	
	143638.4	143638.4			37212.0	
	542703.0	521797.2	28939.9	20905.8	27011.8	0.1
	255.3	255.3			13.9	
	304860.4	303955.5		904.9	9614.3	0.0
	3515.3	3515.3			351.1	
22453.5	89814.0	89814.0	89814.0		27630.2	
	49996.1	49996.1			3835.2	0.4

13-3 续表 1-2

指　标	法人企业（人）	年末从业人数（人）	购进总额
二、零售业	184	28012	3262574.2
1. 按登记注册类型分组			
内资	181	26258	3244407.7
国有	17	2060	57546.8
集体	8	554	33971.4
股份合作	1	469	3061.3
有限责任公司	43	6396	627058.2
国有独资公司			
其他有限责任公司	43	6396	627058.2
股份有限公司	13	7109	973228.1
私营企业	98	9661	1549147.2
私营独资	2	20	1057.7
私营合伙			
私营有限责任公司	91	9265	1513978.8
私营股份有限公司	5	376	34110.7
其他	1	9	394.7
港澳台商投资企业	3	1754	18166.5
与港澳台商合资经营	1	1450	12686.5
港澳台商独资	1	110	5480.0
港澳台商独资股份有限公司	1	194	

进口	销售总额	批发	出口	零售	年末库存总额	年末零售营业面积（万平方米）
77486.9	3580285.5	623296.2		2956989.3	401267.6	165.3
77486.9	3513325.5	582131.2		2931194.3	398339.2	114.4
2533.4	64211.7	5295.1		58916.6	14446.8	2.2
	39689.4	23845.5		15843.9	3741.6	0.5
	9182.9			9182.9	662.5	0.3
2.7	713780.7	159273.6		554507.1	55199.6	28.6
2.7	713780.7	159273.6		554507.1	55199.6	28.6
	967317.5	248178.4		719139.1	143188.1	39.7
74950.8	1718759.3	145538.6		1573220.7	181061.2	43.0
	1088.4			1088.4	90.4	0.0
74950.8	1677726.4	145538.6		1532187.8	178199.4	41.7
	39944.5			39944.5	2771.4	1.3
	384.0			384.0	39.4	0.0
	66960.0	41165.0		25795.0	2928.4	51.0
	48593.0	41165.0		7428.0	2886.0	50.0
	5472.6			5472.6	7.4	0.0
	12894.4			12894.4	35.0	1.0

13-3 续表 1-3

指　标	法人企业（人）	年末从业人数（人）	购进总额
2. 按国民经济行业分组			
综合零售业	18	8434	524414.8
百货零售业	8	3008	222684.3
超级市场零售业	7	4359	223983.6
食品、饮料及烟草制品专门零售业	14	4042	160302.6
纺织、服装及日用品专门零售业	7	1522	54127.4
服装零售业	5	931	46828.4
文化、体育用品及器材专门零售业	12	976	117871.5
体育用品零售业	1	19	
图书零售业	6	561	14845.1
医药及医疗器材专门零售业	11	3503	223801.0
药品零售业	11	3503	223801.0
汽车、摩托车、燃料及零配件专门	106	7510	1862686.0
汽车零售业	78	5392	1275854.9
机动车燃料零售业	27	1796	583030.6
家用电器及电子产品专门零售业	9	1722	218938.3
家用电器零售业	4	1400	190929.3
计算机、软件及辅助设备零售业	2	103	10473.6
通讯设备零售业	3	219	17535.4
五金、家具及室内装修材料专门零	1	24	2243.3
无店铺及其他零售业	6	279	98189.3

进　口	销售总额	批　发	出　口	零　售	年末库存总额	年末零售营业面积（万平方米）
2.7	577500.7	26427.6		551073.1	60261.3	41.0
2.7	254906.9			254906.9	19865.4	19.6
	239728.6			239728.6	37294.8	18.5
	203956.7	77846.0		126110.7	9201.2	51.3
	78512.9	1287.2		77225.7	20698.1	10.9
	67439.5	46.5		67393.0	16808.4	10.2
	122762.8	81520.7		41242.1	12717.1	1.7
	1344.8			1344.8	420.0	
	16716.1	843.9		15872.2	5983.1	0.8
	240919.8	77706.3		163213.5	25665.3	4.8
	240919.8	77706.3		163213.5	25665.3	4.8
77484.2	2026381.0	350863.2		1675517.8	239240.4	44.3
74950.8	1423818.9	139910.7		1283908.2	131031.0	25.8
2533.4	598772.9	210952.5		387820.4	108198.1	18.3
	217166.1	7645.2		209520.9	21078.8	10.9
	188243.8			188243.8	19981.8	10.5
	10591.1	7645.2		2945.9	969.2	
	18331.2			18331.2	127.8	0.3
	2262.7			2262.7	82.1	0.2
	110822.8			110822.8	12323.3	0.3

13-4 限额以上住宿业和

指　标	法人企业（个）	从业人数（个）	营业额（万元）	客房收入
总　计	154	31128	367482.6	102850.3
一、住宿业	75	14086	131144.1	76083.3
1. 按登记注册类型分组				
内资	71	13096	122564.4	71690.9
国有	27	5367	50021.1	29264.2
集体	4	555	1836.8	1357.2
股份合作	1	530	6809.2	3814.9
有限责任公司	10	2213	28394.0	14843.8
国有独资公司				
其他有限责任公司	10	2213	28394.0	14843.8
股份有限公司	3	598	4525.3	2253.6
私营企业	26	3833	30978.0	20157.2
私营独资	2	85	1326.6	1326.6
私营合伙	1	28	425.9	413.1
私营有限责任公司	23	3720	29225.5	18417.5
港澳台商投资企业	3	607	5242.7	2487.4
与港澳台商合资经营	2	419	2642.7	1887.4
与港澳台商合作经营	1	188	2600.0	600.0
外商投资企业	1	383	3337.0	1905.0
中外合资经营	1	383	3337.0	1905.0
2. 按国民经济行业分组				
旅游饭店	55	12074	111904.5	62211.4
一般旅馆	15	1245	13418.4	9593.7
其他住宿服务	5	767	5821.2	4278.2

餐饮业经营情况

			年末餐饮营业面积（万平方米）	年末住宿和餐饮企业拥有床位数（万个）	年末住宿和餐饮企业拥有餐位数（万位）
餐费收入	商品销售收入	其他收入			
247233.1	5654.4	11744.8	42.6	2.3	7.6
44357.3	2081.4	8622.1	15.6	1.8	2.3
40787.0	1975.3	8111.2	15.0	1.7	2.2
16117.6	427.1	4212.2	7.1	0.7	0.9
436.1	17.9	25.6	0.2	0.1	0.1
2994.3			2.9		0.1
11876.6	537.2	1136.4	2.1	0.2	0.4
11876.6	537.2	1136.4	2.1	0.2	0.4
1807.4		464.3	0.2	0.1	0.1
7555.0	993.1	2272.7	2.6	0.5	0.5
12.8					
7542.2	993.1	2272.7	2.6	0.5	0.5
2226.3	106.1	422.9	0.3	0.1	0.1
226.3	106.1	422.9		0.1	
2000.0			0.3		0.1
1344.0		88.0	0.3		0.1
1344.0		88.0	0.3		0.1
40991.9	1671.6	7029.6	15.0	1.5	2.0
2778.9	310.8	735.0	0.4	0.2	0.2
586.5	99.0	857.5	0.1	0.1	

13-4 续表 1-1

指　标	法人企业（个）	从业人数（个）	营业额（万元）	客房收入
二、餐饮业	79	17042	236338.5	26767.0
1. 按登记注册类型分组				
内资	72	13853	174766.7	26479.5
国有	11	1512	16463.7	5684.6
有限责任公司	12	3495	36186.8	7669.1
国有独资公司				
其他有限责任公司	12	3495	36186.8	7669.1
股份有限公司	1	386	3937.1	
私营企业	46	7071	110010.9	12676.3
私营独资	5	404	4012.2	115.5
私营合伙	1	32	640.9	
私营有限责任公司	36	5614	86356.7	9411.5
私营股份有限公司	4	1021	19001.1	3149.3
其他	2	1389	8168.2	449.5
港澳台商投资企业	2	303	1366.0	287.5
与港澳台商合资经营	1	68	415.8	
港澳台商独资	1	235	950.2	287.5
港澳台商独资股份有限公司				
外商投资企业	5	2886	60205.8	
中外合资经营	3	476	8225.0	
外资企业	2	2410	51980.8	
2. 按国民经济行业分组				
正餐服务业	77	14696	185940.5	26317.5
快餐服务业	2	2346	50398.0	449.5

			年末餐饮营业面积（万平方米）	年末住宿和餐饮企业拥有床位数（万个）	年末住宿和餐饮企业拥有餐位数（万位）
餐费收入	商品销售收入	其他收入			
202875.8	3573.0	3122.7	27.0	0.6	5.3
141591.5	3573.0	3122.7	24.0	0.6	4.5
8881.3	937.2	960.6	2.5	0.2	0.4
28160.1	70.7	286.9	8.1	0.2	1.1
28160.1	70.7	286.9	8.1	0.2	1.1
3937.1			0.2		0.1
92920.0	2565.1	1849.5	11.2	0.2	2.2
3873.5	23.2		0.5		0.2
640.9					
75383.9	677.2	884.1	8.3	0.2	1.6
13021.7	1864.7	965.4	2.4		0.5
7693.0		25.7	2.1		0.6
1078.5			0.4		0.1
415.8			0.2		
662.7			0.3		
60205.8			2.5		0.8
8225.0			0.4		0.1
51980.8			2.1		0.7
152953.0	3573.0	3097.0	25.1	0.6	4.7
49922.8		25.7	1.9		0.7

13-5 限额以上批发和零售业

指标	企业数（个）	流动资产合计	存货	固定资产原价	累计折旧
总计	**354**	**6564254.0**	**1075021.8**	**1298327.6**	**402932.5**
一、批发业	170	5322469.7	713996.3	903980.3	272651.6
1. 按登记注册类型分组					
内资	167	5312207.6	710843.0	903854.0	272623.5
国有	34	3791837.1	364596.2	736497.5	217512.5
集体	6	90537.2	46859.4	30690.8	13258.1
股份合作	1	1692.5	0.5	813.4	325.4
有限责任公司	31	594942.8	138552.7	87580.5	27854.5
国有独资公司	3	51954.7	7705.7	6287.8	3047.2
其他有限责任公司	28	542988.1	130847.0	81292.7	24807.3
股份有限公司	8	75753.5	10230.3	10529.2	2874.3
私营企业	86	755978.8	149845.2	37693.7	10771.2
私营独资	1	898.1	334.3	88.0	58.2
私营合伙	1	4037.5	746.6	225.7	61.0
私营有限责任公司	83	741982.3	147109.0	37060.0	10408.2
私营股份有限公司	1	9060.9	1655.3	320.0	243.8
其他	1	1465.7	758.7	48.9	27.5
港澳台商投资企业	3	10262.1	3153.3	126.3	28.1
与港澳台商合资经营	2	6586.7	16.1	16.6	2.5
港澳台商独资	1	3675.4	3137.2	109.7	25.6
2. 按国民经济行业分组					
农畜产品批发业	3	11167	6912	9166	3611
食品、饮料及烟草制品批发业	16	172965.6	41500.2	67615.9	20622.7
烟草制品批发业	2	87774.4	16275.4	23600.4	5189.4
纺织、服装及日用品批发业	8	17107.5	10352.0	759.3	257.9
服装批发业	5	14847.9	9800.5	346.5	120.3
文化、体育用品及器材批发业	4	79749.0	10951.3	6651.7	3084.4

企业财务状况(一)

单位:万元

本年折旧	资产合计	负债合计	所有者权益合计			
				实收资本		
					国家资本	集体资本
182182.5	**8953456.5**	**7266444.7**	**1687011.8**	**911191.4**	**419830.6**	**91311.8**
151921.7	7110634.1	5825979.3	1284654.8	557076.8	291003.6	86729.4
151900.5	7099499.4	5817069.3	1282430.1	553864.1	291003.6	86729.4
143656.0	5103376.4	4186705.7	916670.7	253274.7	240167.6	2359.0
1745.8	114685.1	78104.6	36580.5	18094.0	1696.8	15965.3
80.0	2180.5	1424.0	756.5	500.0		500.0
2643.5	908451.1	645794.4	262656.7	137178.4	36582.7	67725.1
546.6	77426.2	54407.3	23018.9	14815.0	14815.0	
2096.9	831024.9	591387.1	239637.8	122363.4	21767.7	67725.1
512.6	114243.4	94174.3	20069.1	14847.5	12546.5	
3257.8	855048.3	809415.7	45632.6	129905.5	10.0	180.0
2.1	927.9	552.2	375.7	360.0		
21.8	4263.2	4213.2	50.0	50.0		
3217.1	840720.1	716456.0	124264.1	128914.6	10.0	180.0
16.8	9137.1	88194.3	-79057.2	580.9		
4.8	1514.6	1450.6	64.0	64.0		
21.2	11134.7	8910.0	2224.7	3212.7		
2.2	6600.8	7358.4	-757.6	230.4		
19.0	4533.9	1551.6	2982.3	2982.3		
128	21257	14048	7209	6009	6009	
3854.0	238987.9	85616.2	153371.7	26785.4	10080.7	13216.7
2152.1	111223.0	9447.2	101775.8	1904.3	1683.8	220.5
128.5	19589.1	13779.3	5809.8	4767.2		
33.0	16782.7	11487.3	5295.4	4333.3		
581.3	102419.9	72779.4	29640.5	19743.3	16743.3	

13-5 续表 1-1

指　标	企业数（个）	流动资产合计	存　货	固定资产原价	累计折旧
医药及医疗器材批发业	23	167829.8	27471.0	8112.5	2176.9
矿产品、建材及化工产品批发业	83	4634765.9	541181.9	758272.2	227028.4
煤炭及制品批发业	28	3029207.7	277370.8	680812.6	200001.1
石油及制品批发业	6	57990.1	15651.2	9519.4	3149.2
金属及金属矿批发业	32	1227242.9	160128.8	46977.2	18640.5
建材批发业	9	244480.9	47666.3	15204.6	2764.5
化肥批发业	1	64014.7	37149.4	2654.5	1560.9
机械设备、五金交电及电子产品批发	25	145501.1	44150.5	37777.8	12483.9
汽车、摩托车及零配件批发业	1	189.3	13.8	20.1	4.4
家用电器批发业	10	59689.7	23318.4	1165.2	421.4
计算机、软件及辅助设备批发业	1	1305.0	351.1	22.8	21.3
贸易经纪与代理	1	77980.6	27630.2	12157.2	2118.5
其他批发业	7	15403.1	3846.9	3467.7	1268.0
二、零售业	184	1241784.3	361025.5	394347.3	130280.9
1. 按登记注册类型分组					
内资	181	1226450.4	355962.8	357194.9	116830.2
国有	17	32393.9	10628.0	29599.2	7163.7
集体	8	11764.0	4676.4	5553.7	2997.1
股份合作	1	7030.5		2938.9	251.4
有限责任公司	43	308579.8	59027.6	43478.0	15341.9
国有独资公司					
其他有限责任公司	43	308579.8	59027.6	43478.0	15341.9
股份有限公司	13	228444.9	133802.5	145224.3	48210.7
私营企业	98	638193.1	147788.3	130224.2	42794.2
私营独资	2	475.5	202.6	110.9	14.5
私营有限责任公司	91	626637.1	144834.3	128915.9	42270.1
私营股份有限公司	5	11080.5	2751.4	1197.4	509.6
其他	1	44.2	40.0	176.6	71.2

单位：万元

本年折旧	资产合计	负债合计	所有者权益合计	实收资本		
					国家资本	集体资本
654.1	189057.2	239280.2	-50223.0	23320.3	2349.4	
144561.7	6237809.9	5180596.1	1057213.8	429235.9	224230.2	69957.8
141281.3	4353948.0	3572668.3	781279.7	202378.9	157786.2	3692.7
615.5	69896.6	60685.9	9210.7	11397.6	3917.6	
1266.7	1462363.3	1237607.0	224756.3	173246.8	59165.5	65492.3
1194.0	262224.0	226968.2	35255.8	34747.0		
72.3	65420.3	62060.9	3359.4	1204.7		772.8
1072.1	189190.2	134588.2	54602.0	39236.8	30118.0	2359.0
1.9	424.5	127.7	296.8	300.0		
101.5	60444.2	63186.3	-2742.1	1484.0	100.0	
	1306.5	801.1	505.4	500.0		
698.9	91037.5	68371.3	22666.2	5000.0		
242.9	21285.4	16920.6	4364.8	2979.1	1473.2	1195.9
30260.8	1842822.4	1440465.4	402357.0	354114.6	128827.0	4582.4
28310.8	1802415.7	1412589.6	389826.1	345201.8	128827.0	4582.4
415.7	67080.3	57758.9	9321.4	12717.1	12417.1	
294.5	15612.7	11395.0	4217.7	1609.9	10.0	1539.9
251.4	12320.1	11270.1	1050.0	1062.9		1062.9
1861.2	379793.2	328861.5	50931.7	63016.0	18618.8	1779.6
1861.2	379793.2	328861.5	50931.7	63016.0	18618.8	1779.6
7785.6	481771.2	304438.0	177333.2	120235.6	97781.1	
17686.2	845688.6	698680.5	147008.1	146496.3		200.0
12.3	571.9	432.3	139.6	134.0		
17320.6	833338.9	689029.3	144309.6	143944.0		200.0
353.3	11777.8	9218.9	2558.9	2418.3		
16.2	149.6	185.6	-36.0	64.0		

13-5 续表 1-2

指 标	企业数（个）	流动资产合计	存 货	固定资产原价	累计折旧
港澳台商投资企业	3	15333.9	5062.7	37152.4	13450.7
与港澳台商合资经营	1	10530.8	5039.3	36911.3	13336.8
港澳台商独资	1	1521.1	11.0	145.3	64.8
港澳台商独资股份有限公司	1	3282.0	12.4	95.8	49.1
2. 按国民经济行业分组					
综合零售业	18	245023.3	43654.8	103665.3	35737.6
百货零售业	8	48352.6	18651.2	44339.9	14677.2
超级市场零售业	7	185543.9	21902.5	49516.9	19075.5
食品、饮料及烟草制品专门零售业	14	45990.9	15432.5	62808.2	20386.0
纺织、服装及日用品专门零售业	7	32855.2	2339.5	13347.0	1201.4
服装零售业	5	26769.3	755.1	1150.2	435.8
文化、体育用品及器材专门零售业	12	22405.3	11153.7	10261.8	5119.9
体育用品零售业	1	475.0	420.0	56.0	22.0
图书零售业	6	8752.8	4183.3	7006.7	3220.8
医药及医疗器材专门零售业	11	95941.5	24397.3	6945.2	3926.5
药品零售业	11	95941.5	24397.3	6945.2	3926.5
汽车、摩托车、燃料及零配件专门	106	595024.7	230922.5	190828.6	61565.4
汽车零售业	78	440084.9	112717.6	69631.3	23381.8
机动车燃料零售业	27	149919.5	115023.4	119790.3	37417.0
家用电器及电子产品专门零售业	9	139114.1	21166.0	3307.6	1272.8
家用电器零售业	4	130523.3	20016.1	3013.7	1181.9
计算机、软件及辅助设备零售业	2	6803.9	1021.6	108.0	60.0
通讯设备零售业	3	1786.9	128.3	185.9	30.9
五金、家具及室内装修材料专门零	1	1050.2	82.1	28.5	22.1
无店铺及其他零售业	6	64379.1	11877.1	3155.1	1049.2

单位:万元

本年折旧	资产合计	负债合计	所有者权益合计	实收资本		
					国家资本	集体资本
1950.0	40406.7	27875.8	12530.9	8912.8		
1950.0	34926.2	23002.6	11923.6	8312.8		
	2072.3	2030.7	41.6	100.0		
	3408.2	2842.5	565.7	500.0		
13744.8	445914.7	384588.2	61326.5	65704.1	2842.0	680.0
3159.0	149277.2	134045.3	15231.9	23311.6	1105.6	680.0
10057.2	274092.7	233745.2	40347.5	37592.5	1736.4	
2712.6	103461.7	74733.6	28728.1	20695.2	6295.0	1437.3
238.1	49037.3	44514.6	4522.7	17622.5	5205.4	
222.2	28524.4	25254.8	3269.6	12230.0	30.0	
453.8	38190.3	26821.9	11368.4	3925.8	738.2	499.6
9.0	531.0		531.0	400.0		
284.6	14226.6	12007.6	2219.0	738.2	738.2	
746.2	108812.6	89604.2	19208.4	20261.4	12498.4	
746.2	108812.6	89604.2	19208.4	20261.4	12498.4	
11880.8	872058.0	613344.7	258713.3	213848.4	101248.0	1865.5
5469.9	538203.9	420716.4	117487.5	106027.0	303.0	1386.9
6245.9	326646.4	188292.4	138354.0	105021.4	100945.0	478.6
179.9	154719.8	142451.8	12268.0	6430.0		
136.6	145920.5	136160.8	9759.7	3800.0		
18.1	6851.9	5261.2	1590.7	1500.0		
25.2	1947.4	1029.8	917.6	1130.0		
5.4	1072.5	397.1	675.4	500.0		
299.2	69555.5	64009.3	5546.2	5127.2		100.0

13-5 限额以上批发和零售业

指 标					主营业务收入
	法人资本	个人资本	港澳台资本	外商资本	
总 计	**102005.2**	**287945.1**	**10048.7**	**50.0**	**15373877.0**
一、批发业	24952.0	151179.1	3212.7		11973214.7
1. 按登记注册类型分组					
内资	24952.0	151179.1			11891474.9
国有	1200.0	9548.1			7521256.8
集体		431.9			214804.7
股份合作					1939.5
有限责任公司	15043.0	17827.6			2148142.7
国有独资公司					77795.1
其他有限责任公司	15043.0	17827.6			2070347.6
股份有限公司	61.0	2240.0			197023.6
私营企业	8584.0	121131.5			1797464.9
私营独资		360.0			2769.7
私营合伙		50.0			7998.9
私营有限责任公司	8584.0	120140.6			1780453.9
私营股份有限公司		580.9			6242.4
其他	64.0				10842.7
港澳台商投资企业			3212.7		81739.8
与港澳台商合资经营			230.4		63303.3
港澳台商独资			2982.3		18436.5
2. 按国民经济行业分组					
农畜产品批发业					15949.0
食品、饮料及烟草制品批发业	1125.0	2363.0			579388.2
烟草制品批发业					296371.2
纺织、服装及日用品批发业	1000.0	784.9	2982.3		54047.3
服装批发业	1000.0	351.0	2982.3		43380.2
文化、体育用品及器材批发业		3000.0			154254.8

企业财务状况(二)

单位:万元

主营业务成本	主营业务税金及附加	主营业务利润	其他业务利润	营业费用	管理费用	
						税 金
14632064.2	42482.7	848625.7	65533.2	358082.1	278772.9	14955.8
11505292.1	34364.5	597448.5	27681.3	193879.3	196323.7	12075.7
11429313.9	34364.4	591687.0	27614.9	191604.9	192798.1	12056.5
6831938.8	27907.8	447837.7	22035.8	120366.0	135479.9	10022.8
193744.8	260.5	20795.7	2068.0	6670.8	11902.7	66.4
1918.9	7.2	13.4		38.8	156.6	0.9
2480650.0	3656.6	59158.9	2322.9	31554.3	24226.2	781.1
68891.7	144.5	6958.1	36.8	4025.6	5376.5	130.7
2411758.3	3512.1	52200.8	2286.1	27528.7	18849.7	650.4
190570.7	668.9	5265.3	384.6	5364.1	3472.5	108.0
1720453.0	1863.4	57811.0	803.6	27239.6	17496.4	1077.3
2644.0	1.3	124.4		100.4	21.8	13.0
6379.6	41.7	214.8		1362.7	193.2	1.8
1705489.5	1814.5	57175.3	803.6	25707.5	17032.9	1062.5
5939.9	5.9	296.5		69.0	248.5	
10037.7		805.0		371.3	63.8	
75978.2	0.1	5761.5	66.4	2274.4	3525.6	19.2
59242.5	0.1	4060.7	66.4	1298.6	2812.6	12.4
16735.7		1700.8		975.8	713.0	6.8
14992.0	105.0	852.0		953.0	1023.0	2.0
461383.1	11890.0	98776.5	1419.6	19244.9	27232.3	373.8
216440.7	10387.1	69543.4	375.2	3965.6	14744.7	230.5
47966.8	39.4	6041.1	29.7	3750.7	1989.4	9.6
38333.6	30.2	5016.4		2997.5	1823.4	9.6
142418.6	169.0	11667.3	40.3	5069.3	5663.7	164.7

13-5 续表 2-1

指　标					主营业务收入
	法人资本	个人资本	港澳台资本	外商资本	
医药及医疗器材批发业	2493.0	18477.9			374555.0
矿产品、建材及化工产品批发业	18720.0	116327.9			10088480.2
煤炭及制品批发业	8400.0	32500.0			6215018.8
石油及制品批发业		7480.0			119773.6
金属及金属矿批发业	8009.0	40580.0			2940055.7
建材批发业	1811.0	32936.0			605532.7
化肥批发业		431.9			143638.4
机械设备、五金交电及电子产品批发	1614.0	4915.4	230.4		544355.7
汽车、摩托车及零配件批发业		300.0			272.3
家用电器批发业	55.0	1098.6	230.4		304860.4
计算机、软件及辅助设备批发业		500.0			3515.3
贸易经纪与代理		5000.0			112267.5
其他批发业		310.0			49917.5
二、零售业	77053.2	136766.0	6836.0	50.0	3400662.3
1. 按登记注册类型分组					
内资	74976.4	136766.0		50.0	3335319.8
国有	300.0				64010.8
集体		60.0			39670.5
股份合作					9182.9
有限责任公司	22838.0	19779.6			667357.9
国有独资公司					
其他有限责任公司	22838.0	19779.6			667357.9
股份有限公司	13300.0	9154.5			848706.5
私营企业	38538.4	107707.9		50.0	1705982.6
私营独资	134.0				1088.4
私营有限责任公司	38026.2	105667.8		50.0	1664949.7
私营股份有限公司	378.2	2040.1			39944.5
其他		64.0			408.6

单位:万元

主营业务成本	主营业务税金及附加	主营业务利润	其他业务利润	营业费用	管理费用	
						税　金
356471.9	342.0	16757.6	357.1	6901.4	6954.5	573.8
9431928.4	17718.6	413608.0	25456.0	127449.8	134211.7	10298.8
5637053.5	15868.9	347975.0	21212.6	89512.3	116674.8	9770.2
115433.2	123.9	4016.0	524.5	2985.9	2340.0	62.7
2900296.3	1083.2	35140.2	3010.1	27591.0	8556.0	238.8
584163.0	244.1	21125.6	43.0	3970.0	4250.2	127.2
139453.1	4.6	4180.7	313.0	2462.5	1356.2	61.1
899350.2	1500.0	40939.6	254.7	26393.3	15204.1	483.2
255.3	0.2	16.8		4.1	7.0	0.3
682376.2	266.3	20332.4	254.7	18100.5	3947.8	350.9
3446.6	1.0	67.7		34.3	21.3	0.4
103648.4	2414.7	6204.4	79.8	3047.5	2485.5	111.5
47133.2	185.6	2602.2	44.1	1069.5	1559.3	58.2
3126772.1	8118.2	251177.2	37851.9	164202.8	82449.2	2880.1
3078090.4	8056.4	234578.2	37691.7	152933.1	78935.2	2599.7
55915.6	570.2	6111.3	618.0	4000.3	3423.5	74.9
35401.9	116.0	2413.2	146.5	1871.9	2128.6	38.0
6686.2	53.1	2443.6	-343.4	1974.9	720.3	51.3
622996.3	1250.1	42225.4	6154.4	29684.9	19535.7	431.0
622996.3	1250.1	42225.4	6154.4	29684.9	19535.7	431.0
770026.2	3300.0	71062.3	17689.9	52522.3	11635.6	465.4
1586680.3	2766.8	110297.8	13426.3	62835.7	41491.4	1539.1
963.8	2.3	122.3		92.7	11.6	2.3
1548660.5	2694.6	107356.9	13426.3	60494.5	41020.1	1494.2
37056.0	69.9	2818.6		2248.5	459.7	42.6
383.9	0.2	24.6		43.1	0.1	

13-5 续表 2-2

指标					主营业务收入
	法人资本	个人资本	港澳台资本	外商资本	
港澳台商投资企业	2076.8		6836.0		65342.5
与港澳台商合资经营	2076.8		6236.0		48859.9
港澳台商独资			100.0		5472.6
港澳台商独资股份有限公司			500.0		11010.0
2. 按国民经济行业分组					
综合零售业	46516.5	15665.6			535865.4
百货零售业	13530.0	7996.0			219114.6
超级市场零售业	30977.8	4878.3			234826.9
食品、饮料及烟草制品专门零售业	2076.8	4650.1	6236.0		203955.9
纺织、服装及日用品专门零售业	6060.0	5757.1	600.0		76485.4
服装零售业	6060.0	5540.0	600.0		65711.1
文化、体育用品及器材专门零售业	1688.0	1000.0			121148.7
体育用品零售业		400.0			1344.8
图书零售业					15101.4
医药及医疗器材专门零售业	3150.0	4613.0			210024.2
药品零售业	3150.0	4613.0			210024.2
汽车、摩托车、燃料及零配件专门	13681.9	97003.0		50.0	1937615.7
汽车零售业	10105.0	94182.1		50.0	1428855.2
机动车燃料零售业	776.9	2820.9			504971.3
家用电器及电子产品专门零售业	3880.0	2550.0			203140.4
家用电器零售业	2750.0	1050.0			174141.2
计算机、软件及辅助设备零售业	500.0	1000.0			10591.1
通讯设备零售业	630.0	500.0			18408.1
五金、家具及室内装修材料专门零		500.0			1869.6
无店铺及其他零售业		5027.2			110557.0

单位:万元

主营业务成本	主营业务税金及附加	主营业务利润	其他业务利润	营业费用	管理费用	
						税金
48681.7	61.8	16599.0	160.2	11269.7	3514.0	280.4
35519.9		13340.0	57.0	8325.9	2858.4	238.4
3815.4		1657.2		1648.2	209.5	38.0
9346.4	61.8	1601.8	103.2	1295.6	446.1	4.0
477696.9	3511.0	53011.9	24128.1	48750.8	18800.8	1313.4
187496.0	1869.6	29684.7	7232.4	19064.1	10039.0	533.5
213993.5	1446.2	17806.0	15954.5	27591.9	6157.7	192.0
179858.5	685.6	20403.0	564.3	14248.8	7088.5	343.9
64985.9	442.1	9653.0	2000.6	9633.6	4465.9	61.7
55990.9	380.1	9313.0	1913.0	8685.4	3147.5	53.3
113976.8	664.3	5984.9	288.5	3859.2	2486.4	114.1
1244.8	3.0	97.0		38.0	35.0	
11874.1	51.7	2653.1	126.8	2123.9	1393.2	55.0
187923.4	296.2	20704.6	1127.6	9832.3	8702.9	146.2
187923.4	296.2	20704.6	1127.6	9832.3	8702.9	146.2
1808963.2	2285.6	123244.3	1302.3	58852.3	32244.4	845.6
1344186.0	1770.9	81506.7	662.3	36238.2	27874.7	549.3
461899.2	507.6	40833.5	622.0	22009.9	4094.2	284.3
187760.5	194.4	10867.6	8259.2	13703.9	6204.4	44.9
159907.2	157.5	9758.7	8064.8	12558.8	5939.5	35.2
10107.3	7.3	476.4	43.2	418.5	68.9	
17746.0	29.6	632.5	151.2	726.6	196.0	9.7
1580.0	7.6	282.0	181.3	203.2	40.6	
104026.9	31.4	7025.9		5118.7	2415.3	10.3

13-5 限额以上批发和零售业

指　标			财务费用		营业利润
	差旅费	工会经费		利息支出	
总　计	7733.4	1251.1	111024.3	55091.2	228801.6
一、批发业	5582.0	810.9	67353.8	38496.8	199345.3
1. 按登记注册类型分组					
内资	5513.1	804.2	67348.4	38496.8	199335.8
国有	3819.9	605.2	51527.4	26828.1	173370.8
集体	10.4	7.0	569.8	2.1	3807.7
股份合作	4.8	0.5	2.2		179.8
有限责任公司	563.3	142.6	6535.0	5399.0	15134.2
国有独资公司	109.2	50.0	713.5	633.8	-1337.1
其他有限责任公司	454.1	92.6	5821.5	4765.2	16471.3
股份有限公司	217.4	11.1	-273.3	-347.2	-2300.8
私营企业	897.3	37.8	8935.5	6611.0	8826.0
私营独资	2.8	0.5	-1.9	-1.9	4.1
私营合伙	12.1	3.1	-0.4	-0.4	22.0
私营有限责任公司	882.4	34.2	8936.6	6613.3	8822.0
私营股份有限公司			1.2		-22.1
其他			51.8	3.8	318.1
港澳台商投资企业	68.9	6.7	5.4		9.5
与港澳台商合资经营	41.5	0.1	6.1	0.7	9.5
港澳台商独资	27.4	6.6	-0.7	-0.7	
2. 按国民经济行业分组					
农畜产品批发业	11		249	177	-1269
食品、饮料及烟草制品批发业	415.5	144.9	381.6	59.3	64686.2
烟草制品批发业	91.2	139.6	87.8		51120.5
纺织、服装及日用品批发业	51.7	8.9	52.0	38.4	781.4
服装批发业	51.7	8.9	51.4	38.4	646.8
文化、体育用品及器材批发业	80.9	55.5	45.3	44.9	885.8

企业财务状况(三)

单位:万元

利润总额	应交所得税	劳动、失业保险费	住房公积金和住房补贴	本年应付工资总额	本年应付福利费总额	本年应交增值税	全部从业人员年平均人数(人)
268082.5	**77148.0**	**1953.7**	**5882.7**	**147155.7**	**7184.5**	**247843.7**	**54403**
227262.9	67806.6	1235.6	4650.3	93786.0	3344.8	192918.7	26703
227246.5	67806.6	1235.6	4650.3	92168.9	3314.3	192120.4	26038
191435.6	61883.4	678.8	3588.7	65320.4	2205.2	144727.4	16400
4781.4	1279.6	184.5	285.1	3762.2	40.1	17882.7	1750
69.6				25.7		72.3	21
19732.5	3025.2	352.5	711.6	12909.1	700.1	14767.8	3594
-678.4	118.5	57.7	230.3	2671.6	7.8	1188.2	596
20410.9	2906.7	294.8	481.3	10237.5	692.3	13579.6	2998
-1828.1	40.5	7.3	50.3	2011.0	96.6	2157.2	790
12737.4	1577.9	12.5	14.6	8135.5	272.3	12479.7	3479
3.8	1.2			17.3		13.0	12
21.9	5.5			342.1		382.2	226
12674.5	1571.2	12.5	14.6	7717.6	268.6	11041.0	3209
37.2				58.5	3.7	1043.5	32
318.1				5.0		33.3	4
16.4				1617.1	30.5	798.3	665
16.4				928.1	5.7	709.9	334
				689.0	24.8	88.4	331
20		90	8	284		33	155
65225.7	14643.5	274.7	1703.2	14409.1	1157.5	34685.3	3273
51118.6	13650.1	52.7	1304.8	7418.9	720.9	13828.8	821
850.4	170.9			1260.3	26.9	855.3	639
682.6	170.9			1099.4	26.3	361.0	544
823.6	121.8	43.8	216.9	2797.8	76.8	1140.0	564

13-5 续表 3-1

指　标	差旅费	工会经费	财务费用	利息支出	营业利润
医药及医疗器材批发业	312.4	19.6	956.8	609.6	3394.0
矿产品、建材及化工产品批发业	4133.1	551.5	65153.7	37181.5	128721.8
煤炭及制品批发业	3523.4	487.3	35087.0	26724.2	129746.3
石油及制品批发业	17.8	5.1	516.9	471.6	-1302.4
金属及金属矿批发业	282.4	41.3	23069.7	5772.3	-6831.1
建材批发业	256.0	7.3	6009.0	4178.7	6943.3
化肥批发业		6.8	360.6		314.4
机械设备、五金交电及电子产品批发	377.0	2.9	236.2	157.9	1473.0
汽车、摩托车及零配件批发业	0.1	0.1			0.7
家用电器批发业	141.4	0.1	-81.1	-99.1	-1434.0
计算机、软件及辅助设备批发业	10.9	0.2	6.5		5.4
贸易经纪与代理	81.1	17.3	167.2	136.0	584.0
其他批发业	119.6	9.9	111.6	92.3	87.7
二、零售业	2151.4	440.2	43670.5	16594.4	29456.3
1. 按登记注册类型分组					
内资	2081.6	426.7	43291.5	16312.7	27675.2
国有	32.7	22.8	201.6	42.8	95.2
集体	6.3	6.7	62.6	12.6	237.4
股份合作	44.5	65.4	444.9	444.9	-1037.8
有限责任公司	392.2	143.9	4345.3	3148.2	-1682.1
国有独资公司					
其他有限责任公司	392.2	143.9	4345.3	3148.2	-1682.1
股份有限公司	694.7	45.8	7485.5	5665.1	22099.3
私营企业	911.2	142.1	30751.6	6999.1	7981.9
私营独资	6.7	0.9			18.1
私营有限责任公司	890.0	141.2	30694.1	6967.1	7876.0
私营股份有限公司	14.5		57.5	32.0	87.8
其他					-18.7

单位:万元

利润总额	应交所得税	劳动、失业保险费	住房公积金和住房补贴	本年应付工资总额	本年应付福利费总额	本年应交增值税	全部从业人员年平均人数(人)
4550.2	1358.3	8.3	69.1	3771.3	309.0	3524.5	1367
150854.4	50408.2	426.2	2582.9	57287.8	1001.5	141765.9	16365
148166.9	48618.5	378.0	2257.7	51345.8	786.0	91382.1	14105
-292.3	127.9	5.1	18.5	889.3	87.8	1046.0	529
-6623.6	563.7	36.3	280.7	3518.0	67.8	45628.0	993
8575.3	898.0	4.9	5.8	713.9	49.3	3037.0	337
581.9	158.3			300.0		5.6	200
2877.8	902.9	160.5	21.5	13193.2	707.4	7854.0	3968
0.7	0.2			8.5	0.1	1.9	8
94.3	147.1	15.8		5169.6	195.4	2447.6	1587
5.4	0.5	0.2		10.6		7.0	9
1829.7	131.2	193.6	30.8	340.7		2310.2	113
231.3	69.8	38.6	18.4	441.6	65.7	750.5	259
40819.6	9341.4	718.1	1232.4	53369.7	3839.7	54925.0	27700
38992.9	9126.6	623.0	960.3	48777.8	2937.1	51417.1	26054
-366.7	11.7	40.4	78.2	2643.1	156.9	461.9	1977
282.6	74.1	5.9	48.9	830.3	72.7	869.6	538
-460.6			31.8	1170.4		560.5	469
3116.4	878.4	439.1	333.5	11368.2	577.1	18558.9	6318
3116.4	878.4	439.1	333.5	11368.2	577.1	18558.9	6318
22590.3	4869.9	36.4	323.3	14992.3	1557.5	12260.9	6971
13849.6	3292.5	101.2	144.6	17750.5	572.9	18702.9	9772
18.0	1.9			61.8	4.2	16.6	20
13757.0	3271.6	101.2	144.6	17132.3	564.6	18094.2	9376
74.6	19.0			556.4	4.1	592.1	376
-18.7				23.0		2.4	9

13-5 续表 3-2

指　标	差旅费	工会经费	财务费用	利息支出	营业利润
港澳台商投资企业	69.8	13.5	379.0	281.7	1781.1
与港澳台商合资经营	54.6	10.3	311.9	281.7	1900.8
港澳台商独资			11.5		-212.0
港澳台商独资股份有限公司	15.2	3.2	55.6		92.3
2. 按国民经济行业分组					
综合零售业	586.2	94.3	24959.3	6272.3	2365.1
百货零售业	294.0	59.4	6811.0	5198.4	1419.3
超级市场零售业	279.3	31.4	18099.9	1058.0	-634.0
食品、饮料及烟草制品专门零售业	114.4	91.7	971.0	797.2	1350.6
纺织、服装及日用品专门零售业	28.6	17.8	979.3	648.5	-1816.8
服装零售业	26.7	14.5	934.8	645.1	-1330.2
文化、体育用品及器材专门零售业	32.8	23.7	216.5	3.3	348.9
体育用品零售业	5.0		4.0		20.0
图书零售业	23.4	21.6	4.0	3.3	-163.9
医药及医疗器材专门零售业	257.5	78.0	1122.1	894.1	2142.6
药品零售业	257.5	78.0	1122.1	894.1	2142.6
汽车、摩托车、燃料及零配件专门	999.3	131.3	14476.5	7526.6	21020.1
汽车零售业	679.4	99.3	10112.4	3251.4	9824.5
机动车燃料零售业	293.4	32.0	4343.1	4260.2	11174.2
家用电器及电子产品专门零售业	61.6	2.2	418.5	30.5	3861.3
家用电器零售业	31.9	1.2	387.7	30.5	3990.8
计算机、软件及辅助设备零售业	19.0		0.8		31.5
通讯设备零售业	10.7	1.0	30.0		-161.0
五金、家具及室内装修材料专门零	0.7		-2.2	-2.2	221.7
无店铺及其他零售业	70.3	1.2	529.5	424.1	-37.2

单位：万元

利润总额	应交所得税	劳动、失业保险费	住房公积金和住房补贴	本年应付工资总额	本年应付福利费总额	本年应交增值税	全部从业人员年平均人数（人）
1826.7	214.8	95.1	272.1	4591.9	902.6	3507.9	1646
1914.0	208.0	93.7	272.1	4159.0	857.4	2009.4	1352
-213.0	6.8			110.0		28.1	110
125.7		1.4		322.9	45.2	1470.4	184
12267.9	4309.2	57.4	209.0	15345.4	416.0	20799.8	8347
6004.4	2459.2	9.1	53.9	4430.3	72.4	7637.1	2953
4654.8	1396.1	32.9	78.0	8800.5	264.0	12660.5	4327
2756.8	324.4	115.2	405.7	7558.9	992.7	4456.8	3945
863.2	6.8	70.3	13.7	2493.9	182.0	2751.6	1414
1627.1	6.8	2.5		1561.2	45.2	2632.1	921
427.1	157.5	39.3	103.2	2233.8	78.5	1239.7	978
20.0	2.0			33.4		13.7	19
-106.7	8.1	33.9	76.1	1307.1	15.1	167.9	563
1528.3	413.8	333.1	112.7	5051.0	172.1	3147.7	3505
1528.3	413.8	333.1	112.7	5051.0	172.1	3147.7	3505
19240.9	3421.8	75.2	311.9	16667.8	1826.9	19978.7	7299
10272.3	2189.1	50.7	67.8	11045.9	556.9	15647.8	5279
8944.9	1229.7	24.5	244.1	5411.9	1270.0	4322.9	1698
3541.9	561.1	17.4	76.2	3282.7	142.8	2239.2	1909
3493.5	549.4	17.4	76.2	3024.3	116.5	2014.7	1587
31.5	7.5			173.4	1.8	55.6	103
16.9	4.2			85.0	24.5	168.9	219
222.6	54.4	8.6		52.9	1.1	50.5	24
-29.1	92.4	1.6		683.3	27.6	261.0	279

13-6 限额以上住宿和

指标	企业数（个）	流动资产合计	存货	固定资产原价	累计折旧
总计	**154**	**203012.2**	**19665.9**	**442224.5**	**151536.5**
一、住宿业	75	81811.9	9683.4	327152.3	105504.2
1. 按登记注册类型分组					
内资	71	74072.6	9279.0	292638.5	96304.9
国有	27	33307.1	3344.7	142506.5	52881.1
集体	4	2824.7	105.4	11503.1	1129.1
股份合作	1	820.6	53.2	6345.1	1094.4
有限责任公司	10	7421.9	1051.1	72081.1	15437.4
其他有限责任公司	10	7421.9	1051.1	72081.1	15437.4
股份有限公司	3	3011.7	434.1	23277.4	9971.2
私营企业	26	26686.6	4290.5	36925.3	15791.7
私营独资	2	7939.0	2645.5	7821.2	2434.7
私营合伙	1	204.1	2.2	51.4	19.8
私营有限责任公司	23	18543.5	1642.8	29052.7	13337.2
港澳台商投资企业	3	4505.8	132.2	28964.9	8021.2
与港澳台商合资经营	2	4033.4	76.6	28964.9	8021.2
与港澳台商合作经营	1	472.4	55.6		
外商投资企业	1	3233.5	272.2	5548.9	1178.1
中外合资经营	1	3233.5	272.2	5548.9	1178.1
2. 按国民经济行业分组					
旅游饭店	55	69972.0	8074.8	302093.4	97030.6
一般旅馆	15	9218.5	1113.4	23080.1	7738.7
其他住宿服务	5	2621.4	495.2	1978.8	734.9

餐饮业法人企业财务状况(一)

单位:万元

本年折旧	资产合计	负债合计	所有者权益合计	实收资本		
					国家资本	集体资本
24624.1	616813.4	439827.5	176985.9	216425.8	107377.9	5014.8
14965.1	378217.8	256876.6	121341.2	164493.9	97258.5	4344.6
13623.2	343819.5	241177.6	102641.9	149543.9	95317.5	4344.6
4734.1	150317.4	68542.4	81775.0	92142.1	92142.1	
508.4	13593.4	12220.0	1373.4	2440.1		2440.1
1094.4	6797.9	3325.8	3472.1	3105.4	3105.4	
3360.9	66708.9	56019.1	10689.8	8926.7	70.0	1800.0
3360.9	66708.9	56019.1	10689.8	8926.7	70.0	1800.0
908.1	30403.4	41370.7	-10967.3	1210.0		104.5
3017.3	75998.5	59699.6	16298.9	41719.6		
	13333.6	6124.2	7209.4	6300.0		
	257.7	416.3	-158.6	30.0		
3017.3	62407.2	53159.1	9248.1	35389.6		
1043.3	26432.7	13058.3	13374.4	6950.0	1941.0	
1043.3	25617.2	12694.9	12922.3	6050.0	1500.0	
	815.5	363.4	452.1	900.0	441.0	
298.6	7965.6	2640.7	5324.9	8000.0		
298.6	7965.6	2640.7	5324.9	8000.0		
14189.4	331617.3	235870.4	95746.9	132283.9	91733.9	4065.6
614.5	29318.9	16624.8	12694.1	15632.3	5433.0	174.5
161.2	17281.6	4381.4	12900.2	16577.7	91.6	104.5

13-6 续表 1-1

指　标	企业数（个）	流动资产合计	存　货	固定资产原价	累计折旧
二、餐饮业	79	121200.3	9982.5	115072.2	46032.3
1. 按登记注册类型分组					
内资	72	115292.4	7982.0	104752.9	40223.6
国有	11	3780.6	763.6	7638.0	2389.8
有限责任公司	12	20272.2	1037.8	49520.3	15122.5
其他有限责任公司	12	20272.2	1037.8	49520.3	15122.5
股份有限公司	1	14664.9		2926.2	2821.2
私营企业	46	72689.9	5956.9	43527.8	19490.3
私营独资	5	1170.8	141.5	513.6	228.7
私营合伙	1	31.0		18.3	6.7
私营有限责任公司	36	65320.8	4766.1	32743.7	17004.7
私营股份有限公司	4	6167.3	1049.3	10252.2	2250.2
其他	2	3884.8	223.7	1140.6	399.8
港澳台商投资企业	2	182.4	54.7	816.8	331.5
与港澳台商合资经营	1	39.8	22.0	279.7	233.2
港澳台商独资	1	142.6	32.7	537.1	98.3
外商投资企业	5	5725.5	1945.8	9502.5	5477.2
中外合资经营	3	2275.6	301.4	3004.1	2579.7
外资企业	2	3449.9	1644.4	6498.4	2897.5
2. 按国民经济行业分组					
正餐服务业	77	117089.9	8632.4	108973.4	43363.9
快餐服务业	2	4110.4	1350.1	6098.8	2668.4

单位:万元

本年折旧	资产合计	负债合计	所有者权益合计	实收资本		
					国家资本	集体资本
9659.0	238595.6	182950.9	55644.7	51931.9	10119.4	670.2
9414.1	214755.2	169106.5	45648.7	45844.0	9745.7	670.2
289.9	12334.3	8499.6	3834.7	6659.8	6659.8	
5118.2	60526.0	53128.9	7397.1	10092.0	3085.9	670.2
5118.2	60526.0	53128.9	7397.1	10092.0	3085.9	670.2
220.2	15891.2	18833.4	–2942.2	1795.9		
3690.0	121063.9	86637.8	34426.1	26471.3		
102.4	1583.2	700.4	882.8	1233.0		
	45.5	19.4	26.1	30.0		
2855.9	95679.5	66287.8	29391.7	22310.7		
731.7	23755.7	19630.2	4125.5	2897.6		
95.8	4939.8	2006.8	2933.0	825.0		
80.6	1236.8	1734.2	–497.4	970.0		
10.9	86.3	930.3	–844.0	200.0		
69.7	1150.5	803.9	346.6	770.0		
164.3	22603.6	12110.2	10493.4	5117.9	373.7	
89.3	3597.6	6193.4	–2595.8	3279.4	373.7	
75.0	19006.0	5916.8	13089.2	1838.5		
9659.0	219191.4	176388.3	42803.1	49693.4	10119.4	670.2
	19404.2	6562.6	12841.6	2238.5		

13-6 限额以上住宿和

指　标					主营业务收入
	法人资本	个人资本	港澳台资本	外商资本	
总　计	50197.9	42274.0	9349.0	2212.2	366386.2
一、住宿业	35855.5	18526.3	8509.0		130874.5
1. 按登记注册类型分组					
内资	31355.5	18526.3			122322.2
国有					50007.7
集体					1836.8
股份合作					6809.2
有限责任公司	6246.7	810.0			28475.2
其他有限责任公司	6246.7	810.0			28475.2
股份有限公司	300.0	805.5			4219.5
私营企业	24808.8	16910.8			30973.8
私营独资		6300.0			1326.6
私营合伙		30.0			425.9
私营有限责任公司	24808.8	10580.8			29221.3
港澳台商投资企业	4500.0		509.0		5251.3
与港澳台商合资经营	4500.0		50.0		2642.7
与港澳台商合作经营			459.0		2608.6
外商投资企业			8000.0		3301.0
中外合资经营			8000.0		3301.0
2. 按国民经济行业分组					
旅游饭店	18735.4	9240.0	8509.0		111506.0
一般旅馆	1002.0	9022.8			13547.3
其他住宿服务	16118.1	263.5			5821.2

餐饮业法人企业财务状况(二)

单位:万元

主营业务成本	主营业务税金及附加	主营业务利润	其他业务利润	营业费用	管理费用	税金
156216.8	**18446.4**	**177372.1**	**641.4**	**116647.8**	**55408.8**	**2331.1**
47027.1	6642.9	74229.9	607.9	49430.0	32387.6	2072.5
45031.6	6216.1	68100.1	608.3	45268.1	27336.4	1703.8
16984.5	2309.0	29136.7	41.8	21405.0	10832.0	352.3
357.5	100.8	1378.5	112.5	1248.7	322.2	24.0
5955.2	374.5	479.5		5.9	139.2	41.3
6813.5	1613.5	19509.7	140.1	8627.8	7606.6	868.3
6813.5	1613.5	19509.7	140.1	8627.8	7606.6	868.3
1659.0	243.7	2316.8	245.7	939.7	2108.6	
13261.9	1574.6	15278.9	68.2	13041.0	6327.8	417.9
1001.1	74.5	251.0		181.6	32.2	
46.8	24.2	354.9		378.8	49.2	
12214.0	1475.9	14673.0	68.2	12480.6	6246.4	417.9
1401.7	262.4	3587.0	-0.4	2123.5	3660.6	204.3
193.8	132.0	2316.8	-0.4	888.0	2425.1	204.3
1207.9	130.4	1270.2		1235.5	1235.5	
593.8	164.4	2542.8		2038.4	1390.6	164.4
593.8	164.4	2542.8		2038.4	1390.6	164.4
37445.6	5557.4	66607.8	465.9	43646.3	29327.4	2039.5
8487.4	786.9	3838.0	140.2	2853.7	2174.3	33.0
1094.1	298.6	3784.1	1.8	2930.0	885.9	

13-6 续表 2-1

指　标	法人资本	个人资本	港澳台资本	外商资本	主营业务收入
二、餐饮业	14342.4	23747.7	840.0	2212.2	235511.7
1. 按登记注册类型分组					
内资	11680.4	23747.7			173939.9
国有					16462.7
有限责任公司	5829.4	506.5			36141.2
其他有限责任公司	5829.4	506.5			36141.2
股份有限公司		1795.9			3937.1
私营企业	5175.0	21296.3			109230.7
私营独资	550.0	683.0			4012.2
私营合伙		30.0			640.9
私营有限责任公司	4625.0	17685.7			85815.1
私营股份有限公司		2897.6			18762.5
其他	676.0	149.0			8168.2
港澳台商投资企业	130.0		840.0		1366.0
与港澳台商合资经营	130.0		70.0		415.8
港澳台商独资			770.0		950.2
外商投资企业	2532.0			2212.2	60205.8
中外合资经营	2532.0			373.7	8225.0
外资企业				1838.5	51980.8
2. 按国民经济行业分组					
正餐服务业	13842.4	23747.7	840.0	473.7	185113.7
快餐服务业	500.0			1738.5	50398.0

单位:万元

主营业务成本	主营业务税金及附加	主营业务利润	其他业务利润	营业费用	管理费用	
						税　金
109189.7	11803.5	103142.2	33.5	67217.8	23021.2	258.6
84724.4	9070.2	68736.2	411.7	47659.0	17947.8	233.8
9034.3	729.4	3247.8	0.6	2869.9	1727.0	72.3
15282.4	2051.0	18582.2	41.5	9724.8	6838.7	129.8
15282.4	2051.0	18582.2	41.5	9724.8	6838.7	129.8
2085.5	290.7	1560.9		1378.5	161.8	
53604.8	5541.1	42352.5	369.6	31298.4	8910.6	31.7
2038.3	279.5	1013.3		1270.5	253.9	0.1
403.1	56.9	180.9		173.7	0.2	0.1
43423.4	4325.2	33955.8	131.0	24573.7	7243.9	31.5
7740.0	879.5	7202.5	238.6	5280.5	1412.6	
4717.4	458.0	2992.8		2387.4	309.7	
427.3	68.3	870.4		276.6	522.4	
165.7	20.8	229.3			263.1	
261.6	47.5	641.1		276.6	259.3	
24038.0	2665.0	33535.6	–378.2	19282.2	4551.0	24.8
5380.2	247.6	2597.2		2066.5	377.8	6.0
18657.8	2417.4	30938.4	–378.2	17215.7	4173.2	18.8
91746.4	9461.2	72529.8	411.7	49914.5	19200.2	258.6
17443.3	2342.3	30612.4	–378.2	17303.3	3821.0	

13-6 限额以上住宿和

指　标	差旅费	工会经费	财务费用	利息支出	营业利润
总　计	**512.1**	**296.4**	**6775.2**	**2293.0**	**13195.5**
一、住宿业	383.1	215.1	3215.0	1542.4	-2863.1
1. 按登记注册类型分组					
内资	371.0	204.7	3172.7	1512.5	-3003.5
国有	131.3	124.0	503.0	319.4	-2128.3
集体			65.6	63.7	-145.5
股份合作	3.3		16.5		317.9
有限责任公司	94.8	44.5	395.5	32.0	3623.5
其他有限责任公司	94.8	44.5	395.5	32.0	3623.5
股份有限公司	61.3	0.8	915.4	889.7	-1386.4
私营企业	80.3	35.4	1276.7	207.7	-3284.7
私营独资		1.0	6.1		31.1
私营合伙			1.5		-74.6
私营有限责任公司	80.3	34.4	1269.1	207.7	-3241.2
港澳台商投资企业	12.1	10.4	13.4	1.0	1055.5
与港澳台商合资经营	12.1	10.4	13.4	1.0	1030.7
与港澳台商合作经营					24.8
外商投资企业			28.9	28.9	-915.1
中外合资经营			28.9	28.9	-915.1
2. 按国民经济行业分组					
旅游饭店	339.9	203.8	2990.7	1471.7	-2795.8
一般旅馆	38.1	9.9	6.1	-11.5	-578.5
其他住宿服务	5.1	1.4	218.2	82.2	511.2

餐饮业法人企业财务状况(三)

单位:万元

利润总额	应交所得税	劳动、失业保险费	住房公积金和住房补贴	本年应付工资总额	本年应付福利费总额	全部从业人员年平均人数(人)
18931.9	5144.6	257.8	957.4	50230.9	1910.2	31881
1779.3	887.8	152.4	704.1	24220.4	1546.4	14069
1465.7	880.9	124.1	699.9	22114.7	1308.7	13087
-737.0	547.3	93.5	620.3	9639.6	513.1	5378
-145.5	4.6			430.3		553
317.9	106.3	1.2	5.6	683.4	19.6	530
3785.2	86.2	16.6	65.6	4805.6	339.4	2204
3785.2	86.2	16.6	65.6	4805.6	339.4	2204
-1397.3	4.0	3.6	8.4	1025.3	92.7	572
-357.6	132.5	9.2		5530.5	343.9	3850
62.1				138.0	39.7	85
-72.1	8.2			50.1		28
-347.6	124.3	9.2		5342.4	304.2	3737
1057.0	6.9	14.9	4.2	1000.0	237.7	599
1033.1		14.9	4.2	639.0	195.4	419
23.9	6.9			361.0	42.3	180
-743.4		13.4		1105.7		383
-743.4		13.4		1105.7		383
1465.6	849.4	146.0	650.7	21013.0	1364.9	11999
-405.5	34.6	4.2	53.4	1992.5	159.2	1327
719.2	3.8	2.2		1214.9	22.3	743

13-6 续表 3-1

指　标	差旅费	工会经费	财务费用	利息支出	营业利润
二、餐饮业	129.0	81.3	3560.2	750.6	16058.6
1. 按登记注册类型分组					
内资	109.7	80.3	3436.8	751.9	6786.5
国有	17.7	18.3	-66.2	-165.7	375.9
有限责任公司	39.8	40.8	1198.7	1.3	1091.9
其他有限责任公司	39.8	40.8	1198.7	1.3	1091.9
股份有限公司					20.6
私营企业	52.2	21.2	2293.2	916.3	5007.9
私营独资		3.5	19.4		106.9
私营合伙					7.1
私营有限责任公司	43.0	11.7	2151.3	906.5	4223.7
私营股份有限公司	9.2	6.0	122.5	9.8	670.2
其他			11.1		290.2
港澳台商投资企业	5.9	1.0	6.6		64.8
与港澳台商合资经营	5.5	1.0	1.1		-34.9
港澳台商独资	0.4		5.5		99.7
外商投资企业	13.4		116.8	-1.3	9207.3
中外合资经营			75.7		77.2
外资企业	13.4		41.1	-1.3	9130.1
2. 按国民经济行业分组					
正餐服务业	129.0	81.3	3555.9	751.9	6947.4
快餐服务业			4.3	-1.3	9111.2

单位:万元

利润总额	应交所得税	劳动、失业保险费	住房公积金和住房补贴	本年应付工资总额	本年应付福利费总额	全部从业人员年平均人数（人）
17152.6	4256.8	105.4	253.3	26010.5	363.8	17812
7920.7	1975.7	67.6	54.6	20700.4	297.1	13674
350.1	13.8	54.3	30.1	1895.0	48.2	1477
1146.1	297.4	5.9	12.5	4728.1	32.9	3387
1146.1	297.4	5.9	12.5	4728.1	32.9	3387
20.6				635.9		386
6113.7	1474.4	7.4	12.0	11900.5	216.0	7084
108.6	8.7			546.4		404
7.1	2.0			73.1		32
4806.9	1153.6	6.7	12.0	9717.4	216.0	5602
1191.1	310.1	0.7		1563.6		1046
290.2	190.1			1540.9		1340
109.1				367.6		311
				96.9		76
109.1				270.7		235
9122.8	2281.1	37.8	198.7	4942.5	66.7	3827
5.3		4.9	8.7	970.5	66.7	476
9117.5	2281.1	32.9	190.0	3972.0		3351
8057.5	1987.3	72.5	63.3	22271.3	363.8	14515
9095.1	2269.5	32.9	190.0	3739.2		3297

13-7 对外贸易进出口情况(海关数)

单位:万美元

指　标	2009	2008	比2008年增长(%)
地区进出口总额	591231	938580	-37.1
出口总额	194425	594226	-67.3
进口总额	396806	344354	15.3

注:地区外贸进出口总额为不含阳城电厂口径。

13-8 三资企业情况

指　标	单　位	2009	2008	比2008年增长(%)
年内新批三资企业	个	25	27	-7.4
总投资额	万美元	77855	83895	-7.2
合同外资额	万美元	27633	48861	-43.4
直接到位外资额	万美元	26163	31224.7	-16.2

13-9 旅游人数及收入

指　标	2009	2008
一、海外旅游人数（人次）	225446	189745
外国人	158412	133511
香港同胞	38905	32152
澳门同胞	5057	4172
台湾同胞	23072	19910
二、国内旅游人数（万人次）	1865.20	1692.53
三、旅游外汇收入（万美元）	13384.00	9885.94
四、国内旅游收入（亿元）	186.00	162.23

13-10 出境旅游人数

单位:人次

指　标	2009
出境旅游人数	**29267**
# 出国游	12546
香港游	13982
澳门游	1329
台湾游	1410
首站前往国家	
日本	1696
泰国	1205
韩国	1005
德国	523
澳大利亚	512
新加坡	308
马来西亚	186
印度尼西亚	165
法国	135
奥地利	110
其他	6701

第十四篇

财政、金融、税务和保险

CAIZHENGJINRONGSHUWUHEBAOXIAN

资料整理、审核

杨振宇

14-1 财政一般预算收入

单位:万元

指 标	2009
收入合计	**1175322**
增值税	197018
营业税	266169
企业所得税	136181
个人所得税	48590
资源税	19713
城市维护建设税	109461
房产税	41994
印花税	29155
城镇土地使用税	41809
土地增值税	7154
车船税	8671
耕地占用税	3319
契税	25792
国有资本经营收入	-7030
国有资源(资产)有偿使用收入	10679
行政事业性收费收入	80223
罚没收入	57663
专项收入	94722
其他收入	4039

14-2 财政一般预算支出

单位:万元

指 标	2009
支出合计	1599051
一般公共服务	185512
公共安全	121589
教育	287394
科学技术	37219
文化体育与传媒	24119
社会保障和就业	321352
医疗卫生	102674
环境保护	51797
城乡社区事务	217965
农林水事务	72661
交通运输	20152
采掘电力信息等事务	23957
粮油物资储备管理等事务	13286
金融监管支出	51705
地震灾后恢复重建支出	11692
国债还本付息支出	1684
其他支出	54293

14-3 财政收入分级情况

单位：万元

指标	全市	市级	县区
财政总收入合计	**2795612**	**1668211**	**1127401**
增值税	197018	104244	92774
营业税	266169	112390	153779
企业所得税	136181	108420	27761
个人所得税	48590	34488	14102
资源税	19713	12022	7691
城市维护建设税	109461	63113	46348
房产税	41994	21145	20849
印花税	29155	15581	13574
城镇土地使用税	41809	20126	21683
土地增值税	7154	1902	5252
车船税	8671	412	8259
耕地占用税	3319		3319
契税	25792	21919	3873
国有资本经营收入	-7030	-13017	5987
国有资源（资产）有偿使用收入	10679	4376	6303
行政事业性收费收入	80223	61429	18794
罚没收入	57663	40991	16672
专项收入	94722	54065	40657
其他收入	4039	3329	710
一般预算收入小计	**1175322**	**666935**	**508387**
上划中央收入小计	**1334146**	**842034**	**492112**
上划省级收入小计	**286144**	**159242**	**126902**

14-4 财政支出分级情况

单位:万元

指 标	全 市	市 级	县 区
支出合计	**1599051**	**792140**	**806911**
一般公共服务	185512	57849	127663
公共安全	121589	89290	32299
教育	287394	118249	169145
科学技术	37219	11086	26133
文化体育与传媒	24119	16476	7643
社会保障和就业	321352	174485	146867
医疗卫生	102674	52741	49933
环境保护	51797	26491	25306
城乡社区事务	217965	92744	125221
农林水事务	72661	10969	61692
交通运输	20152	12401	7751
采掘电力信息等事务	23957	14595	9362
粮油物资储备管理等事务	13286	8745	4541
金融监管支出	51705	50146	1559
地震灾后恢复重建支出	11692	6613	5079
国债还本付息支出	1684		1684
其他支出	54293	49260	5033

14-5 金融机构信贷收支

单位：万元

指 标	年末余额
资金来源	**56479237**
一、各项存款	58921456
1. 企业存款	21847494
(1) 活期存款	15837797
(2) 定期存款	6009698
2. 财政存款	4371834
3. 机关团体存款	5255316
4. 储蓄存款	20850017
(1) 活期储蓄	6876853
(2) 定期储蓄	13973164
5. 农业存款	651927
6. 委托存款	1003297
7. 其他存款	4941570
二、金融债券	30
三、应付及暂收款	1215375
四、同业往来（来源方）	1753445
五、各项准备	942675
六、所有者权益	1018981
#实收资本	441695
七、其他	-7372724
资金运用	**56479237**
一、各项贷款	41564608
1. 短期贷款	12272573
(1) 工业贷款	5182285

14-5 续表 1-1

单位：万元

指　标	年末余额
(2) 商业贷款	2011786
(3) 建筑业贷款	163703
(4) 农业贷款	889662
(5) 乡镇企业贷款	189368
(6) 三资企业贷款	119668
(7) 私营企业及个体贷款	764460
(8) 其他短期贷款	2951641
2. 中长期贷款	25801825
(1) 基本建设贷款	12372385
(2) 技术改造贷款	207950
(3) 其他中长期贷款	13221489
3. 融资租赁	56730
4. 票据融资	3372411
8. 各项垫款	61069
二、有价证券及投资	1078914
三、应收及预付款	723161
四、同业往来(运用方)	290610
五、行内资金往来（运用方）	12087556
六、外汇占款	6909
七、固定资产	514639
八、库存现金	212841

14-6 金融机构现金收支

单位：万元

指 标	2009
一、现金收入合计	54255230
1. 商品销售收入	4295730
2. 服务业收入	1493853
3. 行政税费收入	355554
4. 城乡个体经营收入	911125
5. 储蓄存款收入	38321809
6. 其他金融机构收入	314354
7. 居民归还贷款收入	232793
8. 汇兑收入	579388
9. 有价证券及其他投资性收入	193851
10. 其他收入	7556774
二、现金支出合计	52555694
1. 工资性支出	4238451
2. 农副产品采购支出	408376
3. 工矿及其他产品采购支出	434041
4. 行政企事业管理费支出	2207111
5. 城乡个体经营支出	1501007
6. 储蓄存款支出	37276918
7. 其他金融机构支出	88435
8. 居民提取贷款支出	108075
9. 汇兑支出	279844
10. 有价证券及其他投资性支出	525992
11. 其他支出	5487443

14-7 国税系统税收入库情况

单位:万元

指 标	2009	2008
合 计	1607231	1329529
一、按税种分		
国内增值税	1136315	959308
国内消费税	93845	3855
企业所得税	281997	243017
储蓄利息个人所得税	12945	26181
车辆购置税	82129	97168
二、按经济类型分		
国有企业	64568	103399
集体企业	16776	28974
股份公司	832559	457557
私营企业	270145	395704
外商投资企业	211949	194234
个体	24327	29312

注:2009 年统计口径发生变化,与 2008 年数据不可比

14-8 国税系统县(市、区)税收入库情况

单位:万元

指 标	2009	2008
合 计	1607231	1329529
市直分局	853312	278500
高新区	117599	152971
经济区	63206	57719
民营区	14716	11749
小店区	94339	97086
迎泽区	77945	80826
杏花岭区	75791	67363
尖草坪区	44477	49760
万柏林区	34844	48617
晋源区	36681	61407
古交市	67641	147578
清徐县	85589	203420
阳曲县	14234	29377
娄烦县	26857	43156

注:2009 年统计口径发生变化,与 2008 年数据不可比

14-9 地税系统(分税种)税收

单位:万元

指 标	2009	2008
合 计	**848811**	**756100**
营业税	345041	298425
企业所得税	107648	99014
个人所得税	142445	114793
资源税	11798	11744
城市维护建设税	102241	113849
房产税	35758	37094
印花税	26022	18559
城镇土地使用税	38171	26993
土地增值税	6675	6071
车船使用税	8502	3831
耕地占用税	1225	609
契税	23285	24983
其他税收		135

14-10 地税系统(分企业)税收

单位:万元

指 标	2009	2008
合 计	**848811**	**756100**
国有企业	134220	120459
集体企业	21504	20329
股份合作企业	1919	1233
联营企业	401	449
股份有限公司	537624	454508
私营企业	40648	34456
其他企业	46009	51729
个体	30032	29525
港澳台投资企业	4792	2638
外商投资企业	31662	40774

14-11 地税系统县(市、区)税收

单位:万元

指 标	2009	2008
合 计	848811	756100
市直分局	403356	352804
迎 泽 区	84358	74556
杏花岭区	75300	63000
万柏林区	50603	43255
小 店 区	91002	83581
尖草坪区	32300	28203
晋 源 区	9810	9294
古 交 市	38276	36997
清 徐 县	27078	28674
阳 曲 县	12156	10250
娄 烦 县	14571	18058
民 营 区	10001	7428

14-12 保险事业基本情况

单位：万元

项目	保险金额及责任限额（本年新增）		原保险保费收入		赔付支出	
	金额	增长(%)	金额	增长(%)	金额	增长(%)
合计	**140656574.8**	**-5.7**	**693014.29**	**13.1**	**174878.54**	**9.6**
国寿股份	4098465.4	-57.2	160836.95	2.6	37470.07	-22.3
国寿存续	848.86	-99.7	8824.52	-5.8	10054.02	104.1
太保寿险	1389295.02	-66.6	54072.91	3.8	13877.19	33.8
平安人寿	4718326	-87.2	88000.27	33.4	11753.31	43.6
新华人寿	1006869.06	-12.5	54964.84	-3.3	5118.44	-53.0
泰康人寿	11799796.75	1280.1	73418.36	35.9	3375.91	511.6
太平人寿	164205.23	90.6	16337.87	65.2	83.13	261.4
人保寿险	1389032.74	43.7	34126.29	37.8	9701.51	1350.2
嘉禾人寿	681034.62	261.6	8874.5	-33.6	108.32	884.7
人保健康	102473.98	-6.2	11969.21	3.6	1139.96	162751.4
合众人寿	77054.98	236.6	2570.94	1142.0	15.85	15750.0
英大人寿	3348272.37	30.4	13794.89	532.8	257.78	
民生人寿	16375.5		1108.8		1.3	
平安养老	4432203.1		864.79		57.58	

14-12 续表 1-1

单位:万元

项 目	保险金额及责任限额（本年新增）		原保险保费收入		赔付支出	
	金额	增长(%)	金额	增长(%)	金额	增长(%)
中国人保	50604015.19	75.5	53759.74	4.2	34314.86	23.4
太保产险	8377526.66	-12.9	19427.62	15.2	5831.87	-6.8
永安公司	1626756.3	-25.1	10194.16	-17.0	7686	1.9
平安产险	8482278.02	-32.0	24591.43	41.8	7962.01	-12.3
天安产险	256424.98	-11.1	1059.61	-13.3	650.43	-66.1
大地产险	5076076.91	-47.4	9816.11	-6.6	5036.16	-39.5
太平保险	716026.65	-12.2	3643.76	-3.0	1359.72	-21.5
华安产险	205010.19	58.6	1742.36	793.5	280.96	-3.8
安邦保险	124310.64	-45.6	674.84	-60.3	672.79	-39.5
永诚保险	1495439.08	-63.5	9255.56	-19.7	5366.41	34.2
阳光产险	19488699.04	19.9	5941.42	1.2	1803.44	6.5
国寿产险	9032120.81	34.7	15762.38	-8.0	8571.34	67.3
渤海保险	26233.85	-94.5	180.51	-92.1	460.98	161.9
都邦保险	1136011.78	347.7	2308.53	37.7	738.31	68.6
华泰保险	785391.06	201.9	4891.12	181.1	1128.89	584.2

14-13 上市公司主要经济指标

指 标	营业收入（万元）	净利润（万元）	每股收益（元）	总股本（万元）	每股净资产（元）	每股经营现金流（元）	净资产收益率（%）
合 计	13144432.64	454800.64		1439467.67			
太原刚玉	52239.13	853.59	0.03	27680.00	0.85	-0.05	3.7
煤气化	324837.87	37951.36	0.74	51374.70	5.44	1.57	14.3
西山煤电	1233702.88	222966.91	0.92	242400.00	4.15	1.26	24.0
太原重工	806888.50	55374.64	0.77	71483.59	4.27	0.08	19.9
ST 天龙	7684.78	4449.44	0.31	14460.42	-1.19	0.01	
太工天成	46643.99	603.37	0.04	15660.00	3.16	-0.38	1.2
晋西车轴	150972.94	3636.24	0.22	16791.00	7.99	0.75	2.6
通宝能源	190815.40	699.01	0.01	87294.10	1.89	0.56	0.4
太钢不锈	7182836.00	90575.38	0.16	569624.78	3.67	0.64	4.4
狮头股份	51437.81	83.75	0.00	23000.00	3.81	0.41	0.1
漳泽电力	403481.05	1406.10	0.01	132372.50	1.71	1.07	0.6
太化股份	278377.85	-25902.67	-0.50	51440.20	2.06	0.01	-21.8
美锦能源	86889.78	-448.11	-0.03	13959.92	3.25	0.94	-1.0
山煤国际	2100627.87	61487.45	1.00	75000.00	4.12	-0.61	27.7
山西三维	226996.79	1064.18	0.02	46926.46	0.02	0.14	0.5

第十五篇

科教、文卫、体育和民政

KEJIAOWENWEITIYUHEMINZHENG

资料整理、审核

李春宝　　宋　薇　　刘红芳

15-1 工业企业R&D人员情况

单位:个、人、人年

指 标	企业数(个)	R&D人员合计(人)	#1.参加项目人员	2.管理和服务人员	#女性	#研究人员
总 计	484	13207	10683	2524	2515	5392
一、按企业规模分组						
大中型企业	103	11887	9796	2091	2232	4963
大型企业	22	9515	7967	1548	1548	3956
中型企业	81	2372	1829	543	684	1007
小型企业	381	1320	887	433	283	429
二、按登记注册类型分组						
内资企业	453	12911	10442	2469	2454	5325
港、澳、台商投资企业	5					
外商投资企业	26	296	241	55	61	67
三、按国民经济行业分组						
采矿业	42	4327	4232	95	295	1992
制造业	433	8880	6451	2429	2220	3400
电力、燃气及水的生产和供应业	9					
四、按隶属关系分组						
中央	27	2483	1779	704	716	1113
地方	457	10724	8904	1820	1799	4279

15-1 续表 1-1

单位:个、人、人年

指　标	#1. 全时人员	2. 非全时人员	R&D 人员折合全时当量合计(人年)	# 研究人员	# 1. 应用研究人员	2. 试验发展人员
总　计	**6815**	**6392**	**10821.1**	**4452.3**	**37**	**10784.1**
一、按企业规模分组						
大中型企业	5747	6140	9851.0	4156.0	37	9814.0
大型企业	4160	5355	8389.9	3481.3	37	8352.9
中型企业	1587	785	1461.1	675.0		1461.1
小型企业	1068	252	970.1	296.0		970.1
二、按登记注册类型分组						
内资企业	6560	6351	10551.2	4397.5	37	10514.2
港、澳、台商投资企业						
外商投资企业	255	41	269.9	54.8		269.9
三、按国民经济行业分组						
采矿业	846	3481	3826.1	1761.4		3826.1
制造业	5969	2911	6995.0	2690.9	37	6958
电力、燃气及水的生产和供应业						
四、按隶属关系分组						
中央	1939	544	1964.5	884.2		1964.5
地方	4876	5848	8856.6	3568.1	37	8819.6

15-2 经济经费

单位:万元

指 标	R&D经费内部支出合计	(一)按活动类型分组		(二)按支出用途分组				
		1.应用研究支出	2.试验发展支出	1.经常费支出	#人员劳务费	2.资产性支出	#①土建工程	②仪器设备
总 计	303869.5	1619.2	302250.3	236082.4	24232.2	67787.1	3689.5	64097.6
一、按企业规模分组								
大中型企业	293331.6	1619.2	291712.4	226532.4	21700.5	66799.2	3470.7	63328.5
大型企业	267190.1	1619.2	265570.9	204095.7	16330.6	63094.4	3205.9	59888.5
中型企业	26141.5		26141.5	22436.7	5369.9	3704.8	264.8	3440.0
小型企业	10537.9		10537.9	9550.0	2531.7	987.9	218.8	769.1
二、按登记注册类型分组								
内资企业	300454.3	1619.2	298835.1	232744.1	23590.2	67710.2	3631.6	64078.6
外商投资企业	3415.2		3415.2	3338.3	642.0	76.9	57.9	19.0
三、按国民经济行业分组								
采矿业	17042.8		17042.8	16432.8	1738.4	610.0	51.1	558.9
制造业	286826.7	1619.2	285207.5	219649.6	22493.8	67177.1	3638.4	63538.7
四、按隶属关系分组								
中央	59187.9		59187.9	40766.8	7082.4	18421.1	241.9	18179.2
地方	244681.6	1619.2	243062.4	195315.6	17149.8	49366.0	3447.6	45918.4

15-2 续表 1-1

单位：万元

指 标	(三)按资金来源分组				R&D 经费外部支出	对境内研究机构支出	对境内高等学校支出	对境外支出
	1. 政府资金	2. 企业资金	3. 境外资金	4. 其他资金				
总 计	8535.2	280984.3	20.2	14329.8	4654.3	1972.3	2144.9	2.8
一、按企业规模分组								
大中型企业	7326.2	273564.5	20.2	12420.7	3836.5	1773.5	2034.5	2.8
大型企业	5295.6	252915.4	20.2	8958.9	1847.9	926.2	918.2	2.8
中型企业	2030.6	20649.1		3461.8	1988.6	847.3	1116.3	
小型企业	1209.0	7419.8		1909.1	817.8	198.8	110.4	
二、按登记注册类型分组								
内资企业	7896.2	278235	20.2	14302.9	4654.3	1972.3	2144.9	2.8
外商投资企业	639.0	2749.3		26.9				
三、按国民经济行业分组								
采矿业	47.6	16995.2			1070.2	594.6	475.6	
制造业	8487.6	263989.1	20.2	14329.8	3584.1	1377.7	1669.3	2.8
四、按隶属关系分组								
中央	5302.8	41491.3		12393.8	1451.8	225.0	1201.1	
地方	3232.4	239493.0	20.2	1936.0	3202.5	1747.3	943.8	2.8

15-3 各级各类学校基本情况

单位：人

指 标	学校数	班数	在校学生数	年内招生数	年内毕业生数	教职工数	# 专任教师	兼任教师	代课教师
总 计	1823	15594	1168782	346601	324742	98204	70649	151	1746
高等教育	36		323321	100754	92359	36103	22447		
高等院校	9		140378	40165	43893	20063	11404		
中等教育	335	4779	386158	139111	122425	30088	22817	114	329
中等师范学校	1		8009	2554	3003	445	265		
中等专业学校	31		73215	29997	26684	4807	2731		
普通中学	234	4779	241158	81952	69684	21204	17188	114	329
高中		1652	82072	28676	24239		5809		
初中		3127	159086	53276	45445		11379		
技工学校	45		43983	17266	18009	2449	1694		
职业学校	24		19793	7342	5045	1183	939		
小学	640	7371	280224	37078	54832	19236	17492	18	752
其它教育	807	3558	177993	69498	55017	12540	7702	19	658
幼儿园	795	3549	90401	38976	27475	10183	6135	19	658
工读学校	1	9	287	82	45	77	62		
成人高教	11		87305	30440	27497	2280	1505		
特殊教育	5	86	1086	160	109	237	191		7

15-4 高等专业学校基本情况

单位：人

指 标	在校学生数	招生数	毕业生数	教职工数	# 专任教师
总 计	323321	100754	92359	36103	22447
本科院校	140378	40165	43893	20063	11404
山西大学	17516	4601	5775	3622	1982
太原科技大学	13343	3610	3980	1715	1075
中北大学	28206	8471	10174	3401	2158
太原理工大学	23834	6192	7379	4251	2103
山西医科大学	19735	6216	7487	2172	1295
太原师范学院	13353	3938	2931	1785	850
山西财经大学	10429	2665	4351	1837	1051
山西中医学院	6361	1731	1661	598	430
太原工业学院	7601	2741	155	682	460
专科院校	118218	42218	35098	10659	7109
太原电力高等专科学校	2894	824	934	366	155
太原大学	10477	3771	2948	1163	738
山西省财政税务专科学校	4475	1447	1437	381	236
山西警官高等专科学校	5595	1361	2388	631	384
山西艺术职业学院	1667	551	527	317	145
山西建筑职业技术学院	7500	2482	2370	504	385
山西生物应用职业技术学院	4530	1574	1312	314	204
山西工程职业技术学院	5755	2076	1457	367	224
山西交通职业技术学院	3713	1342	1207	295	220
山西兴华职业学院	4642	1805	1209	308	185
山西戏剧职业学院	1250	336	320	271	146
山西财贸职业技术学院	4562	1552	1183	223	166
山西林业职业技术学院	4889	1949	1206	308	206
山西综合职业技术学院	10065	2817	3280	950	831
山西煤炭职业技术学院	6189	2050	2651	406	296
山西金融职业学院	3544	1219	1126	221	160
太原城市职业技术学院	4486	1424	901	380	235

15-4 续表 1-1

单位:人

指　标	在校学生数	招生数	毕业生数	教职工数	# 专任教师
山西工商职业学院	6610	2600	1236	615	382
山西体育职业学院	1516	846	564	204	107
山西警官职业学院	2405	983	912	280	176
山西国际商务职业学院	1706	638	647	146	96
太原旅游职业学院	3506	1348	995	346	286
山西旅游职业学院	4778	2105	1398	314	232
山西电力职业技术学院	5597	2080	1838	539	374
山西老区职业技术学院	1973	993	75	222	164
山西经贸职业学院	3033	1184	977	368	236
山西轻工职业技术学院	861	861		220	140
独立学院	**50305**	**13521**	**8682**	**3575**	**2698**
山西大学商务学院	13201	3386	2621	1076	739
太原理工大学现代科技学院	8195	2150	1457	575	457
中北大学信息商务学院	10135	3193	1166	436	410
太原科技大学华科学院	7534	2100	1520	493	440
山西医科大学晋祠学院	3807	694	964	489	260
山西财经大学华商学院	7433	1998	954	506	392
其他学院	**14420**	**4850**	**4686**	**1806**	**1236**
广播电影电视管理干部学院	4281	1584	1168	351	297
山西职工医学院	2558	682	963	329	184
山西兵器工业职工大学	197			243	167
山西省广播电视大学	100		73	228	118
山西煤炭管理干部学院	3107	1092	1006	291	206
山西青年管理干部学院	2360	849	862	152	98
山西政法管理干部学院	1817	643	614	212	166

15-5 成人高等学校情况

单位:人

指　标	在校学生数	本年招生数	毕业生数	教职工数	#专任教师
总　计	87305	30440	27497	2280	1505
山西大学	13589	4354	3971		
太原科技大学	6903	2812	1669		
中北大学	3639	1465	1306		
太原理工大学	17473	5535	5837		
山西医科大学	6922	2197	2258		
太原师范学院	4891	1604	1635		
山西财经大学	9326	3393	2661		
太原电力高等专科学校	969	225	279		
山西中医学院	2527	688	1093		
太原大学	22		19		
山西省财政税务专科学校	1209	510	361		
山西警官高等专科学校	207	81	108		
山西艺术职业学院	64	11	52		
山西建筑职业技术学院	194	79	165		
山西工程职业技术学院	64				
山西兴华职业学院	26	11	36		
山西戏剧职业学院	169	93	83		

15-5 续表 1-1

单位:人

指　标	在校学生数	本年招生数	毕业生数	教职工数	#专任教师
山西林业职业技术学院	54	42	28		
太原城市职业技术学院	155	47	79		
山西工商职业学院	1373	615			
太原工业学院	2761	875	86		
山西经贸职业学院	797	172	180		
广播电影电视管理干部学院	89	41	60	351	297
太原化学工业集团有限公司职工大学	625	480	109	60	42
山西机电职工学院	1058	285	436	249	137
太原钢铁(集团)有限公司职工钢铁学院	787	324	345	95	45
山西职工医学院	3527	1153	1506	329	184
山西兵器工业职工大学	449	168	190	243	167
山西省职工工艺美术学院	350	281	69	70	45
山西省广播电视大学	1947	669	1237	228	118
山西煤炭管理干部学院	4743	1999	1601	291	206
山西青年管理干部学院	338	206	14	152	98
山西政法管理干部学院	58	25	24	212	166

15-6 中等专业学校基本情况

单位:人

指　标	在校学生数	招生数	毕业生数	教职工数	# 专任教师
总　计	**81224**	**32551**	**29687**	**5252**	**2996**
中等师范学校	**8009**	**2554**	**3003**	**445**	**265**
太原幼儿师范学校	8009	2554	3003	445	265
中等专业学校	**73215**	**29997**	**26684**	**4807**	**2731**
山西省经贸学校	2288	904	658	113	59
太原铁路机械学校	5685	2455	2635	304	167
山西省邮电学校				81	36
山西广播电视学校	260	55	190	71	30
太原市卫生学校	3718	1014	1654	145	98
山西省特殊教育中等专业学校	480	249	114	72	22
山西省商务学校	1224	522	472	192	83
太原市财贸学校	1630	614	489	121	92
山西省工业管理学校	3820	1825	793	0	0
山西省司法学校	2162	1029	1179	164	104
山西税务学校				78	49
山西省建筑工程技术学校	3421	2647	816	100	37
山西省中医学校	1768	649	594		
山西省贸易学校	4201	1608	579	151	86
山西省物流技术学校	505	89	165	135	80
太原市文化艺术学校	617	320	126	135	98
太原市体育运动学校	407	151	107	97	44
太原市财政金融学校	604	604	1230	240	198
太原市交通学校	2451	808	438	164	112
山西省现代经贸学校	1433	609	9	36	19
山西省城乡建设学校	4492	1711	839	123	58
山西省畜牧兽医学校	905	356	185	161	87
山西省应用技术学校	914	318	251	97	40
山西省大众传媒学校	616	203	3	67	48
山西省好艺中等专业学校	1131	398	256	63	45
太原生态工程学校	2508	2002	329	216	112

15-6 续表 1-1

单位:人

指 标	在校学生数	招生数	毕业生数	教职工数	# 专任教师
山西省四方中等技术学校	3806	1692	445	213	147
山西省工贸学校	4382	1786	1168	149	115
太原广播电视中等专业学校	356	115	167	81	43
山西省农业广播电视学校	75	75		1238	622
太原城市职业技术学院	578	220	344		
太原大学外语师范学院	1219	450	1105		
山西警官高等专科学校	235	235	633		
山西煤炭职业技术学院	95	95	218		
山西建筑职业技术学院	1541		740		
山西交通职业技术学院	943	445	335		
山西综合职业技术学院	2930	672	1977		
山西生物应用职业技术学院	535	193	385		
山西财贸职业技术学院	142	28	230		
山西旅游职业学院	238	151	820		
山西省体育职业学院	809	228	224		
山西工商职业学院	334	334	360		
山西省政法管理干部学院	329	218	380		
太原旅游职业学院	1746	456	1062		
山西兴华职业学院	971	91	522		
山西国际商务职业学院	102	59	112		
山西艺术职业学院	758	226	318		
山西工程职业技术学院	5		40		
山西戏剧职业学院	989	162	210		
山西金融职业学院	67	28			
山西林业职业技术学院	75		116		
山西老区职业技术学院(中专部)	575	152	216		
山西煤炭职工联合大学太原分校	987	187	344		
山西广播电视大学	854	260	102		
山西兵器工业职工大学	188	188			
山西轻工职业技术学院	111	111			

15-7 技工学校基本情况

单位:人

指　标	在校学生数	招生数	毕业生数	教职工数	# 专任教师
总　计	43983	17266	18009	2449	1694
山西省民爆技工学校	1382	350	431	58	58
新华化工有限责任公司技工学校	134	111	24	16	8
山西汾西重工有限责任公司技工学校	31			5	5
晋西机器工业集团有限责任公司技工学校	284	60	210	49	49
山西冶金高级技工学校	9166	3924	4566	183	134
山西省水利技工学校	373	100	100	28	27
山西省商业技工学校	345	191		30	24
山西五一技工学校	406	235		22	16
山西电子高级技工学校	3248	681	1487	167	115
山西矿机技工学校	427	114	114	18	16
山西机械高级技工学校	6845	2669	2285	214	184
山西纺织印染技校	156	69	68	16	13
山西盛世餐饮旅游技校	652	652	104	36	30
太原化肥厂技工学校	222	64	28	21	9
山西普华技工学校					
山西三飞技工学校	645	178	460	27	9
山西省劳动保障技术学校	2268	733	1237	207	119
太原市高级技工学校	3690	1534	1752	143	111
山西省林业技工学校	332	49	122	69	40
太原市粮食技工学校	1486	690	622	56	27
太原塑料工业技工学校	148	59	54	18	17
山西老区医学院技工部	207	207	37	74	42

15-7 续表 1-1

单位:人

指　标	在校学生数	招 生 数	毕业生数	教职工数	# 专任教师
山西省工业管理学校技工部	70		51	54	28
山西烹饪技工学校	162	162		40	25
西山煤电(集团)有限责任公司技工学校	724	626	711	198	122
山西省冶金建筑技工学校					
山西国防军星技工学校	925	222	454	33	30
山西工业造型设计技工学校	2466	827	13	54	33
山西通用技术学校	640	162	365	22	20
江阳化工厂技工学校	62		24	18	18
山西省建筑安装技工学校	1080	731	236	102	31
山西省东华技工学校	66		45	37	37
太原化工技校					
山西晋阳技工学校	95	95		28	8
太原煤炭气化(集团)有限责任公司技工学校	834	267	628	36	33
山西省现代人力技工学校	521	411	233	22	21
山西光彩惠民机电技工学校	792	255	338	60	14
山西省城乡建设职工中等专业学校技工部	45			110	71
山西新华印刷技工学校	283	126	120	13	10
山西经济专修学院技工部	99			17	6
山西高新技工学校	561	85	529	28	19
山西省劳动技术学校	1172	467	461	51	51
山西康华医学专修学校技工部					
山西新世纪晋直技工学校	315	50	100	20	15
山西现代经贸技工学校	624	110		49	49

15-8 普通中学

指标	学校数(所)	班数(个)			在校学生数(人)		
		合计	高中	初中	合计	高中	初中
总计	234	4779	1652	3127	241158	82072	159086
#教育部门和集体办	179	3781	1214	2567	191657	60812	130845
社会力量办	50	958	429	529	47790	20808	26982
其它部门办	5	40	9	31	1711	452	1259
在总计中:城市	136	3183	1387	1796	157954	68577	89377
县镇	29	743	229	514	40149	11723	28426
农村	69	853	36	817	43055	1772	41283
在总计中:清徐县	23	485	126	359	25726	6568	19158
阳曲县	14	179	40	139	8865	1798	7067
娄烦县	10	143	30	113	8080	1677	6403
古交市	20	328	73	255	16101	3581	12520
迎泽区	21	621	239	382	33362	12480	20882
杏花岭区	43	876	344	532	42644	16979	25665
万柏林区	30	630	236	394	30364	11484	18880
小店区	38	837	315	522	42175	15038	27137
尖草坪区	23	399	164	235	19315	8087	11228
晋源区	12	281	85	196	14526	4380	10146

基本情况

招生数(人)			毕业生数			教职工数		代课教师	兼任教师
合计	高中	初中	合计	高中	初中	合计	# 专任教师		
81952	28676	53276	69684	24239	45445	21204	17188	329	114
64764	20653	44111	56357	18541	37816	17638	14652	300	19
16608	7935	8673	12823	5496	7327	3386	2370	29	95
580	88	492	504	202	302	180	166		
53595	24001	29594	45833	19792	26041	14352	11108	110	114
13598	4045	9553	12264	3835	8429	3155	2730	115	
14759	630	14129	11587	612	10975	3697	3350	104	
9191	2346	6845	7912	2183	5729	2085	1813		
2777	652	2125	2846	546	2300	656	550		
2578	560	2018	2689	552	2137	707	595	5	
5168	1181	3987	4752	1129	3623	1519	1300	97	
10999	4292	6707	9530	3714	5816	2609	1997	7	24
14199	5664	8535	12032	4847	7185	3725	2894	49	37
10732	4350	6382	8858	2953	5905	3093	2531	34	49
14091	5239	8852	11627	4611	7016	3899	3058	23	4
6853	2759	4094	5644	2438	3206	1734	1502	2	
5364	1633	3731	3794	1266	2528	1177	948	112	

15-9 职业学校基本情况

单位:人

指 标	学校数（个）	在校学生数	招生数	毕业生数	教职工数	# 专任教师
总 计	24	19793	7342	5045	1183	939
# 教育部门和集体办	20	16773	6417	4987	1109	885
社会力量办	4	3020	925	58	74	54
在总计中: 城市	20	17441	6521	4532	986	767
县镇	3	2299	808	499	188	164
农村	1	53	13	14	9	8
在总计中: 清徐县	1	1425	506	293	104	93
阳曲县	2	927	315	220	68	55
娄烦县	1				25	24
古交市	1	434	206	113	51	35
杏花岭区	6	6051	1977	927	276	216
万柏林区	2	1774	803	432	130	92
小店区	5	2918	1649	270	186	138
尖草坪区	3	4174	1159	1769	274	227
晋源区	2	2053	716	1006	65	56
迎泽区	1	37	11	15	4	3

15-10 小学基本情况

单位:人

指 标	学校数(个)	班数(个)	在校学生数	招生数	毕业生数	教职工数	# 专任教师	代课教师	兼任教师
总 计	640	7371	280224	37078	54832	19236	17492	752	18
# 教育部门和集体办	615	6887	262159	34786	51741	17613	16222	654	18
社会力量办	13	356	11840	1491	1942	1240	912	98	
其他部门办	12	128	6225	801	1149	383	358		
在总计中：城市	175	3398	162020	21334	29182	10716	9533	324	17
县镇	34	665	31150	4040	5835	1986	1832	47	
农村	431	3308	87054	11704	19815	6534	6127	381	1
在总计中：清徐县	120	972	29077	3654	6842	1881	1697	10	
阳曲县	56	422	10280	1021	2134	767	704	1	
娄烦县	38	441	11836	1595	2157	846	824	7	
古交市	63	715	23205	3116	4356	1857	1721	124	
迎泽区	37	723	35052	4557	6315	2168	1926	17	
杏花岭区	60	941	42620	5266	8179	2511	2223	304	17
万柏林区	67	1032	44053	6065	8024	3732	3407	15	
小店区	85	995	44662	6107	8910	2691	2404	1	
尖草坪区	64	655	22996	3342	4448	1693	1574		
晋源区	50	475	16443	2355	3467	1090	1012	273	1

15-11 幼儿园基本情况

单位:人

指　标	幼儿园数(所)	班数(个)	在园幼儿数	教职工数		
				合　计	#教　师	保健员
总　计	795	3549	90401	10183	6135	444
#教育部门办	30	296	10527	1190	812	46
集体办	524	1384	29356	2178	1609	43
社会力量办	145	1138	28279	3850	2089	203
其它部门办	96	731	22239	2965	1625	152
在总计中:城市	258	2023	55747	7575	4134	384
县镇	29	234	7749	686	549	21
农村	508	1292	26905	1922	1452	39
在总计中:清徐县	122	386	9027	676	559	13
阳曲县	65	118	2144	71	65	1
娄烦县	36	59	1611	41	31	3
古交市	71	197	5836	467	286	18
迎泽区	54	445	11255	1545	878	76
杏花岭区	83	516	13871	1471	777	49
万柏林区	80	512	14298	1935	1113	104
小店区	130	635	15406	1930	1152	104
尖草坪区	89	406	11204	1357	800	55
晋源区	65	275	5749	690	474	21

15-12 文物及群众文化事业情况

指 标	单 位	数 量
一、艺术事业		
影剧院数	座	12
影剧院座位	个	7038
剧团数	个	14
演职人员	人	1620
二、文物事业		
博物馆	个	12
三、文化事业		
图书馆	个	10
# 市属图书馆	个	1
图书馆藏书量	万册	373
# 市属图书馆	万册	87
四、群众文化事业		
文化宫	个	4
文化馆（包括群众艺术馆）	个	12
少年宫	个	3

15-13　艺术表演团体情况

剧团名称	职工人数（人）	演出场次（场）	观众人数（千人次）	演出收入（千元）	总支出（千元）	全部职工工资（千元）
总　计	1620	2460	2010	24349	114525	32435
山西省京剧院	165	90	63	2186	14741	5062
山西省晋剧院	259	310	210	1518	19932	4754
山西省歌舞剧团	303	126	300	6577	30468	6116
山西省话剧团	126	73	81	2999	12142	3825
山西省曲艺团	28	56	56	34	1200	677
山西华晋舞剧团	41	176	100	3327	7334	1719
山西华夏之根艺术团	120	266	260	2700	2291	392
太原市实验晋剧院	222	500	260	2986	11518	2560
太原市杂技团	164	512	600	710	9285	3830
太原市话剧团	55	51	40	1162	4062	2028
小店区晋剧团	1				10	10
尖草坪区晋剧团	42				356	276
清徐县晋剧团	40				336	336
阳曲县晋剧团	54	300	40	150	850	850

15-14 影剧院基本情况

影剧院（场）	单位数（个）	影剧场座数（个）	演出场次（场）	观众人次（千人）	演出收入（千元）
总　计	12	7038	49799	1301	25070
山西剧院	1	1160	15966	150	4200
晋剧院排练场	1	680	130	40	900
长风剧场	1	1045	5611	313	103
青年宫演艺中心	1	1006	268	200	3710
和平剧院	1				
大中剧院	1				
并州剧院	1				
东安剧院	1	23			
迎泽剧场	1				
太原影都	1	1116	10409	236	7356
太原市宽银幕电影院	1	953	8315	202	3801
太原解放数码影城	1	1055	9100	160	5000

15-15 图书出版情况

指标	本版图书种数(种)		租型图书种数(种)	总印数(万册)		总印张(千印张)		定价总金额(万元)
	合计	# 新出		合计	# 租型	合计	# 租型	
图书总计	2237	1432	318	11205.19	2603.62	797566	170069	89608.36
使用《中国标准编号》部分合计	2237	1432	318	11205.19	2603.62	797566	170069	89608.36
A. 马克思主义、列宁主义、毛泽东思想	7	5		2.44	1.84	359	298	79.14
B. 哲学	22	19		7.28	5.98	1167	966	242.77
C. 社会科学总论	8	7		2.10	1.70	295	234	55.14
D. 政治、法律	78	65		54.35	21.65	5975	3757	1437.91
E. 军事	2	2		0.30	0.30	41	41	7.50
F. 经济	120	114		43.34	41.19	7607	7243	1909.88
G. 文化、科学、教育、体育	1210	593	318	10784.77	2298.21	740266	126241	75086.05
H. 语言、文字	56	38		32.53	17.43	4702	1793	838.41
I. 文学	242	228		86.96	78.16	12037	11231	2560.16
J. 艺术	88	77		25.86	20.06	3980	2612	1522.63
K. 历史、地理	129	113		47.17	35.17	7320	6273	3008.40
N. 自然科学总论	6	6		3.00	3.00	310	310	63.00
O. 数学科学、化学	5	3		2.27	0.27	214	30	50.10
P. 天文学、地理科学	2	2		1.00	0.50	81	61	9.20
Q. 生物科学	5	4		1.04	0.74	145	72	24.70
R. 医药、卫生	119	72		39.30	23.49	6127	4100	1104.23
S. 农业科学	74	26		22.94	9.31	2351	798	407.72
T. 工业技术	43	38		12.95	9.34	2180	1612	630.04
U. 交通运输	3	3		2.32	2.32	821	821	226.70
V. 航空、航天								
X. 环境科学	8	8		30.76	30.76	1285	1285	243.00
Z. 综合性图书	10	9		2.52	2.22	303	292	101.68

15-16 报纸出版情况

指 标	种 数	刊 期	实际出版期数	期印数(份)		总印数（万份）	总印张（千印张）
				平 均	期 末		
总 计	**48**		**8066**	**20810847**	**19114539**	**183431.26**	**2490103.57**
1. 综合报	11		2823	1195540	1198652	31116.19	1127377.21
2. 专业报	30		5008	19578807	17879387	152196.52	1361903.61
3. 高校校报	7		235	36500	36500	118.55	822.75
一、省级报纸	**43**		**6920**	**20404290**	**18698042**	**173797.76**	**2113773.29**
1. 综合报	8		1824	946983	950155	22467.69	776572.93
山西日报	1	日刊	365	163613	163431	5971.87	179156.24
山西政协报	1	周二刊	104	14370	14724	149.45	1494.48
三晋都市报	1	周六刊	294	120000	123000	3528.00	141120.00
人民代表报	1	周三刊	156	76530	76530	1193.87	23877.36
山西晚报	1	日刊	351	180470	180470	6334.50	316724.85
山西商报	1	日刊	350	50000	50000	1750.00	35000.00
发展导报	1	周二刊	100	42000	42000	420.00	16800.00
良友周报	1	周二刊	104	300000	300000	3120.00	62400.00
2. 专业报	28		4861	19420807	17711387	151211.52	1336377.61
山西农民报	1	周二刊	96	43600	382025	418.56	8371.20
山西工人报	1	日刊	341	72000	72000	2455.20	24552.00
山西妇女报	1	周三刊	148	12000	12000	177.60	1776.00
山西法制报	1	周五刊	245	41000	41000	1004.50	20090.00
山西经济日报	1	日刊	347	31299	31316	1086.08	21721.51
山西科技报	1	周五刊	245	28000	28600	686.00	27440.00
老友报	1	周二刊	90	65000	65000	585.00	5850.00
山西广播电视报	1	周一刊	52	200000	200000	1040.00	52000.00
山西邮电报	1	周一刊	50	30000	30000	150.00	1500.00
健康生活报	1	周五刊	253	23260	23260	588.48	11769.56
科学导报	1	周四刊	200	18250	18250	365.00	7300.00
市场信息报	1	周三刊	149	32000	32000	476.80	9536.00
人民摄影	1	周一刊	91	31000	31000	282.10	12493.00
生活晨报	1	周六刊	293	34160	28318	1000.89	35031.08

15-16 续表 1-1

指　标	种　数	刊　期	实际出版期数	期印数(份)		总印数(万份)	总印张(千印张)
				平　均	期　末		
铁路工程报	1	周一刊	50	10000	10000	50.00	6250.00
瓜果蔬菜报	1	周一刊	50	26000	26000	130.00	1300.00
生活文摘报	1	周二刊	104	189429	187585	1970.06	39401.23
山西集邮报社	1	周二刊	100	30000	30000	300.00	12000.00
德育报	1	周二刊	100	100000	100000	1000.00	10000.00
山西市场导报	1	周二刊	90	40000	40000	360.00	14400.00
山西青年报	1	日刊	312	100000	100000	3120.00	93600.00
作文周刊	1	周五刊	260	35000	43600	910.00	13650.00
学英语报	1	周三刊	156	704100	705300	10983.96	109839.60
语文报	1	日刊	365	340000	340000	12410.00	248200.00
英语周报	1	周一刊	52	15983709	13926133	83115.29	415576.43
学习方法报	1	周一刊	52	350000	350000	1820.00	9100.00
数理报	1	周五刊	260	331000	338000	8606.00	43030.00
学习报	1	周六刊	310	520000	520000	16120.00	80600.00
3. 高校校报	7		235	36500	36500	118.55	822.75
山西大学报	1	周一刊	48	5000	5000	24.00	120.00
太原理工大学校报	1	周一刊	38	5000	5000	19.00	95.00
山西财经大学报	1	周一刊	40	3000	3000	12.00	120.00
山西医科大学报	1	旬刊	35	6000	6000	21.00	105.00
中北大学校报	1	旬刊	25	10000	10000	25.00	250.00
山西中医学院报	1	半月刊	19	4500	4500	8.55	42.75
山西党校报	1	旬刊	30	3000	3000	9.00	90.00
二、市级报纸	**5**		**1146**	**406557**	**416497**	**9633.50**	**376330.28**
1. 综合报	3		999	248557	248497	8648.50	350804.28
太原日报	1	日刊	350	50320	50280	1761.20	52836.00
太原晚报	1	日刊	350	188237	188217	6588.30	296473.28
太钢日报	1	周六刊	299	10000	10000	299.00	1495.00
2. 专业报	2		147	158000	168000	985.00	25526.00
太原广播电视报	1	周一刊	52	120000	130000	624.00	21840.00
山西电力报	1	周二刊	95	38000	38000	361.00	3686.00

15-17 杂志出版情况

期刊类别	期刊名称	种类	刊期	实际出版期数	平均期印数（册）	期末期印数(册）	总印数（万册）	总印张数（千印张）
	总　计	172		2455	1630067	1695603	3111.47	179349.04
B:哲学宗教	五台山研究	1	季刊	4	8000	8000	3.20	161.28
C:社会科学总论	山西青年	1	月刊	9	6000	6000	5.40	334.80
C:社会科学总论	小学生	1	旬刊	36	9087	7870	32.71	981.40
C:社会科学总论	山西老年	1	月刊	12	190900	191100	229.08	12782.66
C:社会科学总论	青少年日记	1	半月刊	24	20000	23260	48.00	1183.20
C:社会科学总论	晋阳学刊	1	双月刊	6	1500	1500	0.90	92.88
C:社会科学总论	山西大学学报(哲学社会科学版)	1	双月刊	6	1800	1800	1.08	122.47
C:社会科学总论	理论探索	1	双月刊	6	2500	2500	1.50	198.00
C:社会科学总论	生活潮	1	旬刊	36	22300	22300	80.28	3411.90
C:社会科学总论	山西高等学校社会科学学报	1	月刊	12	1100	1100	1.32	112.20
C:社会科学总论	太原理工大学学报(社会科学版)	1	季刊	4	1000	1000	0.40	27.72
C:社会科学总论	太原师范学院学报(社会科学版)	1	双月刊	6	1000	1000	0.60	85.14
C:社会科学总论	太原城市职业技术学院学报	1	月刊	12	1000	12000	1.20	166.32
C:社会科学总论	中北大学学报(社会科学版)	1	双月刊	6	1000	1000	0.60	49.14
C:社会科学总论	中北大学学报(自然科学版)	1	双月刊	6	1000	1000	0.60	45.36
D:政治、法律	党史文汇	1	月刊	12	23800	23800	28.56	1142.40
D:政治、法律	政府法制	1	旬刊	36	20010	20010	72.04	3342.47
D:政治、法律	前进	1	月刊	12	21400	21400	25.68	1114.51
D:政治、法律	法制博览	1	旬刊	36	23000	25500	82.80	4140.00
D:政治、法律	中共山西省委党校学报	1	双月刊	6	3000	3000	1.80	181.44
D:政治、法律	中共太原市委党校学报	1	双月刊	6	1500	1500	0.90	56.70
D:政治、法律	山西社会主义学院学报	1	季刊	4	1000	1000	0.40	18.56
D:政治、法律	山西青年管理干部学院学报	1	季刊	4	1000	28000	0.40	1.96
D:政治、法律	山西省政法管理干部学院学报	1	季刊	4	2000	2000	0.80	60.48
D:政治、法律	山西煤炭管理干部学院学报	1	季刊	4	1000	1000	0.40	64.96
D:政治、法律	山西政报	1	半月刊	24	9500	9500	22.80	570.00
D:政治、法律	山西警官高等专科学校学报	1	季刊	4	1000	1000	0.40	24.00
D:政治、法律	山西经济年鉴	1	年刊	1	2000	2000	0.20	68.75
D:政治、法律	太原市人民政府公报	1	半月刊	24	2000	2015	4.80	238.08

15-17 续表 1-1

期刊类别	期刊名称	种类	刊期	实际出版期数	平均期印数（册）	期末期印数(册）	总印数（万册）	总印张数（千印张）
D:政治、法律	先锋队	1	半月刊	24	70000	70000	168.00	6720.00
D:政治、法律	中共山西省直机关党校学报	1	双月刊	6	2000	2000	1.20	48.00
F:经济	山西财税	1	月刊	12	21000	21000	25.20	876.96
F:经济	技术经济与管理研究	1	双月刊	6	2000	2000	1.20	119.04
F:经济	经济问题	1	月刊	12	1700	1700	2.04	210.53
F:经济	会计之友	1	旬刊	36	6000	6000	21.60	1874.88
F:经济	山西农经	1	双月刊	6	5000	5000	3.00	151.20
F:经济	经济师	1	月刊	12	6800	6800	8.16	1509.60
F:经济	生产力研究	1	半月刊	24	2000	2000	4.80	612.48
F:经济	山西财经大学学报	1	月刊	12	2000	2000	2.40	234.24
F:经济	山西财政税务专科学校学报	1	双月刊	6	1200	1200	0.72	45.36
F:经济	山西经济管理干部学院学报	1	季刊	4	1000	1000	0.40	45.15
F:经济	品牌	1	半月刊	17	8000	8500	13.60	884.00
F:经济	银行家	1	月刊	12	13000	13000	15.60	996.84
F:经济	当代金融家	1	月刊	6	5000	5000	3.00	262.50
F:经济	新晋商	1	月刊	7	10000	10000	7.00	651.00
G:文化、科学、教育、体育	山西教育	1	旬刊	36	13300	13200	47.88	2221.63
G:文化、科学、教育、体育	小学语文教学	1	半月刊	24	60700	60600	145.68	5827.20
G:文化、科学、教育、体育	语文教学通讯	1	旬刊	36	34000	34000	122.40	5679.36
G:文化、科学、教育、体育	搏击	1	旬刊	30	12000	12000	36.00	1800.00
G:文化、科学、教育、体育	晋图学刊	1	双月刊	6	1500	1500	0.90	56.70
G:文化、科学、教育、体育	教学与管理	1	旬刊	36	10000	10000	36.00	1800.00
G:文化、科学、教育、体育	教育理论与实践	1	旬刊	36	3733	1200	13.44	677.32
G:文化、科学、教育、体育	编辑之友	1	月刊	12	3800	3800	4.56	402.19
G:文化、科学、教育、体育	新闻采编	1	双月刊	6	3000	3000	1.80	54.00
G:文化、科学、教育、体育	记者观察	1	半月刊	24	20000	20000	48.00	2496.00
G:文化、科学、教育、体育	山西档案	1	双月刊	7	8500	8500	5.95	238.00
G:文化、科学、教育、体育	山西广播电视大学学报	1	双月刊	6	3500	3500	2.10	182.28
G:文化、科学、教育、体育	小学教学设计	1	旬刊	36	36400	36200	131.04	3931.20
G:文化、科学、教育、体育	都市生活	1	周刊	36	10000	10000	36.00	1897.20

15-17 续表 1-2

期刊类别	期刊名称	种类	刊期	实际出版期数	平均期印数（册）	期末期印数(册）	总印数（万册）	总印张数（千印张）
G:文化、科学、教育、体育	山西财经大学学报(高等教育版）	1	季刊	4	1000	1000	0.40	29.28
G:文化、科学、教育、体育	太原大学学报	1	季刊	4	800	800	0.32	36.29
G:文化、科学、教育、体育	中学课程辅导	1	半月刊	24	3000	3000	7.20	725.76
G:文化、科学、教育、体育	NBA 特刊	1	月刊	12	3500	3500	4.20	292.32
G:文化、科学、教育、体育	新课程	1	旬刊	36	33000	33000	118.80	7840.80
G:文化、科学、教育、体育	教育	1	旬刊	36	6200	6050	22.32	1035.65
G:文化、科学、教育、体育	世界高尔夫	1	月刊	12	3000	3200	3.60	464.94
G:文化、科学、教育、体育	映像	1	双月刊	6	3000	3000	1.80	187.92
G:文化、科学、教育、体育	太原大学教育学院学报	1	季刊	4	800	800	0.32	31.25
G:文化、科学、教育、体育	文化产业	1	月刊	12	3000	3000	3.60	312.48
G:文化、科学、教育、体育	科学技术哲学研究	1	双月刊	6	2180	2180	1.31	115.37
H:语言、文字	语文研究	1	季刊	4	3900	3600	1.56	77.38
I:文学	对联·民间对联故事	1	半月刊	24	20000	20000	48.00	1440.00
I:文学	名作欣赏	1	旬刊	36	6908	6908	24.87	2820.12
I:文学	山西文学	1	月刊	12	9200	9300	11.04	662.40
I:文学	火花	1	半月刊	24	800	1000	1.92	96.00
I:文学	中外故事	1	半月刊	24	35000	35000	84.00	2520.00
I:文学	黄河	1	双月刊	6	2500	2500	1.50	187.50
I:文学	童话大王	1	半月刊	24	38145	30925	91.55	3661.92
I:文学	都市	1	半月刊	24	10000	10000	24.00	1200.00
I:文学	民间传奇故事	1	旬刊	36	15000	15000	54.00	2430.00
I:文学	中外童话故事	1	旬刊	36	15000	15000	54.00	2008.80
I:文学	开心世界	1	半月刊	24	20000	20000	48.00	2784.00
J:艺术	黄河之声	1	半月刊	24	30000	30000	72.00	6681.60
J:艺术	影视圈	1	月刊	12	15000	15000	18.00	892.80
J:艺术	新美域	1	双月刊	6	10000	30000	6.00	600.00
J:艺术	娱乐	1	旬刊	36	20000	20000	72.00	6966.00
K:历史	沧桑	1	双月刊	6	6000	6000	3.60	714.24
K:历史	文物世界	1	双月刊	6	2800	2800	1.68	84.00
K:历史	文史月刊	1	月刊	12	14000	14000	16.80	974.40

15-17 续表 1-3

期刊类别	期刊名称	种类	刊期	实际出版期数	平均期印数（册）	期末期印数(册)	总印数（万册）	总印张数（千印张）
K:历史	旅游时代	1	月刊	12	97500	99000	117.00	8190.00
K:历史	走遍世界	1	旬刊	24	10000	10000	24.00	2419.20
N:自然科学总论	科学之友	1	旬刊	36	7200	13000	25.92	1959.55
N:自然科学总论	山西大学学报(自然科学版)	1	季刊	4	1500	1500	0.60	68.04
N:自然科学总论	科技情报开发与经济	1	旬刊	36	5300	5300	19.08	3485.92
N:自然科学总论	山西科技	1	双月刊	6	3500	3500	2.10	240.87
N:自然科学总论	科幻大王	1	月刊	12	12000	11500	14.40	576.00
N:自然科学总论	太原科技	1	月刊	12	3100	3100	3.72	223.20
N:自然科学总论	太原理工大学学报	1	双月刊	7	1500	1500	1.05	92.61
N:自然科学总论	动画乐园	1	月刊	12	13000	13000	15.60	468.00
N:自然科学总论	太原师范学院学报(自然科学版)	1	季刊	4	1000	1000	0.40	51.60
N:自然科学总论	太原科技大学学报	1	双月刊	6	1000	1000	0.60	37.80
N:自然科学总论	系统科学学报	1	季刊	4	1000	1000	0.40	30.24
O:数理科学和化学	量子光学学报	1	季刊	4	400	400	0.16	11.14
O:数理科学和化学	新课程学习	1	旬刊	18	4600	4600	8.28	834.62
P:天文学、地球科学	山西地震	1	季刊	4	1000	1000	0.40	15.12
P:天文学、地球科学	华北国土资源	1	季刊	4	5000	5000	2.00	107.10
R:医药、卫生	人人健康	1	半月刊	24	20000	20000	48.00	2160.00
R:医药、卫生	山西医药杂志	1	半月刊	24	3600	3600	8.64	601.34
R:医药、卫生	山西中医	1	月刊	12	3200	3200	3.84	178.18
R:医药、卫生	中国保健营养	1	半月刊	24	12500	13000	30.00	2784.00
R:医药、卫生	健康向导	1	双月刊	6	3100	3300	1.86	86.30
R:医药、卫生	山西医科大学学报	1	月刊	12	1000	1000	1.20	90.72
R:医药、卫生	中华风湿病学杂志	1	月刊	12	4500	4500	5.40	140.94
R:医药、卫生	世界胃肠病学杂志(英文版)	1	周刊	48	300	300	1.44	140.62
R:医药、卫生	实用骨科杂志	1	月刊	12	4000	4000	4.80	297.60
R:医药、卫生	山西医科大学学报(基础医学教育版)	1	双月刊	6	1000	1000	0.60	60.48
R:医药、卫生	世界华人消化杂志	1	旬刊	36	297	297	1.07	84.20
R:医药、卫生	山西中医学院学报	1	双月刊	6	8000	8000	4.80	297.60
R:医药、卫生	山西职工医学院学报	1	季刊	4	4000	4000	1.60	119.04

15–17 续表 1–4

期刊类别	期刊名称	种类	刊期	实际出版期数	平均期印数（册）	期末期印数(册)	总印数（万册）	总印张数（千印张）
R:医药、卫生	护理研究	1	旬刊	36	10000	10000	36.00	2160.00
R:医药、卫生	中国中西医结合肾病杂志	1	月刊	12	2500	2500	3.00	226.80
R:医药、卫生	实用医学影像杂志	1	双月刊	6	1500	1500	0.90	47.43
R:医药、卫生	母婴世界	1	月刊	12	1000	980	1.20	136.08
R:医药、卫生	实用医技杂志	1	月刊	12	500	500	0.60	41.76
R:医药、卫生	临床医药实践	1	月刊	12	4000	4000	4.80	297.60
R:医药、卫生	中西医结合心脑血管病杂志	1	月刊	12	2440	2550	2.93	290.46
R:医药、卫生	校园心理	1	双月刊	6	4300	4300	2.58	134.68
R:医药、卫生	全科护理	1	旬刊	36	1300	1700	4.68	353.81
S:农业科学	山西林业科技	1	季刊	4	1500	1500	0.60	29.76
S:农业科学	山西农业科学	1	月刊	12	1500	1500	1.80	136.08
S:农业科学	种子科技	1	月刊	12	5000	5000	6.00	264.60
S:农业科学	山西林业	1	双月刊	6	3000	3000	1.80	3.15
S:农业科学	农产品加工	1	旬刊	36	10860	10860	39.10	2423.95
S:农业科学	当代农机	1	月刊	12	17000	17000	20.40	1264.80
S:农业科学	村委主任	1	月刊	12	30000	30000	36.00	1587.60
T:工业技术	烹调知识	1	半月刊	24	13000	13000	31.20	1547.52
T:工业技术	山西煤炭	1	季刊	4	5500	5500	2.20	110.88
T:工业技术	大众标准化	1	月刊	12	45000	45000	54.00	2430.00
T:工业技术	山西水土保持科技	1	季刊	4	2600	2600	1.04	39.31
T:工业技术	山西化工	1	双月刊	6	4500	4500	2.70	136.08
T:工业技术	辐射防护通讯	1	双月刊	6	1000	1000	0.60	18.00
T:工业技术	新型炭材料	1	季刊	4	1000	1000	0.40	29.76
T:工业技术	山西水利	1	双月刊	6	2750	2750	1.65	124.74
T:工业技术	电脑开发与应用	1	月刊	12	4000	4000	4.80	297.60
T:工业技术	机械管理开发	1	双月刊	7	3000	3000	2.10	330.75
T:工业技术	电子工艺技术	1	双月刊	6	8000	8000	4.80	241.92
T:工业技术	火力与指挥控制	1	月刊	12	2000	2000	2.40	302.40
T:工业技术	燃料化学学报	1	双月刊	6	1000	1000	0.60	59.52
T:工业技术	煤化工	1	双月刊	6	4200	4200	2.52	111.13

15-17 续表 1-5

期刊类别	期刊名称	种类	刊期	实际出版期数	平均期印数（册）	期末期印数(册)	总印数（万册）	总印张数（千印张）
T:工业技术	辐射防护	1	双月刊	6	1200	1200	0.72	37.15
T:工业技术	煤炭转化	1	季刊	4	1500	1500	0.60	45.36
T:工业技术	山西冶金	1	双月刊	6	3000	3000	1.80	113.40
T:工业技术	山西水利科技	1	季刊	4	2000	2000	0.80	60.48
T:工业技术	电力学报	1	双月刊	6	5000	5000	3.00	150.00
T:工业技术	日用化学品科学	1	月刊	12	7200	7200	8.64	707.62
T:工业技术	山西电子技术	1	双月刊	6	3000	3000	1.80	136.08
T:工业技术	山西能源与节能	1	双月刊	6	5000	5000	3.00	243.00
T:工业技术	山西建筑	1	旬刊	36	9110	9110	32.80	9504.28
T:工业技术	汽车时代	1	半月刊	24	4500	5000	10.80	814.32
T:工业技术	建材技术与应用	1	月刊	12	5000	5000	6.00	226.80
T:工业技术	山西电力	1	双月刊	7	4000	4000	2.80	153.72
T:工业技术	测试技术学报	1	双月刊	6	1000	1000	0.60	45.36
T:工业技术	山西焦煤科技	1	月刊	12	1000	1000	1.20	36.00
T:工业技术	机械工程与自动化	1	双月刊	6	4000	4000	2.40	385.56
T:工业技术	日用化学工业	1	双月刊	6	6600	6650	3.96	461.54
T:工业技术	食品工程	1	季刊	4	4080	4080	1.63	82.25
T:工业技术	农业技术与装备	1	半月刊	24	3000	20000	7.20	288.00
T:工业技术	铸造设备与工艺	1	双月刊	6	5500	5500	3.30	145.53
TB:科普类	新探索	1	月刊	8	23067	9908	18.45	1945.01
U:交通运输	山西交通科技	1	双月刊	6	4000	4000	2.40	166.32
Z:综合	山西画报	1	旬刊	36	5000	5000	18.00	1339.20
Z:综合	太原年鉴	1	年刊	1	3000	3000	0.30	75.00

15-18 广播电视主要统计指标(一)

指标	广播电台	电视台	广播电视台	中短波转播发射台		电视转播发射台		广播人口覆盖率	电视人口覆盖率	有线广播电视用户	数字电视用户	有线广播电视传输网络干线总长
单位	座	座	座	座	千瓦	座	千瓦	%	%	户	户	公里
合计	1	1	6	13	349	10	99.4	99.21	99.57	1273207	778878	19341.53
省级			2	12	339	5	93			473207	78878	14999.53
市级	1	1		1	10	1	2			800000	700000	2725
县级			4			4	4.4	99.21	99.57			1617

广播电视主要统计指标(二)

指标	单位	合计	中国黄河电视台 山西广播电视台	太原电视台	县级电视台
节目套数	**套**	19	13	5	1
全年播出节目时间	**时、分**	106167:30:00	57287:30:00	43040:00:00	5840:00:00
新闻咨询类节目	时、分	9024:00:00	4561:00:00	3916:00:00	547:00:00
专题服务类节目	时、分	6814:00:00	3063:00:00	3097:00:00	654:00:00
综艺益智类节目	时、分	7239:00:00	1842:00:00	4667:00:00	730:00:00
影视剧类节目	时、分	45390:30:00	22365:30:00	19116:00:00	3909:00:00
广告类节目	时、分	16585:00:00	11428:00:00	5157:00:00	
其它类节目	时、分	21115:00:00	14028:00:00	7087:00:00	

广播电视主要统计指标(三)

指标	单位	合计	黄河电视台文艺广播 山西广播电视台	太原人民广播电台	县级广播电台
节目套数	**套**	12	7	3	2
全年播出节目时间	**时、分**	89291:00:00	57570:00:00	25790:00:00	5931:00:00
新闻咨询类节目	时、分	12891:30:00	4178:00:00	8384:00:00	329:30:00
专题服务类节目	时、分	20152:00:00	16563:30:00	3260:00:00	328:30:00
综艺益智类节目	时、分	23647:30:00	12562:00:00	7482:30:00	3603:00:00
广播剧类节目	时、分	4430:18:00	1658:18:00	1102:00:00	1670:00:00
广告类节目	时、分	13161:00:00	9564:30:00	3596:30:00	
其它类节目	时、分	15008:42:00	13043:42:00	1965:00:00	

15-19 卫生机构、

指 标	机构数（个）	床位数（张）	合 计	人		
				小 计	卫 生	
					执业医师	执业助理医师
总 计	**2425**	**26815**	**45048**	**37155**	**14159**	**1160**
一、医 院	193	23713	32148	26135	9332	651
综合医院	99	14528	21972	18313	6462	353
中医医院	40	2538	3284	2599	988	90
中西医结合医院	5	255	332	271	97	15
专科医院	49	6392	6560	4952	1785	193
口腔医院	5	53	535	390	174	37
眼科医院	2	230	422	294	126	
耳鼻喉科医院	1	20	20	15	5	3
肿瘤医院	1	1531	1262	1023	407	6
心血管病医院	1	150	225	181	83	2
妇产（科）医院	2	115	120	97	25	7
儿童医院	1	693	939	774	339	4
精神病医院	4	1099	607	422	89	30
传染病医院	1	450	439	316	88	3
皮肤病医院	1	24	20	16	5	1
结核病医院	1	500	393	286	97	2
骨科医院	5	188	206	149	33	18

床位和人员情况

员数（人）							
技术人员					其他技术人员	管理人员	工勤人员
注册护士	药剂人员	技师(士)	#检验师	其他			
14526	2030	2034	1443	3246	2194	2516	3183
11052	1635	1502	1007	1963	1640	1999	2374
8082	1103	981	688	1332	812	1329	1518
924	227	188	109	182	211	195	279
100	18	26	18	15	6	27	28
1946	287	307	192	434	611	448	549
109	1	3	1	66	51	45	49
116	15	10	8	27	49	48	31
6	1				2	2	1
389	47	61	29	113	113	36	90
53	15	18	15	10	27	4	13
37	6	5	3	17	1	7	15
311	47	69	38	4	91	35	39
235	19	20	10	29	86	39	60
124	34	27	24	40	51	38	34
7	2	1	1			3	1
140	19	26	15	2	47		60
42	11	13	8	32	11	19	27

15-19 续表 1-1

指　标	机构数（个）	床位数（张）	合　计	人		
				卫	生	
				小　计	执业医师	执业助理医师
康复医院	5	683	510	361	121	42
整形外科医院	2	170	150	125	41	2
美容医院	2	40	59	40	9	2
其他专科医院	15	446	653	463	143	34
二、疗养院	4	1150	427	193	60	3
三、社区卫生服务中心（站）	262	524	3081	2737	1044	167
四、卫生院	65	1027	1017	789	220	121
五、门诊部	74	53	479	429	202	32
六、诊所、卫生所、医务室	1769		4507	4343	2492	123
七、急救中心（站）	1		233	169	105	1
八、采供血机构	1		127	86	19	1
九、妇幼保健院（所、站）	11	338	755	623	230	24
十、专科疾病防治院（所、站）	1	10	46	28	8	1
十一、疾病预防控制中心（防疫站）	18		1112	864	337	24
十二、卫生监督所	12		529	409		
十三、医学科学研究机构	1		44	33		
十四、健康教育所（站、中心）	1		23	19		
十五、其他卫生机构	12		520	298	110	12
另：县（市、区）村卫生室	964		1738	1738		101

员		数			(人)		
技术人员					其他技术人员	管理人员	工勤人员
注册护士	药剂人员	技师(士)	#检验师	其他			
115	20	14	11	49	26	69	54
60	10	7	5	5	4	12	9
16	3	3	2	7	6	7	6
186	37	30	22	33	46	84	60
79	8	9	7	34	18	68	148
1078	174	106	71	168	76	128	140
195	75	23	13	155	155	26	47
133	31	11	9	20	14	23	13
1555	56	43	30	74			164
34	4	4	1	21	26	3	35
31	2	12	12	21	21	4	16
262	28	46	37	33	41	25	66
10	1	7	5	1		13	5
32	14	190	182	267	76	95	77
				409	35	56	29
				33	11		
				19	4		
65	2	81	69	28	77	76	69
				1637			

15-20　律师工作情况

指　标	单　位	2009	2008
律师事务所	个	104	87
律师工作人员（注册）	人	800	647
专职律师	人	750	597
兼职律师	人	50	50
聘请常年法律顾问的单位	个	622	524
民事、经济诉讼代理	件	3926	2270
刑事辨护及代理	件	1011	1869
非诉讼法律事务	件	1263	370

15-21 公证和调解工作

指 标	单 位	2009	2008
公证工作			
公证处	个	7	7
公证员（含公证员助理）	人	92	106
办理国内民事公证	件	19682	13866
办理国内经济公证	件	7715	6002
办理涉外公证	件	20412	21806
涉港澳台公证	件	183	162
调解工作			
专职司法助理员	人	168	107
人民调解委员会	个	2620	2620
调解人员	人	18442	18442
调解各类纠纷	件	28005	25011
防止民间纠纷引起自杀	人	63	
防止民间纠纷转化为刑事案件	件	41	8

15-22 体育后备人才及教练员项目分布情况

单位:人

指 标	合计	田径	游泳	体操	蹦床	举重	柔道	跆拳道	自行车	击剑	篮球	乒乓球	射击	射箭	网球	武术
学生数	732	135		27	25	64			66		300	70				45
教练员人数	57	14	10	2	1	5	4	1	6	2			7	2	1	2

15-23 等级裁判员、

指标	总计	田径	跳水	游泳	举重	射击	国际摔跤	自行车	篮球	排球	足球	乒乓球	航模	围棋	羽毛球	射箭	健美气功	蹦床
等级裁判员	717	161	3	37	14	35	18	5	204	9	30	40			11	23		
#女性	263	47		14	9	19	4	1	52	5	4	22			5	9		
国际级裁判																		
国家级裁判	12	2		2		1												
一　级	264	35	3	17	14	31	16		34		14	23				22		
二　级	441	124		18		3	2	5	170	9	16	17			11	1		
等级运动员	502	90		40	11	22	20	10	48	47		17		30		7		3
#女性	207	32		14	3	10	4	2	18	21		9		6		3		2
国际运动健将	2						1	1										
国家运动健将	35			1	2	4	5	3								2		1
一　级	110	7		10	4	7	1	2		10		5				1		2
二　级	355	83		29	5	11	13	4	48	37		12		30		4		

等级运动员发展人数

单位：人

健美操	柔道	中国摔跤	门球	国际象棋	击剑	武术	体操	体育舞蹈	中国象棋	网球	轮滑	手球	拳击	跳伞	沙滩排球	跆拳道	业余无线电	台球	航空模型	艺术体操
24	9		30		1	3	1			39						16		3	1	
23	4		25		1	1	1			10						6		1		
1			4													2				
1	8		26			3				13								3	1	
22	1				1		1			26						14				
20	13	13		4	1	45	9		5	10		16			1	10	1			9
14	9	7		1	1	21		1	2	5		8			1	3	1			9
	7	2			1	4	2									1				
19		11		2		9	6								1	4				9
1	6			2		32	1		5	10		16				5	1			

15-24 居民婚姻登记情况

指　标	结婚登记数（对）	初婚人数（人）	再婚人数（人）	# 女	再婚中恢复结婚（对）	离婚登记数（对）
总　计	36672	66269	7075	3391	313	4782
市区小计	28257	50410	6104	2916	241	4266
市本级	9	8	10	5		
小店区	6819	13626	12	6	7	739
迎泽区	5012	8696	1328	483	33	890
杏花岭区	6274	9737	2811	1494	57	1112
尖草坪区	2643	4683	603	303	63	479
万柏林区	5885	10516	1254	603	69	850
晋源区	1615	3144	86	22	12	196
县(市)级小计	8415	15859	971	475	72	516
清徐县	2694	5126	262	157	10	163
阳曲县	1645	3098	192	109	10	71
娄烦县	1589	2992	186	35	20	86
古交市	2487	4643	331	174	32	196

15-25 社会救济对象人员情况

单位:人

指 标	合 计	城镇居民最低生活保障人数	农村居民最低生活保障人数	农村传统救济人数	城市临时救济人次数	农村临时救济人次数
总 计	**170380**	**96497**	**64123**	**9760**	**25**	**13985**
市区小计	**89655**	**61455**	**28160**	**40**	**25**	**50**
小店区	14342	6032	8310			
迎泽区	8844	7875	969			
杏花岭区	22211	20030	2181			
尖草坪区	14799	10144	4655			
万柏林区	18403	12856	5537	10	25	50
晋源区	11056	4518	6508	30		
县（市）级小计	**80725**	**35042**	**35963**	**9720**		**13935**
清徐县	21681	6697	14984			
阳曲县	13918	7607	6308	3		13200
娄烦县	23505	6100	7725	9680		160
古交市	21621	14638	6946	37		575

15-26 优抚对象

指 标	抚恤、补助优抚对象人数	定期抚恤人数				
		合 计	#烈士家属	#因公牺牲军人家属	#病故军人家属	合 计
总 计	9418	413	243	93	77	4625
市区小计	4815	214	127	45	42	1353
小店区	1013	37	30	3	4	309
迎泽区	1128	48	28	9	11	120
杏花岭区	901	29	16	5	8	162
尖草坪区	561	26	10	7	9	241
万柏林区	622	26	17	6	3	140
晋源区	590	48	26	15	7	381
县(市)级小计	4603	199	116	48	35	3272
清徐县	2592	122	80	27	15	2178
阳曲县	834	19	12	3	4	524
娄烦县	628	46	20	14	12	319
古交市	549	12	4	4	4	251

优待抚恤情况

单位:人

定期补助人数			优待优抚对象户数	合计	伤残人员		
#在乡复员军人	#带病回乡退伍军人	#在乡红军老战士			一级	二级	三级
1513	**2255**		**4320**	**4380**	**16**	**6**	**62**
569	**120**		**2980**	**3248**	**14**	**2**	**53**
130	7		830	667	3	1	10
56				960	2		12
59	1		770	710	4		11
113	18		542	294	5	1	7
76	8		248	456			6
135	86		590	161			7
944	**2135**		**1340**	**1132**	**2**	**4**	**9**
259	1841		216	292	1		2
328	159		122	291		4	
176	65		603	263	1		2
181	70		399	286			5

15-27 续表 1-1

单位:人

指 标	四级	五级	六级	七级	八级	九级	十级
总 计	41	216	966	1459	1440	134	40
市区小计	39	175	610	1088	1099	129	39
小店区	1	30	123	272	206	12	9
迎泽区	33	54	158	294	295	95	17
杏花岭区	1	42	140	234	262	10	6
尖草坪区	2	18	77	74	108	2	
万柏林区	1	21	75	166	178	5	4
晋源区	1	10	37	48	50	5	3
县(市)级小计	2	41	356	371	341	5	1
清徐县		14	107	99	68	1	
阳曲县		15	79	93	98	1	1
娄烦县	2	4	78	88	85	3	
古交市		8	92	91	90		

第十六篇

县(市、区)经济概况

XIANSHIQUJINGJIGAIKUANG

资料整理、审核

李建华　　纪知明

16-1 小店区国民经济主要指标

指 标	单 位	2009
一、乡村基本情况		
乡（镇）个数	个	9
# 建制镇个数	个	1
镇区占地面积	公顷	98.00
镇区总人口	人	4599
村民委员会个数	个	61
# 自来水受益村	个	61
通电话的村	个	61
通有线电视的村	个	61
二、人口与就业		
年末总人口	万人	61.37
# 女	万人	30.54
当年出生人口	人	6721
当年死亡人口	人	1547
乡村人口	万人	10.62
年末总户数	户	154304
# 乡村户数	户	32643
年末单位从业人员数	人	11621
# 女	人	7083
# 第二产业	人	1499
第三产业	人	9998
乡村从业人员数	人	58526
# 农林牧渔业	人	31799
	人	1968
三、综合经济		
（一）地区生产总值	万元	2009171.70

16-1 续表 1-1

指 标	单 位	2009
第一产业增加值	万元	65770.70
农业	万元	49059.00
林业	万元	1862.30
牧业	万元	13443.50
渔业	万元	55.90
农林牧渔服务业	万元	1350.00
第二产业增加值	万元	538347.00
# 工业	万元	117701.00
第三产业增加值	万元	1405054.00
（二）财政、金融		
财政总收入	万元	151701.00
# 地方财政一般预算收入	万元	80352.00
# 各项税收	万元	68482.00
地方财政一般预算支出	万元	108986.00
# 农林水事务	万元	9260.00
科学技术	万元	1258.00
医疗卫生	万元	6142.00
教育	万元	20058.00
四、农业		
（一）生产条件		
农业机械总动力	万千瓦特	15.80
化肥使用量（折纯量）	吨	3362.60
农药使用量	吨	56.10
地膜使用量	吨	66.30
有效灌溉面积	公顷	10710.00

16-1 续表 1-2

指　标	单　位	2009
（二）农作物总播种面积	公顷	17375.80
粮食作物播种面积	公顷	11116.40
# 小麦	公顷	1051.20
玉米	公顷	9345.60
油料播种面积	公顷	35.80
棉花播种面积	公顷	9.20
蔬菜播种面积	公顷	6166.70
粮食总产量	吨	78912.30
# 小麦	吨	5235.30
玉米	吨	72323.50
油料产量	吨	71.00
棉花产量	吨	1.50
水果产量	吨	3263.00
肉类总产量	吨	6658.00
奶类产量	吨	34034.00
禽蛋产量	吨	11376.00
蔬菜产量	吨	311400.00
水产品产量	吨	100.00
五、工业及建筑业		
规模以上工业企业：		
工业企业数	个	164
工业总产值（现价）	万元	2090176.10
内资企业	万元	1136968.40
港、澳、台商投资企业	万元	36515.00
外商投资企业	万元	916692.70

16-1 续表 1-3

指　标	单　位	2009
从业人员年平均数	人	69018
流动资产年平均余额	万元	1434679.40
固定资产净值年平均余额	万元	880599.10
产品销售收入	万元	1941104.60
# 产品销售税金及附加	万元	6012.80
本年应交增值税	万元	30623.40
利润总额	万元	59554.70
建筑业:		
建筑业企业个数	个	178
期末从业人员数	人	115780
建筑业总产值	万元	3925055.90
六、交通运输、邮电通讯、能源		
境内公路里程	公里	336.00
# 高等级公路	公里	81.00
境内铁路营业里程	公里	5.00
境内火车站个数	个	1
工业用电量	万千瓦时	56420.65
农村用电量	万千瓦时	4317.50
七、贸易、外经、旅游		
社会消费品零售总额	万元	2064308.60
限额以上批发和零售业商品销售总额	万元	1829198.60
出口总额	万美元	13034.00
当年合同外资金额	万美元	2097.20
当年实际使用外资金额	万美元	2077.70
星级饭店个数	个	15
星级饭店客房总数	间	1843

16-1 续表 1-4

指　标	单　位	2009
八、固定资产投资		
城镇固定资产投资完成额	万元	1384591.00
城镇新增固定资产	万元	568693.00
城镇固定资产投资项目个数	个	113
房地产开发投资完成额	万元	544393.00
# 住宅	万元	415509.00
九、教育、科技、文化、卫生		
普通中学数	所	38
小学数	所	85
普通中学专任教师数	人	3058
小学专任教师数	人	2404
普通中学在校学生数	人	42175
# 女生	人	20898
小学在校学生数	人	44662
# 女生	人	21446
学龄儿童入学率	%	100.00
# 女童入学率	%	100.00
初中升学率	%	86.30
高中升学率	%	65.50
农业科技与服务单位个数	个	16
全年专利申请数	件	836
体育场馆数	个	2
剧场、影剧院数	个	1
公共图书馆图书总藏量	千册	70
医院、卫生院数	所	50
医院、卫生院床位数	床	2819

16-1 续表 1-5

指 标	单 位	2009
医院、卫生院卫生技术人员数	人	3224
# 医生	人	1936
卫生防疫人员数	人	41
5 岁以下儿童死亡率	‰	7.39
婴儿死亡率	‰	6.28
产妇住院分娩比例	%	100.00
十、人民生活		
城镇在岗职工年平均人数	人	11528
城镇在岗职工工资总额	万元	24085.70
农村居民人均纯收入	元	9234
农民人均住房面积	平方米	50.30
农民文化娱乐消费比重	%	10.30
农村彩电普及率	%	100.00
农村电脑普及率	%	19.00
农村恩格尔系数	%	27.40
十一、社会保障		
各种社会福利收养性单位数	个	2
各种社会福利收养性单位床位数	床	288
参加基本养老保险职工数	人	22013
参加基本医疗保险职工数	人	121706
参加失业保险人数	人	19468
城镇居民最低生活保障人数	人	6032
农村居民最低生活保障人数	人	8310
农村传统救济人数	人	174
参加农村新型合作医疗人数	人	126289
参加农村社会养老保险人数	人	10980

16-1 续表 1-6

指　标	单　位	2009
十二、社会治安		
交通事故件数	件	401
刑事案件立案数	件	4317
犯罪人数	人	1041
民事案件发案数	件	2270
十三、资源、环境与可持续发展		
行政区域土地面积	平方公里	295.00
# 建成区面积	平方公里	62.05
# 建成区绿化覆盖面积	平方公里	20.27
森林面积	公顷	1080.00
当年造林面积	公顷	200.00
年末耕地总资源	公顷	11797.15
# 水浇地	公顷	10710.00
年内减少耕地面积	公顷	2048.49
环境污染治理本年完成投资总额	万元	60.00
工业二氧化硫排放量	吨	729.86
工业废水排放量达标率	%	94.14
工业烟尘排放量达标率	%	100.00
城镇生活污水处理率	%	70.00
污水处理厂数	座	3
垃圾处理站数	个	7

16-2 迎泽区国民经济主要指标

指　标	单　位	2009
一、乡村基本情况		
乡（镇）个数	个	1
# 建制镇个数	个	1
镇区占地面积	公顷	600.00
镇区总人口	人	17600
村民委员会个数	个	29
# 自来水受益村	个	29
通电话的村	个	29
通有线电视的村	个	18
二、人口与就业		
年末总人口	万人	52.41
# 女	万人	27.02
当年出生人口	人	4294
当年死亡人口	人	1488
乡村人口	万人	2.22
年末总户数	户	140458
# 乡村户数	户	8102
年末单位从业人员数	人	12282
# 女	人	7240
# 第二产业	人	2540
第三产业	人	9738
乡村从业人员数	人	12367
# 农林牧渔业	人	2002
城镇登记失业人员数	人	1962
三、综合经济		
（一）地区生产总值	万元	2869178.80

16-2 续表 1-1

指 标	单 位	2009
第一产业增加值	万元	4135.80
农业	万元	98.10
林业	万元	3654.60
牧业	万元	364.10
渔业	万元	19.00
农林牧渔服务业	万元	
第二产业增加值	万元	416479.00
# 工业	万元	188828.00
第三产业增加值	万元	2448564.00
(二) 财政、金融		
财政总收入	万元	144241.00
# 地方财政一般预算收入	万元	66639.00
# 各项税收	万元	59595.00
地方财政一般预算支出	万元	83402.00
# 农林水事务	万元	3665.00
科学技术	万元	892.00
医疗卫生	万元	5933.00
教育	万元	22687.00
四、农业		
(一) 生产条件		
农业机械总动力	万千瓦特	2.90
化肥使用量(折纯量)	吨	28.20
农药使用量	吨	1.00
地膜使用量	吨	2.00
有效灌溉面积	公顷	140.00

16-2 续表 1-2

指 标	单 位	2009
(二) 农作物总播种面积	公顷	373.90
粮食作物播种面积	公顷	371.90
# 玉米	公顷	168.00
大豆	公顷	28.80
油料播种面积	公顷	0.30
蔬菜播种面积	公顷	0.70
粮食总产量	吨	364.00
# 玉米	吨	184.70
大豆	吨	17.50
水果产量	吨	175.00
肉类总产量	吨	403.30
禽蛋产量	吨	105.00
蔬菜产量	吨	85.00
水产品产量	吨	35.00
五、工业及建筑业		
规模以上工业企业:		
工业企业数	个	15
工业总产值（现价）	万元	425261.40
内资企业	万元	400542.30
外商投资企业	万元	24719.10
从业人员年平均数	人	8502
流动资产年平均余额	万元	376531.70
固定资产净值年平均余额	万元	320998.70
产品销售收入	万元	409570.40

16-2 续表 1-3

指 标	单 位	2009
# 产品销售税金及附加	万元	99284.10
本年应交增值税	万元	31334.60
利润总额	万元	-6695.10
建筑业:		
建筑业企业个数	个	208
期末从业人员数	人	45620
建筑业总产值	万元	1989353.10
六、交通运输、邮电通讯、能源		
境内公路里程	公里	70.00
# 高等级公路	公里	5.00
境内铁路营业里程	公里	5.00
境内火车站个数	个	1
工业用电量	万千瓦时	17187.19
农村用电量	万千瓦时	1607.50
七、贸易、外经、旅游		
社会消费品零售总额	万元	1692081.70
限额以上批发和零售业商品销售总额	万元	1818096.90
当年合同外资金额	万美元	2637.10
当年实际使用外资金额	万美元	2637.10
星级饭店个数	个	34
星级饭店客房总数	间	4701
名胜风景区和文物保护区个数	个	2
八、固定资产投资		
城镇固定资产投资完成额	万元	521668.00
城镇新增固定资产	万元	113896.00
城镇固定资产投资项目个数	个	87
房地产开发投资完成额	万元	296202.00
# 住宅	万元	197997.00

16-2 续表 1-4

指　标	单　位	2009
九、教育、科技、文化、卫生		
普通中学数	所	21
小学数	所	37
普通中学专任教师数	人	1997
小学专任教师数	人	1926
普通中学在校学生数	人	33362
# 女生	人	16348
小学在校学生数	人	35052
# 女生	人	16995
学龄儿童入学率	%	100.00
# 女童入学率	%	100.00
初中升学率	%	86.30
高中升学率	%	65.50
农业科技与服务单位个数	个	1
全年专利申请数	件	709
体育场馆数	个	1
剧场、影剧院数	个	8
公共图书馆图书总藏量	千册	33
医院、卫生院数	所	52
医院、卫生院床位数	床	7118
医院、卫生院卫生技术人员数	人	7155
# 医生	人	4050
卫生防疫人员数	人	51
5 岁以下儿童死亡率	‰	6.42
婴儿死亡率	‰	5.84
产妇住院分娩比例	%	100.00

16-2 续表 1-5

指 标	单 位	2009
十、人民生活		
城镇在岗职工年平均人数	人	12311
城镇在岗职工工资总额	万元	25470.40
农村居民人均纯收入	元	8589
农民人均住房面积	平方米	46.90
农民文化娱乐消费比重	%	13.30
农村彩电普及率	%	100.00
农村电脑普及率	%	47.00
农村恩格尔系数	%	22.90
十一、社会保障		
各种社会福利收养性单位数	个	1
各种社会福利收养性单位床位数	床	90
参加基本养老保险职工数	人	21387
参加基本医疗保险职工数	人	147722
参加失业保险人数	人	12702
城镇居民最低生活保障人数	人	7875
农村居民最低生活保障人数	人	969
农村传统救济人数	人	36
参加农村新型合作医疗人数	人	19270
参加农村社会养老保险人数	人	3435
十二、社会治安		
交通事故件数	件	301
刑事案件立案数	件	6729
犯罪人数	人	787
民事案件发案数	件	2674

16-2 续表 1-6

指　标	单　位	2009
十三、资源、环境与可持续发展		
行政区域土地面积	平方公里	117.00
# 建成区面积	平方公里	20.08
# 建成区绿化覆盖面积	平方公里	7.24
森林面积	公顷	1613.00
当年造林面积	公顷	77.00
年末耕地总资源	公顷	771.43
# 水浇地	公顷	140.00
年内减少耕地面积	公顷	357.62
环境污染治理本年完成投资总额	万元	21.50
工业二氧化硫排放量	吨	742.37
工业废水排放量达标率	%	97.57
工业烟尘排放量达标率	%	94.77
城镇生活污水处理率	%	70.00
垃圾处理站数	个	8

16-3 杏花岭区国民经济主要指标

指 标	单 位	2009
一、乡村基本情况		
乡（镇）个数	个	3
村民委员会个数	个	40
# 自来水受益村	个	39
通电话的村	个	40
通有线电视的村	个	19
二、人口与就业		
年末总人口	万人	58.13
# 女	万人	28.28
当年出生人口	人	5009
当年死亡人口	人	1955
乡村人口	万人	3.14
年末总户数	户	164501
# 乡村户数	户	11189
年末单位从业人员数	人	20976
# 女	人	10935
# 第二产业	人	3946
第三产业	人	17030
乡村从业人员数	人	16688
# 农林牧渔业	人	3528
城镇登记失业人员数	人	2215
三、综合经济		
(一) 地区生产总值	万元	2343807.00

16-3 续表 1-1

指 标	单 位	2009
第一产业增加值	万元	2512.00
农业	万元	321.70
林业	万元	977.00
牧业	万元	1213.30
第二产业增加值	万元	461552.00
# 工业	万元	151255.00
第三产业增加值	万元	1879743.00
(二) 财政、金融		
财政总收入	万元	130568.00
# 地方财政一般预算收入	万元	64407.00
# 各项税收	万元	57610.00
地方财政一般预算支出	万元	99149.00
# 农林水事务	万元	2530.00
科学技术	万元	1108.00
医疗卫生	万元	5612.00
教育	万元	21686.00
四、农业		
(一) 生产条件		
农业机械总动力	万千瓦特	1.70
化肥使用量(折纯量)	吨	27.60
农药使用量	吨	11.40
地膜使用量	吨	3.80
有效灌溉面积	公顷	240.00
(二) 农作物总播种面积	公顷	869.00
粮食作物播种面积	公顷	796.30
# 玉米	公顷	364.60
大豆	公顷	56.30

16-3 续表 1-2

指 标	单 位	2009
油料播种面积	公顷	4.40
蔬菜播种面积	公顷	67.50
粮食总产量	吨	641.00
# 玉米	吨	319.10
大豆	吨	47.60
油料产量	吨	1.20
水果产量	吨	1148.00
肉类总产量	吨	1274.80
奶类产量	吨	101.00
禽蛋产量	吨	535.00
蔬菜产量	吨	1598.00
五、工业及建筑业		
规模以上工业企业:		
工业企业数	个	43
工业总产值(现价)	万元	409523.20
内资企业	万元	408833.40
外商投资企业	万元	689.80
从业人员年平均数	人	18358
流动资产年平均余额	万元	507960.90
固定资产净值年平均余额	万元	176724.00
产品销售收入	万元	406269.50
# 产品销售税金及附加	万元	4038.20
本年应交增值税	万元	21338.50
利润总额	万元	21122.30

16-3 续表 1-3

指　标	单　位	2009
建筑业：		
建筑业企业个数	个	148
期末从业人员数	人	45232
建筑业总产值	万元	1573353.00
六、交通运输、邮电通讯、能源		
境内公路里程	公里	154.00
# 高等级公路	公里	57.00
境内铁路营业里程	公里	8.00
境内火车站个数	个	1
工业用电量	万千瓦时	20074.04
农村用电量	万千瓦时	3325.00
七、贸易、外经、旅游		
社会消费品零售总额	万元	752664.30
限额以上批发和零售业商品销售总额	万元	3510124.40
当年合同外资金额	万美元	2609.10
当年实际使用外资金额	万美元	2609.10
星级饭店个数	个	18
星级饭店客房总数	间	2131
八、固定资产投资		
城镇固定资产投资完成额	万元	720654.00
城镇新增固定资产	万元	263060.00
城镇固定资产投资项目个数	个	134
房地产开发投资完成额	万元	374917.00
# 住宅	万元	243697.00

16-3 续表 1-4

指 标	单 位	2009
九、教育、科技、文化、卫生		
普通中学数	所	43
小学数	所	60
普通中学专任教师数	人	2894
小学专任教师数	人	2223
普通中学在校学生数	人	42644
# 女生	人	21174
小学在校学生数	人	42620
# 女生	人	20524
学龄儿童入学率	%	100.00
# 女童入学率	%	100.00
初中升学率	%	86.30
高中升学率	%	65.50
农业科技与服务单位个数	个	3
全年专利申请数	件	421
体育场馆数	个	1
剧场、影剧院数	个	2
医院、卫生院数	所	34
医院、卫生院床位数	床	6821
医院、卫生院卫生技术人员数	人	7747
# 医生	人	4166
卫生防疫人员数	人	41
5 岁以下儿童死亡率	‰	11.07
婴儿死亡率	‰	9.77
产妇住院分娩比例	%	99.78

16-3 续表 1-5

指 标	单 位	2009
十、人民生活		
城镇在岗职工年平均人数	人	20628
城镇在岗职工工资总额	万元	44749.80
农村居民人均纯收入	元	7982
农民人均住房面积	平方米	34.00
农民文化娱乐消费比重	%	10.30
农村彩电普及率	%	100.00
农村电脑普及率	%	26.00
农村恩格尔系数	%	42.20
十一、社会保障		
各种社会福利收养性单位数	个	3
各种社会福利收养性单位床位数	床	215
参加基本养老保险职工数	人	21254
参加基本医疗保险职工数	人	192399
参加失业保险人数	人	28867
城镇居民最低生活保障人数	人	20030
农村居民最低生活保障人数	人	2181
农村传统救济人数	人	57
参加农村新型合作医疗人数	人	25309
参加农村社会养老保险人数	人	8254
十二、社会治安		
交通事故件数	件	178
刑事案件立案数	件	5194
犯罪人数	人	175
民事案件发案数	件	1587

16-3 续表 1-6

指　标	单　位	2009
十三、资源、环境与可持续发展		
行政区域土地面积	平方公里	170.00
# 建成区面积	平方公里	29.40
# 建成区绿化覆盖面积	平方公里	9.73
森林面积	公顷	1527.00
当年造林面积	公顷	1353.00
年末耕地总资源	公顷	957.37
# 水浇地	公顷	240.00
年内减少耕地面积	公顷	493.40
环境污染治理本年完成投资总额	万元	1277.80
工业二氧化硫排放量	吨	1042.59
工业废水排放量达标率	%	98.76
工业烟尘排放量达标率	%	100.00
城镇生活污水处理率	%	70.00
垃圾处理站数	个	17

16-4 尖草坪区国民经济主要指标

指 标	单 位	2009
一、乡村基本情况		
乡（镇）个数	个	13
# 建制镇个数	个	2
镇区占地面积	公顷	182.00
镇区总人口	人	15115
村民委员会个数	个	90
# 自来水受益村	个	88
通电话的村	个	90
通有线电视的村	个	90
二、人口与就业		
年末总人口	万人	36.73
# 女	万人	17.20
当年出生人口	人	3375
当年死亡人口	人	999
乡村人口	万人	11.07
年末总户数	户	100383
# 乡村户数	户	36581
年末单位从业人员数	人	22722
# 女	人	10669
# 第二产业	人	13919
第三产业	人	8722
乡村从业人员数	人	57983
# 农林牧渔业	人	19465
城镇登记失业人员数	人	255
三、综合经济		
（一）地区生产总值	万元	2291804.80

16-4 续表 1-1

指 标	单 位	2009
第一产业增加值	万元	20241.80
农业	万元	12317.60
林业	万元	3653.20
牧业	万元	4023.50
渔业	万元	57.50
农林牧渔服务业	万元	190.00
第二产业增加值	万元	1890042.00
# 工业	万元	1726787.00
第三产业增加值	万元	381521.00
（二）财政、金融		
财政总收入	万元	75795.00
# 地方财政一般预算收入	万元	33809.00
# 各项税收	万元	29155.00
地方财政一般预算支出	万元	60060.00
# 农林水事务	万元	3835.00
科学技术	万元	595.00
医疗卫生	万元	4547.00
教育	万元	18440.00
四、农业		
（一）生产条件		
农业机械总动力	万千瓦特	3.30
化肥使用量（折纯量）	吨	1969.80
农药使用量	吨	47.70
地膜使用量	吨	82.20
有效灌溉面积	公顷	4810.00

16-4 续表 1-2

指　标	单　位	2009
（二）农作物总播种面积	吨	6200.30
粮食作物播种面积	公顷	4958.70
# 玉米	公顷	3728.40
大豆	公顷	445.30
油料播种面积	公顷	92.70
蔬菜播种面积	公顷	1059.10
粮食总产量	吨	11882.00
# 玉米	吨	10540.50
大豆	吨	387.00
油料产量	吨	72.30
水果产量	吨	17997.10
肉类总产量	吨	3340.20
奶类产量	吨	4312.00
禽蛋产量	吨	1737.20
蔬菜产量	吨	69161.20
水产品产量	吨	80.00
五、工业及建筑业		
规模以上工业企业:		
工业企业数	个	65
工业总产值（现价）	万元	6159536.80
内资企业	万元	6063958.30
外商投资企业	万元	95578.50
从业人员年平均数	人	56384
流动资产年平均余额	万元	3360894.60
固定资产净值年平均余额	万元	4145275.50
产品销售收入	万元	6676741.40

16-4 续表 1-3

指 标	单 位	2009
# 产品销售税金及附加	万元	17629.30
本年应交增值税	万元	137139.40
利润总额	万元	145488.50
建筑业:		
建筑业企业个数	个	52
期末从业人员数	人	14260
建筑业总产值	万元	319610.80
六、交通运输、邮电通讯、能源		
境内公路里程	公里	189.00
# 高等级公路	公里	45.00
境内铁路营业里程	公里	30.00
境内火车站个数	个	8
工业用电量	万千瓦时	656149.06
农村用电量	万千瓦时	3961.90
七、贸易、外经、旅游		
社会消费品零售总额	万元	411280.00
限额以上批发和零售业商品销售总额	万元	2469090.00
当年合同外资金额	万美元	1082.40
当年实际使用外资金额	万美元	1012.40
星级饭店个数	个	1
星级饭店客房总数	间	80
名胜风景区和文物保护区个数	个	1

16-4 续表 1-4

指 标	单 位	2009
八、固定资产投资		
城镇固定资产投资完成额	万元	682402.00
城镇新增固定资产	万元	418279.00
城镇固定资产投资项目个数	个	96
房地产开发投资完成额	万元	6421.00
# 住宅	万元	6291.00
九、教育、科技、文化、卫生		
普通中学数	所	23
小学数	所	64
普通中学专任教师数	人	1502
小学专任教师数	人	1574
普通中学在校学生数	人	19315
# 女生	人	9793
小学在校学生数	人	22996
# 女生	人	11090
学龄儿童入学率	%	100.00
# 女童入学率	%	100.00
初中升学率	%	86.30
高中升学率	%	65.50
农业科技与服务单位个数	个	21
全年专利申请数	件	819
体育场馆数	个	1
公共图书馆图书总藏量	千册	41
医院、卫生院数	所	19

16-4 续表 1-5

指 标	单 位	2009
医院、卫生院床位数	床	1589
医院、卫生院卫生技术人员数	人	1452
# 医生	人	1104
卫生防疫人员数	人	26
5 岁以下儿童死亡率	‰	7.45
婴儿死亡率	‰	7.08
产妇住院分娩比例	%	99.96
十、人民生活		
城镇在岗职工年平均人数	人	22188
城镇在岗职工工资总额	万元	39359.80
农村居民人均纯收入	元	6553
农民人均住房面积	平方米	30.00
农民文化娱乐消费比重	%	8.50
农村彩电普及率	%	90.00
农村电脑普及率	%	20.00
农村恩格尔系数	%	36.20
十一、社会保障		
各种社会福利收养性单位数	个	4
各种社会福利收养性单位床位数	床	290
参加基本养老保险职工数	人	25749
参加基本医疗保险职工数	人	122585
参加失业保险人数	人	24511
城镇居民最低生活保障人数	人	10144
农村居民最低生活保障人数	人	4655
农村传统救济人数	人	286

16-4 续表 1-6

指 标	单 位	2009
参加农村新型合作医疗人数	人	98974
参加农村社会养老保险人数	人	54309
十二、社会治安		
交通事故件数	件	193
刑事案件立案数	件	1901
犯罪人数	人	683
民事案件发案数	件	874
十三、资源、环境与可持续发展		
行政区域土地面积	平方公里	285.00
# 建成区面积	平方公里	54.40
# 建成区绿化覆盖面积	平方公里	22.41
森林面积	公顷	4173.00
当年造林面积	公顷	887.00
年末耕地总资源	公顷	5082.56
# 水浇地	公顷	4810.00
年内减少耕地面积	公顷	76.11
环境污染治理本年完成投资总额	万元	138.60
工业二氧化硫排放量	吨	25259.23
工业废水排放量达标率	%	99.31
工业烟尘排放量达标率	%	100.00
城镇生活污水处理率	%	70.00
污水处理厂数	座	2
垃圾处理站数	个	8

16–5　万柏林区国民经济主要指标

指　标	单　位	2009
一、乡村基本情况		
乡（镇）个数	个	11
村民委员会个数	个	55
# 自来水受益村	个	37
通电话的村	个	55
通有线电视的村	个	31
二、人口与就业		
年末总人口	万人	56.19
# 女	万人	26.18
当年出生人口	人	5244
当年死亡人口	人	1693
乡村人口	万人	5.73
年末总户数	户	139926
# 乡村户数	户	18214
年末单位从业人员数	人	18106
# 女	人	9997
# 第二产业	人	7096
第三产业	人	11010
乡村从业人员数	人	29843
# 农林牧渔业	人	5312
城镇登记失业人员数	人	360
三、综合经济		
(一) 地区生产总值	万元	2374593.50

16-5 续表 1-1

指 标	单 位	2009
第一产业增加值	万元	7427.50
农业	万元	1215.90
林业	万元	3831.40
牧业	万元	1021.20
渔业	万元	9.00
农林牧渔服务业	万元	1350.00
第二产业增加值	万元	1723366.00
# 工业	万元	1280719.00
第三产业增加值	万元	643800.00
(二) 财政、金融		
财政总收入	万元	87117.00
# 地方财政一般预算收入	万元	44980.00
# 各项税收	万元	39762.00
地方财政一般预算支出	万元	70248.00
# 农林水事务	万元	2486.00
科学技术	万元	706.00
医疗卫生	万元	6365.00
教育	万元	16727.00
四、农业		
(一) 生产条件		
农业机械总动力	万千瓦特	3.70
化肥使用量（折纯量）	吨	14.30
农药使用量	吨	1.80
地膜使用量	吨	4.20
有效灌溉面积	公顷	1370.00

16-5 续表 1-2

指　标	单　位	2009
(二)农作物总播种面积	公顷	1395.70
粮食作物播种面积	公顷	1068.60
# 玉米	公顷	717.80
油料播种面积	公顷	1.00
蔬菜播种面积	公顷	267.40
粮食总产量	吨	1380.00
# 玉米	吨	1245.00
油料产量	吨	5.00
水果产量	吨	133.00
肉类总产量	吨	741.90
奶类产量	吨	622.00
禽蛋产量	吨	284.00
蔬菜产量	吨	10589.00
水产品产量	吨	15.00
五、工业及建筑业		
规模以上工业企业:		
工业企业数	个	61
工业总产值（现价）	万元	4079077.20
内资企业	万元	4079077.20
从业人员年平均数	人	126529
流动资产年平均余额	万元	4096378.30
固定资产净值年平均余额	万元	1956614.90
产品销售收入	万元	3999339.80
# 产品销售税金及附加	万元	51011.40
本年应交增值税	万元	312808.60
利润总额	万元	394040.90

16-5 续表 1-3

指 标	单 位	2009
建筑业：		
建筑业企业个数	个	109
期末从业人员数	人	118835
建筑业总产值	万元	3096659.70
六、交通运输、邮电通讯、能源		
境内公路里程	公里	165.00
# 高等级公路	公里	14.00
境内铁路营业里程	公里	5.00
境内火车站个数	个	4
工业用电量	万千瓦时	283384.48
农村用电量	万千瓦时	4608.00
七、贸易、外经、旅游		
社会消费品零售总额	万元	1068587.90
限额以上批发和零售业商品销售总额	万元	893794.50
当年合同外资金额	万美元	2176.50
当年实际使用外资金额	万美元	2176.50
星级饭店个数	个	18
星级饭店客房总数	间	1878
名胜风景区和文物保护区个数	个	1
八、固定资产投资		
城镇固定资产投资完成额	万元	970517.00
城镇新增固定资产	万元	78504.00
城镇固定资产投资项目个数	个	95
房地产开发投资完成额	万元	232449.00
# 住宅	万元	137384.00

16-5 续表 1-4

指　标	单　位	2009
九、教育、科技、文化、卫生		
普通中学数	所	30
小学数	所	67
普通中学专任教师数	人	2531
小学专任教师数	人	3407
普通中学在校学生数	人	30364
# 女生	人	15661
小学在校学生数	人	44053
# 女生	人	21182
学龄儿童入学率	%	100.00
# 女童入学率	%	100.00
初中升学率	%	86.30
高中升学率	%	65.50
农业科技与服务单位个数	个	10
全年专利申请数	件	912
体育场馆数	个	3
剧场、影剧院数	个	2
医院、卫生院数	所	31
医院、卫生院床位数	床	3126
医院、卫生院卫生技术人员数	人	4297
# 医生	人	2395
卫生防疫人员数	人	36
5 岁以下儿童死亡率	‰	6.04
婴儿死亡率	‰	5.35
产妇住院分娩比例	%	99.97

16-5 续表 1-5

指　标	单　位	2009
十、人民生活		
城镇在岗职工年平均人数	人	17358
城镇在岗职工工资总额	万元	35606.10
农村居民人均纯收入	元	9610
农民人均住房面积	平方米	52.30
农民文化娱乐消费比重	%	12.80
农村彩电普及率	%	100.00
农村电脑普及率	%	20.00
农村恩格尔系数	%	30.50
十一、社会保障		
各种社会福利收养性单位数	个	2
各种社会福利收养性单位床位数	床	90
参加基本养老保险职工数	人	16250
参加基本医疗保险职工数	人	235108
参加失业保险人数	人	19139
城镇居民最低生活保障人数	人	12856
农村居民最低生活保障人数	人	5537
农村传统救济人数	人	80
参加农村新型合作医疗人数	人	72849
参加农村社会养老保险人数	人	7227

16-5 续表 1-6

指　标	单　位	2009
十二、社会治安		
交通事故件数	件	366
刑事案件立案数	件	5847
犯罪人数	人	629
民事案件发案数	件	1746
十三、资源、环境与可持续发展		
行政区域土地面积	平方公里	305.00
# 建成区面积	平方公里	47.60
# 建成区绿化覆盖面积	平方公里	17.04
森林面积	公顷	6427.00
当年造林面积	公顷	1080.00
年末耕地总资源	公顷	1787.34
# 水浇地	公顷	1370.00
年内减少耕地面积	公顷	799.84
环境污染治理本年完成投资总额	万元	25961.80
工业二氧化硫排放量	吨	7477.98
工业废水排放量达标率	%	100.00
工业烟尘排放量达标率	%	99.97
城镇生活污水处理率	%	70.00
污水处理厂数	座	3
垃圾处理站数	个	21

16-6 晋源区国民经济主要指标

指　标	单　位	2009
一、乡村基本情况		
乡（镇）个数	个	6
# 建制镇个数	个	3
镇区占地面积	公顷	330.00
镇区总人口	人	12108
村民委员会个数	个	90
# 自来水受益村	个	90
通电话的村	个	90
通有线电视的村	个	90
二、人口与就业		
年末总人口	万人	20.34
# 女	万人	9.99
当年出生人口	人	2390
当年死亡人口	人	1054
乡村人口	万人	12.09
年末总户数	户	56459
# 乡村户数	户	36043
年末单位从业人员数	人	4541
# 女	人	2638
# 第二产业	人	329
第三产业	人	4212
乡村从业人员数	人	62250
# 农林牧渔业	人	27332
城镇登记失业人员数	人	950
三、综合经济		
(一) 地区生产总值	万元	489931.20

16-6 续表 1-1

指　标	单　位	2009
第一产业增加值	万元	27752.20
农业	万元	16854.60
林业	万元	1743.80
牧业	万元	8205.80
渔业	万元	688.00
农林牧渔服务业	万元	260.00
第二产业增加值	万元	293432.00
# 工业	万元	266628.00
第三产业增加值	万元	168747.00
（二）财政、金融		
财政总收入	万元	32082.00
# 地方财政一般预算收入	万元	13256.00
# 各项税收	万元	10640.00
地方财政一般预算支出	万元	42535.00
# 农林水事务	万元	2654.00
科学技术	万元	355.00
医疗卫生	万元	2898.00
教育	万元	10794.00
四、农业		
（一）生产条件		
农业机械总动力	万千瓦特	19.80
化肥使用量（折纯量）	吨	1248.50
农药使用量	吨	38.90
地膜使用量	吨	78.20
有效灌溉面积	公顷	3880.00

16-6 续表 1-2

指 标	单 位	2009
（二）农作物总播种面积	公顷	5414.70
粮食作物播种面积	公顷	3270.50
# 稻谷	公顷	197.80
小麦	公顷	89.30
玉米	公顷	2674.40
大豆	公顷	88.60
蔬菜播种面积	公顷	2144.20
粮食总产量	吨	19661.00
# 稻谷	吨	1502.00
小麦	吨	412.00
玉米	吨	16055.00
大豆	吨	141.00
水果产量	吨	2185.00
肉类总产量	吨	4701.30
奶类产量	吨	12778.00
禽蛋产量	吨	6345.20
蔬菜产量	吨	147352.00
水产品产量	吨	1040.00
五、工业及建筑业		
规模以上工业企业：		
工业企业数	个	26
工业总产值（现价）	万元	757662.80
内资企业	万元	757662.80
从业人员年平均数	人	16542
流动资产年平均余额	万元	559132.00
固定资产净值年平均余额	万元	565680.80

16-6 续表 1-3

指 标	单 位	2009
产品销售收入	万元	836135.60
# 产品销售税金及附加	万元	2755.30
本年应交增值税	万元	16762.70
利润总额	万元	-46254.40
建筑业:		
建筑业企业个数	个	12
期末从业人员数	人	1659
建筑业总产值	万元	20575.80
六、交通运输、邮电通讯、能源		
境内公路里程	公里	187.00
# 高等级公路	公里	48.00
境内铁路营业里程	公里	5.00
工业用电量	万千瓦时	161352.20
农村用电量	万千瓦时	4642.30
七、贸易、外经、旅游		
社会消费品零售总额	万元	138401.40
限额以上批发和零售业商品销售总额	万元	109746.50
星级饭店个数	个	1
星级饭店客房总数	间	350
名胜风景区和文物保护区个数	个	2
八、固定资产投资		
城镇固定资产投资完成额	万元	353723.00
城镇新增固定资产	万元	93120.00
城镇固定资产投资项目个数	个	148
房地产开发投资完成额	万元	537.00
# 住宅	万元	537.00

16-6 续表 1-4

指　标	单 位	2009
九、教育、科技、文化、卫生		
普通中学数	所	12
小学数	所	50
普通中学专任教师数	人	948
小学专任教师数	人	1012
普通中学在校学生数	人	14526
# 女生	人	7614
小学在校学生数	人	16443
# 女生	人	8086
学龄儿童入学率	%	100.00
# 女童入学率	%	100.00
初中升学率	%	86.30
高中升学率	%	65.50
农业科技与服务单位个数	个	14
全年专利申请数	件	118
公共图书馆图书总藏量	千册	2
医院、卫生院数	所	10
医院、卫生院床位数	床	496
医院、卫生院卫生技术人员数	人	556
# 医生	人	421
卫生防疫人员数	人	13
5 岁以下儿童死亡率	‰	4.80
婴儿死亡率	‰	3.74
产妇住院分娩比例	%	100.00

16-6 续表 1-5

指 标	单 位	2009
十、人民生活		
城镇在岗职工年平均人数	人	4185
城镇在岗职工工资总额	万元	9885.70
农村居民人均纯收入	元	6495
农民人均住房面积	平方米	35.30
农民文化娱乐消费比重	%	12.50
农村彩电普及率	%	100.00
农村电脑普及率	%	39.00
农村恩格尔系数	%	25.60
十一、社会保障		
各种社会福利收养性单位数	个	3
各种社会福利收养性单位床位数	床	280
参加基本养老保险职工数	人	4086
参加基本医疗保险职工数	人	37295
参加失业保险人数	人	4764
城镇居民最低生活保障人数	人	4518
农村居民最低生活保障人数	人	6508
农村传统救济人数	人	229
参加农村新型合作医疗人数	人	105459
参加农村社会养老保险人数	人	7428
十二、社会治安		
交通事故件数	件	106
刑事案件立案数	件	774
犯罪人数	人	287
民事案件发案数	件	584

16-6 续表 1-6

指 标	单 位	2009
十三、资源、环境与可持续发展		
行政区域土地面积	平方公里	288.00
# 建成区面积	平方公里	24.40
# 建成区绿化覆盖面积	平方公里	8.50
森林面积	公顷	5247.00
当年造林面积	公顷	974.00
年末耕地总资源	公顷	5092.88
水田	公顷	360.00
水浇地	公顷	3520.00
年内减少耕地面积	公顷	677.47
自然保护区个数	个	1
自然保护区面积	公顷	2867.00
环境污染治理本年完成投资总额	万元	12377.00
工业二氧化硫排放量	吨	25127.28
工业废水排放量达标率	%	96.45
工业烟尘排放量达标率	%	99.89
城镇生活污水处理率	%	70.00
污水处理厂数	座	2
垃圾处理站数	个	6

16-7　清徐县国民经济主要指标

指　标	单　位	2009
一、乡村基本情况		
乡（镇）个数	个	9
# 建制镇个数	个	4
镇区占地面积	公顷	746.00
镇区总人口	人	25575
村民委员会个数	个	192
# 自来水受益村	个	192
通电话的村	个	192
通有线电视的村	个	75
二、人口与就业		
年末总人口	万人	30.95
# 女	万人	15.44
当年出生人口	人	5480
当年死亡人口	人	1821
乡村人口	万人	25.41
年末总户数	户	102232
# 乡村户数	户	82100
年末单位从业人员数	人	11647
# 女	人	5700
# 第二产业	人	1142
第三产业	人	10396
乡村从业人员数	人	116662
# 农林牧渔业	人	68890
城镇登记失业人员数	人	681
三、综合经济		
（一）地区生产总值	万元	710029.40

16-7 续表 1-1

指 标	单 位	2009
第一产业增加值	万元	110628.40
农业	万元	79419.00
林业	万元	1621.60
牧业	万元	26652.30
渔业	万元	735.50
农林牧渔服务业	万元	2200.00
第二产业增加值	万元	405657.00
# 工业	万元	384669.00
第三产业增加值	万元	193744.00
（二）财政、金融		
财政总收入	万元	124629.00
# 地方财政一般预算收入	万元	45727.00
# 各项税收	万元	31713.00
地方财政一般预算支出	万元	87361.00
# 农林水事务	万元	15132.00
科学技术	万元	955.00
医疗卫生	万元	6869.00
教育	万元	22720.00
年末金融机构各项存款余额	万元	898200.00
# 城乡居民储蓄存款余额	万元	683155.00
年末金融机构各项贷款余额	万元	519775.00
# 农业贷款	万元	190834.00
四、农业		
（一）生产条件		
农业机械总动力	万千瓦特	30.70

16-7 续表 1-2

指 标	单 位	2009
化肥使用量（折纯量）	吨	12225.00
农药使用量	吨	493.60
地膜使用量	吨	621.50
有效灌溉面积	公顷	24490.00
（二）农作物总播种面积	公顷	31205.00
粮食作物播种面积	公顷	20732.90
# 小麦	公顷	1765.00
玉米	公顷	16884.80
大豆	公顷	788.50
油料播种面积	公顷	86.40
棉花播种面积	公顷	90.70
蔬菜播种面积	公顷	9716.30
粮食总产量	吨	117937.50
# 小麦	吨	8574.50
玉米	吨	100684.00
大豆	吨	1223.00
油料产量	吨	159.90
棉花产量	吨	131.00
水果产量	吨	37465.40
肉类总产量	吨	19906.00
奶类产量	吨	24257.00
禽蛋产量	吨	9831.00
蔬菜产量	吨	607744.00
水产品产量	吨	1005.00

16-7 续表 1-3

指 标	单 位	2009
五、工业及建筑业		
规模以上工业企业:		
工业企业数	个	51
工业总产值（现价）	万元	1046510.40
内资企业	万元	877431.30
外商投资企业	万元	169079.10
从业人员年平均数	人	19660
流动资产年平均余额	万元	1260144.50
固定资产净值年平均余额	万元	667657.10
产品销售收入	万元	1067373.50
# 产品销售税金及附加	万元	7936.50
本年应交增值税	万元	121748.40
利润总额	万元	71718.40
建筑业:		
建筑业企业个数	个	15
期末从业人员数	人	1487
建筑业总产值	万元	36696.70
六、交通运输、邮电通讯、能源		
境内公路里程	公里	520.00
# 高等级公路	公里	50.00
邮政业务总量	万元	2265.90
电信业务总量	万元	4858.00
本地电话年末用户	户	71649
住宅电话年末用户	户	57435
# 乡村电话用户	户	29757

16-7 续表 1-4

指 标	单 位	2009
移动电话年末用户数	户	99532
国际互联网用户	户	24867
全年用电量	万千瓦时	59264.94
# 工业用电量	万千瓦时	39476.57
农村用电量	万千瓦时	19165.00
七、贸易、外经、旅游		
社会消费品零售总额	万元	223259.50
限额以上批发和零售业商品销售总额	万元	82709.90
出口总额	万美元	15882.00
当年合同外资金额	万美元	478.40
当年实际使用外资金额	万美元	478.40
星级饭店个数	个	1
星级饭店客房总数	间	110
八、固定资产投资		
城镇固定资产投资完成额	万元	205163.00
城镇新增固定资产	万元	424322.00
城镇固定资产投资项目个数	个	88
房地产开发投资完成额	万元	12108.00
# 住宅	万元	8040.00
九、教育、科技、文化、卫生		
普通中学数	所	23
小学数	所	120
普通中学专任教师数	人	1813
小学专任教师数	人	1697
普通中学在校学生数	人	25726
# 女生	人	13009

16-7 续表 1-5

指 标	单 位	2009
小学在校学生数	人	29077
# 女生	人	14154
学龄儿童入学率	%	100.00
# 女童入学率	%	100.00
初中升学率	%	79.00
高中升学率	%	64.00
农业科技与服务单位个数	个	10
全年专利申请数	件	143
体育场馆数	个	1
剧场、影剧院数	个	1
公共图书馆图书总藏量	千册	84
医院、卫生院数	所	16
医院、卫生院床位数	床	572
医院、卫生院卫生技术人员数	人	503
# 医生	人	248
卫生防疫人员数	人	62
5 岁以下儿童死亡率	‰	10.99
婴儿死亡率	‰	10.32
产妇住院分娩比例	%	97.77
十、人民生活		
城镇在岗职工年平均人数	人	11558
城镇在岗职工工资总额	万元	25978.00
农村居民人均纯收入	元	7864
农民人均住房面积	平方米	29.20
农民文化娱乐消费比重	%	9.20
农村彩电普及率	%	95.00
农村电脑普及率	%	23.00
农村恩格尔系数	%	28.20

16-7 续表 1-6

指　标	单　位	2009
十一、社会保障		
各种社会福利收养性单位数	个	4
各种社会福利收养性单位床位数	床	320
参加基本养老保险职工数	人	7358
参加基本医疗保险职工数	人	19047
参加失业保险人数	人	9964
城镇居民最低生活保障人数	人	6697
农村居民最低生活保障人数	人	14984
农村传统救济人数	人	320
参加农村新型合作医疗人数	人	245677
参加农村社会养老保险人数	人	129725
十二、社会治安		
交通事故件数	件	196
刑事案件立案数	件	1025
犯罪人数	人	471
民事案件发案数	件	1545

16-7 续表 1-7

指　标	单　位	2009
十三、资源、环境与可持续发展		
行政区域土地面积	平方公里	609.00
# 建成区面积	平方公里	8.20
# 建成区绿化覆盖面积	平方公里	2.79
森林面积	公顷	6100.00
当年造林面积	公顷	827.00
年末耕地总资源	公顷	25809.50
水田	公顷	1080.00
水浇地	公顷	23410.00
年内减少耕地面积	公顷	1024.51
环境污染治理本年完成投资总额	万元	10495.00
工业二氧化硫排放量	吨	10738.07
工业废水排放量达标率	%	100.00
工业烟尘排放量达标率	%	100.00
污水处理厂数	座	1

16-8 阳曲县国民经济主要指标

指 标	单 位	2009
一、乡村基本情况		
乡（镇）个数	个	10
# 建制镇个数	个	4
镇区占地面积	公顷	695.00
镇区总人口	人	37123
村民委员会个数	个	124
# 自来水受益村	个	103
通电话的村	个	124
通有线电视的村	个	21
二、人口与就业		
年末总人口	万人	14.53
# 女	万人	6.96
当年出生人口	人	1792
当年死亡人口	人	879
乡村人口	万人	11.35
年末总户数	户	55792
# 乡村户数	户	40053
年末单位从业人员数	人	7237
# 女	人	2692
# 第二产业	人	2105
第三产业	人	4860
乡村从业人员数	人	51388
# 农林牧渔业	人	29918
城镇登记失业人员数	人	312
三、综合经济		
(一) 地区生产总值	万元	175093.10

16-8 续表 1-1

指　标	单　位	2009
第一产业增加值	万元	27625.10
农业	万元	12866.00
林业	万元	2269.30
牧业	万元	11679.00
渔业	万元	10.80
农林牧渔服务业	万元	800.00
第二产业增加值	万元	68622.00
# 工业	万元	66771.00
第三产业增加值	万元	78846.00
(二) 财政、金融		
财政总收入	万元	30555.00
# 地方财政一般预算收入	万元	15386.00
# 各项税收	万元	11220.00
地方财政一般预算支出	万元	48076.00
# 农林水事务	万元	7560.00
科学技术	万元	423.00
医疗卫生	万元	3738.00
教育	万元	8838.00
年末金融机构各项存款余额	万元	242971.00
# 城乡居民储蓄存款余额	万元	181909.00
年末金融机构各项贷款余额	万元	65087.00
# 农业贷款	万元	44987.00
四、农业		
(一) 生产条件		
农业机械总动力	万千瓦特	14.30
化肥使用量(折纯量)	吨	6736.00
农药使用量	吨	82.00
地膜使用量	吨	747.00
有效灌溉面积	公顷	2070.00

16-8 续表 1-2

指 标	单 位	2009
(二) 农作物总播种面积	公顷	29735.20
粮食作物播种面积	公顷	24298.80
# 玉米	公顷	16091.00
大豆	公顷	1350.10
油料播种面积	公顷	799.80
蔬菜播种面积	公顷	3198.30
粮食总产量	吨	64233.00
# 玉米	吨	53905.00
大豆	吨	1127.20
油料产量	吨	602.00
水果产量	吨	2983.00
肉类总产量	吨	6475.70
奶类产量	吨	20604.00
禽蛋产量	吨	6424.30
蔬菜产量	吨	85901.00
水产品产量	吨	15.00
五、工业及建筑业		
规模以上工业企业:		
工业企业数	个	25
工业总产值(现价)	万元	291023.30
内资企业	万元	235733.40
外商投资企业	万元	55289.90
从业人员年平均数	人	4269
流动资产年平均余额	万元	182183.60
固定资产净值年平均余额	万元	170830.00
产品销售收入	万元	261976.40
# 产品销售税金及附加	万元	985.70

16-8 续表 1-3

指　标	单　位	2009
本年应交增值税	万元	8640.70
利润总额	万元	-40441.90
建筑业：		
建筑业企业个数	个	3
期末从业人员数	人	347
建筑业总产值	万元	3168.20
六、交通运输、邮电通讯、能源		
境内公路里程	公里	635.00
# 高等级公路	公里	40.00
境内铁路营业里程	公里	30.00
境内火车站个数	个	5
邮政业务总量	万元	1761.00
电信业务总量	万元	1638.00
本地电话年末用户	户	21838
住宅电话年末用户	户	19220
# 乡村电话用户	户	9745
移动电话年末用户数	户	38796
国际互联网用户	户	4260
全年用电量	万千瓦时	39610.75
# 工业用电量	万千瓦时	34370.92
农村用电量	万千瓦时	3224.00

16-8 续表 1-4

指　标	单　位	2009
七、贸易、外经、旅游		
社会消费品零售总额	万元	52738.90
限额以上批发和零售业商品销售总额	万元	5362.00
出口总额	万美元	732.00
当年合同外资金额	万美元	4.20
当年实际使用外资金额	万美元	4.20
名胜风景区和文物保护区个数	个	1
八、固定资产投资		
城镇固定资产投资完成额	万元	33576.00
城镇新增固定资产	万元	12246.00
城镇固定资产投资项目个数	个	37
九、教育、科技、文化、卫生		
普通中学数	所	14
小学数	所	56
普通中学专任教师数	人	550
小学专任教师数	人	704
普通中学在校学生数	人	8865
# 女生	人	4425
小学在校学生数	人	10280
# 女生	人	4941
学龄儿童入学率	%	100.00
# 女童入学率	%	100.00
初中升学率	%	90.20
高中升学率	%	80.30
农业科技与服务单位个数	个	25
全年专利申请数	件	17

16-8 续表 1-5

指 标	单 位	2009
剧场、影剧院数	个	1
公共图书馆图书总藏量	千册	50
医院、卫生院数	所	16
医院、卫生院床位数	床	780
医院、卫生院卫生技术人员数	人	400
# 医生	人	186
卫生防疫人员数	人	15
5 岁以下儿童死亡率	‰	11.42
婴儿死亡率	‰	10.60
产妇住院分娩比例	%	96.49
十、人民生活		
城镇在岗职工年平均人数	人	7144
城镇在岗职工工资总额	万元	16572.20
农村居民人均纯收入	元	3476
农民人均住房面积	平方米	17.50
农民文化娱乐消费比重	%	5.10
农村彩电普及率	%	70.00
农村电脑普及率	%	3.00
农村恩格尔系数	%	41.30
十一、社会保障		
各种社会福利收养性单位数	个	10
各种社会福利收养性单位床位数	床	1269
参加基本养老保险职工数	人	3857
参加基本医疗保险职工数	人	9118
参加失业保险人数	人	3126

16-8 续表 1-6

指　标	单 位	2009
城镇居民最低生活保障人数	人	7607
农村居民最低生活保障人数	人	6308
农村传统救济人数	人	1269
参加农村新型合作医疗人数	人	105349
参加农村社会养老保险人数	人	10299
十二、社会治安		
交通事故件数	件	25
刑事案件立案数	件	262
犯罪人数	人	121
民事案件发案数	件	438
十三、资源、环境与可持续发展		
行政区域土地面积	平方公里	2059.00
# 建成区面积	平方公里	4.80
# 建成区绿化覆盖面积	平方公里	1.84
森林面积	公顷	26667.00
当年造林面积	公顷	2043.00
年末耕地总资源	公顷	28006.73
# 水浇地	公顷	2070.00
自然保护区个数	个	1
自然保护区面积	公顷	24867.00
环境污染治理本年完成投资总额	万元	15001.00
工业二氧化硫排放量	吨	4616.23
工业废水排放量达标率	%	100.00
工业烟尘排放量达标率	%	100.00

16-9 娄烦县国民经济主要指标

指　标	单　位	2009
一、乡村基本情况		
乡（镇）个数	个	8
# 建制镇个数	个	3
镇区占地面积	公顷	530.00
镇区总人口	人	24530
村民委员会个数	个	143
# 自来水受益村	个	101
通电话的村	个	143
通有线电视的村	个	83
二、人口与就业		
年末总人口	万人	12.48
# 女	万人	5.90
当年出生人口	人	2238
当年死亡人口	人	1183
乡村人口	万人	10.56
年末总户数	户	42110
# 乡村户数	户	25977
年末单位从业人员数	人	5588
# 女	人	1982
# 第二产业	人	823
第三产业	人	4700
乡村从业人员数	人	49312
# 农林牧渔业	人	32756
城镇登记失业人员数	人	680
三、综合经济		
(一) 地区生产总值	万元	80017.10

16-9 续表 1-1

指　标	单　位	2009
第一产业增加值	万元	8220.10
农业	万元	3892.90
林业	万元	1980.30
牧业	万元	1958.90
渔业	万元	46.00
农林牧渔服务业	万元	342.00
第二产业增加值	万元	22382.00
# 工业	万元	21857.00
第三产业增加值	万元	49415.00
(二) 财政、金融		
财政总收入	万元	51173.00
# 地方财政一般预算收入	万元	24712.00
# 各项税收	万元	14967.00
地方财政一般预算支出	万元	52488.00
# 农林水事务	万元	7292.00
科学技术	万元	417.00
医疗卫生	万元	2834.00
教育	万元	9424.00
年末金融机构各项存款余额	万元	276101.00
# 城乡居民储蓄存款余额	万元	152142.00
年末金融机构各项贷款余额	万元	38385.00
# 农业贷款	万元	28073.00
四、农业		
(一) 生产条件		
农业机械总动力	万千瓦特	9.60
化肥使用量(折纯量)	吨	879.50

16-9 续表 1-2

指　标	单　位	2009
农药使用量	吨	12.00
地膜使用量	吨	130.00
有效灌溉面积	公顷	560.00
（二）农作物总播种面积	公顷	11696.00
粮食作物播种面积	公顷	9880.00
# 玉米	公顷	1103.00
大豆	公顷	1553.00
油料播种面积	公顷	1388.00
蔬菜播种面积	公顷	336.00
粮食总产量	吨	11828.00
# 玉米	吨	1672.50
大豆	吨	1356.80
油料产量	吨	1173.50
水果产量	吨	147.70
肉类总产量	吨	1233.70
奶类产量	吨	39.00
禽蛋产量	吨	260.00
蔬菜产量	吨	8684.80
水产品产量	吨	50.00
五、工业及建筑业		
规模以上工业企业：		
工业企业数	个	10
工业总产值（现价）	万元	57271.30
内资企业	万元	57271.30
从业人员年平均数	人	1349
流动资产年平均余额	万元	71541.10

16-9 续表 1-3

指 标	单 位	2009
固定资产净值年平均余额	万元	73579.80
产品销售收入	万元	39193.10
# 产品销售税金及附加	万元	859.00
本年应交增值税	万元	1244.50
利润总额	万元	-8055.80
建筑业:		
建筑业企业个数	个	1
期末从业人员数	人	440
建筑业总产值	万元	2060.00
六、交通运输、邮电通讯、能源		
境内公路里程	公里	398.00
# 高等级公路	公里	6.00
邮政业务总量	万元	810.00
电信业务总量	万元	1510.00
本地电话年末用户	户	20463
住宅电话年末用户	户	18500
# 乡村电话用户	户	5569
移动电话年末用户数	户	36563
国际互联网用户	户	3814
全年用电量	万千瓦时	8731.91
# 工业用电量	万千瓦时	2696.51
农村用电量	万千瓦时	1120.00
七、贸易、外经、旅游		
社会消费品零售总额	万元	18049.50

16-9 续表 1-4

指　标	单　位	2009
八、固定资产投资		
城镇固定资产投资完成额	万元	14864.00
城镇新增固定资产	万元	9545.00
城镇固定资产投资项目个数	个	35
九、教育、科技、文化、卫生		
普通中学数	所	10
小学数	所	38
普通中学专任教师数	人	595
小学专任教师数	人	824
普通中学在校学生数	人	8080
# 女生	人	3976
小学在校学生数	人	11836
# 女生	人	5780
学龄儿童入学率	%	100.00
# 女童入学率	%	100.00
初中升学率	%	73.00
高中升学率	%	65.00
农业科技与服务单位个数	个	17
全年专利申请数	件	5
公共图书馆图书总藏量	千册	56
医院、卫生院数	所	10
医院、卫生院床位数	床	229
医院、卫生院卫生技术人员数	人	185
# 医生	人	122

16-9 续表 1-5

指　标	单　位	2009
卫生防疫人员数	人	32
5 岁以下儿童死亡率	‰	7.40
婴儿死亡率	‰	3.70
产妇住院分娩比例	%	95.04
十、人民生活		
城镇在岗职工年平均人数	人	5242
城镇在岗职工工资总额	万元	10120.70
农村居民人均纯收入	元	2795
农民人均住房面积	平方米	17.80
农民文化娱乐消费比重	%	7.10
农村彩电普及率	%	78.00
农村恩格尔系数	%	52.70
十一、社会保障		
各种社会福利收养性单位数	个	4
各种社会福利收养性单位床位数	床	1004
参加基本养老保险职工数	人	2293
参加基本医疗保险职工数	人	7376
参加失业保险人数	人	3176
城镇居民最低生活保障人数	人	6100
农村居民最低生活保障人数	人	7725
农村传统救济人数	人	995
参加农村新型合作医疗人数	人	89287
参加农村社会养老保险人数	人	10007

16-9 续表 1-6

指　标	单　位	2009
十二、社会治安		
交通事故件数	件	15
刑事案件立案数	件	107
犯罪人数	人	54
民事案件发案数	件	305
十三、资源、环境与可持续发展		
行政区域土地面积	平方公里	1276.00
# 建成区面积	平方公里	2.80
# 建成区绿化覆盖面积	平方公里	1.38
森林面积	公顷	16473.00
当年造林面积	公顷	5834.00
年末耕地总资源	公顷	18619.99
# 水浇地	公顷	560.00
年内减少耕地面积	公顷	3232.42
自然保护区个数	个	2
自然保护区面积	公顷	49933.00
环境污染治理本年完成投资总额	万元	3456.10
工业二氧化硫排放量	吨	1451.67
工业废水排放量达标率	%	89.63
工业烟尘排放量达标率	%	75.32

16-10　古交市国民经济主要指标

指　标	单　位	2009
一、乡村基本情况		
乡（镇）个数	个	14
# 建制镇个数	个	3
镇区占地面积	公顷	150.00
镇区总人口	人	11362
村民委员会个数	个	146
# 自来水受益村	个	125
通电话的村	个	146
通有线电视的村	个	57
二、人口与就业		
年末总人口	万人	22.00
# 女	万人	10.44
当年出生人口	人	3532
当年死亡人口	人	467
乡村人口	万人	10.14
年末总户数	户	78819
# 乡村户数	户	34752
年末单位从业人员数	人	12125
# 女	人	5307
# 第二产业	人	2417
第三产业	人	9532
乡村从业人员数	人	36159
# 农林牧渔业	人	17218
城镇登记失业人员数	人	1540
三、综合经济		
（一）地区生产总值	万元	259684.50

16-10 续表 1-1

指　标	单　位	2009
第一产业增加值	万元	10747.50
农业	万元	4634.90
林业	万元	2375.80
牧业	万元	2178.80
渔业	万元	48.00
农林牧渔服务业	万元	1510.00
第二产业增加值	万元	135904.00
# 工业	万元	121726.00
第三产业增加值	万元	113033.00
（二）财政、金融		
财政总收入	万元	122326.00
# 地方财政一般预算收入	万元	53261.00
# 各项税收	万元	36853.00
地方财政一般预算支出	万元	77894.00
# 农林水事务	万元	5609.00
科学技术	万元	1124.00
医疗卫生	万元	4826.00
教育	万元	17473.00
年末金融机构各项存款余额	万元	1147041.00
# 城乡居民储蓄存款余额	万元	844276.00
年末金融机构各项贷款余额	万元	296649.00
# 农业贷款	万元	85015.00
四、农业		
（一）生产条件		
农业机械总动力	万千瓦特	17.60
化肥使用量（折纯量）	吨	755.00

16-10 续表 1-2

指　标	单　位	2009
农药使用量	吨	15.60
地膜使用量	吨	114.00
有效灌溉面积	公顷	290.00
（二）农作物总播种面积	公顷	10347.87
粮食作物播种面积	公顷	8434.70
# 玉米	公顷	880.50
大豆	公顷	1280.60
油料播种面积	公顷	921.00
蔬菜播种面积	公顷	600.20
粮食总产量	吨	9046.00
# 玉米	吨	1413.00
大豆	吨	761.00
油料产量	吨	668.00
水果产量	吨	363.00
肉类总产量	吨	1548.30
奶类产量	吨	110.00
禽蛋产量	吨	1670.00
蔬菜产量	吨	35456.00
水产品产量	吨	70.00
五、工业及建筑业		
规模以上工业企业：		
工业企业数	个	24
工业总产值（现价）	万元	352061.30
内资企业	万元	352061.30
从业人员年平均数	人	10600
流动资产年平均余额	万元	515523.30

16-10 续表 1-3

指　标	单　位	2009
固定资产净值年平均余额	万元	192869.30
产品销售收入	万元	378233.40
# 产品销售税金及附加	万元	6038.80
本年应交增值税	万元	37005.90
利润总额	万元	-46067.80
建筑业：		
建筑业企业个数	个	6
期末从业人员数	人	2233
建筑业总产值	万元	95971.00
六、交通运输、邮电通讯、能源		
境内公路里程	公里	689.00
# 高等级公路	公里	2.00
境内铁路营业里程	公里	54.00
境内火车站个数	个	4
邮政业务总量	万元	5106.95
电信业务总量	万元	3303.00
本地电话年末用户	户	43635
住宅电话年末用户	户	35935
# 乡村电话用户	户	13045
移动电话年末用户数	户	101918
国际互联网用户	户	18888
全年用电量	万千瓦时	19686.84
# 工业用电量	万千瓦时	12504.00
农村用电量	万千瓦时	3236.00

16-10续表1-4

指　标	单　位	2009
七、贸易、外经、旅游		
社会消费品零售总额	万元	225110.10
限额以上批发和零售业商品销售总额	万元	57999.00
星级饭店个数	个	1
星级饭店客房总数	间	102
八、固定资产投资		
城镇固定资产投资完成额	万元	191195.00
城镇新增固定资产	万元	82180.00
城镇固定资产投资项目个数	个	51
房地产开发投资完成额	万元	17068.00
# 住宅	万元	15714.00
九、教育、科技、文化、卫生		
普通中学数	所	20
小学数	所	63
普通中学专任教师数	人	1300
小学专任教师数	人	1721
普通中学在校学生数	人	16101
# 女生	人	7925
小学在校学生数	人	23205
# 女生	人	11057
学龄儿童入学率	%	100.00
# 女童入学率	%	100.00
初中升学率	%	85.60
高中升学率	%	55.70
农业科技与服务单位个数	个	32
全年专利申请数	件	31

16-10 续表 1-5

指　标	单　位	2009
体育场馆数	个	1
剧场、影剧院数	个	1
公共图书馆图书总藏量	千册	34
医院、卫生院数	所	20
医院、卫生院床位数	床	1190
医院、卫生院卫生技术人员数	人	1405
# 医生	人	691
卫生防疫人员数	人	29
5 岁以下儿童死亡率	‰	5.09
婴儿死亡率	‰	4.66
产妇住院分娩比例	%	98.52
十、人民生活		
城镇在岗职工年平均人数	人	11763
城镇在岗职工工资总额	万元	31399.80
农村居民人均纯收入	元	6765
农民人均住房面积	平方米	28.60
农民文化娱乐消费比重	%	11.10
农村彩电普及率	%	85.00
农村电脑普及率	%	3.00
农村恩格尔系数	%	45.90
十一、社会保障		
各种社会福利收养性单位数	个	2
各种社会福利收养性单位床位数	床	558
参加基本养老保险职工数	人	9630
参加基本医疗保险职工数	人	21784
参加失业保险人数	人	33763

16-10续表1-6

指　标	单　位	2009
城镇居民最低生活保障人数	人	14638
农村居民最低生活保障人数	人	6946
农村传统救济人数	人	498
参加农村新型合作医疗人数	人	71297
参加农村社会养老保险人数	人	47263
十二、社会治安		
交通事故件数	件	20
刑事案件立案数	件	668
犯罪人数	人	273
民事案件发案数	件	456
十三、资源、环境与可持续发展		
行政区域土地面积	平方公里	1584.00
# 建成区面积	平方公里	15.80
# 建成区绿化覆盖面积	平方公里	4.23
森林面积	公顷	21020.00
当年造林面积	公顷	5346.00
年末耕地总资源	公顷	18615.27
# 水浇地	公顷	290.00
年内减少耕地面积	公顷	3216.40
环境污染治理本年完成投资总额	万元	5616.50
工业二氧化硫排放量	吨	13301.26
工业废水排放量达标率	%	99.29
工业烟尘排放量达标率	%	100.00
污水处理厂数	座	1
垃圾处理站数	个	1